INTERMEDIATE
SPANISH

Literatura y arte

SECOND EDITION

John G. Copeland
University of Colorado

Ralph Kite
University of Colorado

Lynn Sandstedt
University of Northern
Colorado

163
c

Eraste Domnguez y de Ita

HOLT, RINEHART AND WINSTON • NEW YORK • CHICAGO • SAN FRANCISCO •
ATLANTA • DALLAS • MONTREAL • TORONTO • LONDON • SYDNEY

Library of Congress Cataloging in Publication Data

Copeland, John G.
  Intermediate Spanish.

  1. Spanish language—Readers. 2. Spanish
language—Readers—Art, Spanish. 3. Art, Spanish—
Addresses, essays, lectures. I. Kite, Ralph, joint
author. II. Sandstedt, Lynn A., 1932–   joint
author. III. Title. IV. Title: Literatura y arte.
PC4117.C59 1980   468.6'421   80-23189
ISBN 0-03-0576040

ACKNOWLEDGEMENTS

We wish to thank the authors, publishers, and holders of copyright for their
permission to use the reading materials in this book.

Don Juan Manuel, "De lo que aconteció a un mancebo que se casó con una
    mujer muy fuerte y muy brava," from *Spanish Stories: Cuentos
    Españoles,* edited by Angel Flores. Copyright © 1960 by Bantam
    Books, Inc. All rights reserved.
Gregorio López y Fuentes, "Una carta a Dios," from *Cuentos campesinos de
    México,* © 1940, by permission of Lic. Angel López Oropeza.
Ana María Matute, "Don Payasito," from *Historias de la Artámila,* © 1961, by
    permission of Ediciones Destino S.L.
Serafín and Joaquín Álvarez Quintero, *Mañana de sol,* © 1905, by
    permission of Dª María Luisa Álvarez Quintero.
Jorge Luis Borges, "El evangelio según Marcos," from *El informe de Brodie,*
    © 1970, Emecé Editores, S.A., by permission of the publisher.
Juan Rulfo, "Es que somos muy pobres," from *El llano en llamas,* © 1953,
    Fondo de Cultura Económica, by permission of the publisher.
Hernando Téllez, "Espuma y nada más," from *Cenizas para el viento y otras
    historias,* © 1950, by permission of Sra. Beatriz de Téllez.
Elena Poniatowska, selections from *La noche de Tlatelolco,* © 1971,
    Ediciones Era, S.A., by permission of the publisher.
José Donoso, "Una señora," from *Los mejores cuentos de José Donoso,* ©
    1965, Editorial Seix Barral, S.A., by permission of the publisher.
Pedro Juan Soto, "Garabatos," from *Spiks,* © 1956, by permission of the
    author.
Rodolfo González, selection from *Yo soy Joaquín,* © 1967, by permission of
    the Crusade for Justice.

Illustration credits appear on page 262.

Printed in the United States of America
1 2 3 4 5   090   9 8 7 6 5 4 3

Índice

Preface

With the publication of the three texts comprising the First Edition of *Intermediate Spanish,* the materials available for use at the intermediate level took a step in a new direction. The authors had long believed that it would be desirable to have a "package" of materials, unified in content but varied in the possibilities for use in the classroom, which would be flexible enough that the instructor could easily adapt them to his or her own teaching style and particular interests.

With this in mind, we devised the three highly successful texts that make up our complete intermediate level program. *Conversación y repaso* reviews and expands the essential points of grammar covered in the first year and also includes dialogs, abundant exercises, and a variety of activities intended to stimulate conversation. *Civilización y cultura* presents a variety of topics related to Hispanic culture. The approach in this reader is thematic rather than purely historical, and the topics have been chosen both for the insights which they offer into Hispanic culture and for their interest to students. The exercises are designed to reinforce the development of the reading skill, to build vocabulary, and to stimulate class discussion. *Literatura y arte* introduces the student to literary works of various kinds by both Spanish and Spanish-American writers and to the rich and diverse contributions of Hispanic artists to the fine arts. The accompanying exercises also stress the development of reading skills and include vocabulary-building and conversational activities.

One of the unique features of the program is the thematic unity of the three texts. Each unit of each text has the same theme as the corresponding unit of the other two. For example, Unit 1 of the grammar text deals with the subject of European influences on Hispanic culture in its dialogs and conversational activities. The same theme is treated in the essay "Orígenes de la cultura hispánica: Europa," the first unit of the civilization and culture reader, and is further explored in Unit 1 of the literature and art reader in the selection from *El Conde Lucanor* and in the essay on the art of Francisco de Goya y Lucientes. We have found that thematic unity of this kind offers several advantages to the teacher and student: (1) the teacher may combine the basic grammar and conversation text with either or both of the readers and be assured that essentially the same cultural and linguistic information will be presented to the students; (2) the amount of material to be covered may be adjusted through the choice of one text or more, making it possible to balance the quantity of material and the amount of classroom contact available; (3) if one reader is used in the classroom, the other may be used for outside work by those students who wish additional contact with the language; (4) for individualized programs, only those units may be assigned which are relevant to the student's particular interests. If all three texts are used, the students will absorb a considerable amount of vocabulary related to the theme, and by the end of their study of the topic they will have overcome, at least in part, their reluctance to express their own ideas in Spanish. The authors have tested this "saturation" method in the classroom and have found it to be quite effective. We suggest that if all of the materials are used, the grammar and initial dialog should be studied first, followed by the culture text, then the literature text and, finally, the conversation stimulus section of the grammar and conversation text.

In response to the suggestions of users of the First Edition of this highly successful program, the Second Edition of *Intermediate Spanish* has been restructured to provide a more logical presentation of themes in the three texts. The texts now begin with European influences on Hispanic culture and end with Hispanics in the United States. The chapters in all three books now have identical titles to reflect a stronger correspondence among them with regard to theme, vocabulary and grammar topics. In addition, exercises have been reworked and added to stress common thematic vocabulary found in all three books.

As in the First Edition, this Second Edition of *Intermediate Spanish* contains materials that will be of interest to students of different disciplines. Throughout, our goal has been to present materials that will motivate students to want to know more about the language and culture they are studying.

Introduction

Intermediate Spanish: Literatura y arte is a reader designed for use in second-year college courses. It is intended to be used with the authors' *Intermediate Spanish: Conversación y repaso,* but it may also be used with any second-year grammar review. The purpose of the book is to develop the students' reading skills and to introduce them to certain literary and cultural concepts that will enhance their comprehension of the unique qualities of Hispanic civilization.

Each unit of the text focuses on a particular topic, which is explored through two kinds of writing: a literary text, chosen for its relevancy to the topic, its level of difficulty and, especially, its interest to the student; and an essay on some aspect of Hispanic art, again related to the central topic. Introductory essays present the theme of the unit and provide a context, either historical or critical, for the selection to be read. Difficult words or phrases of the literary text are glossed. Notes following the selection provide insights into the unique aspects of Hispanic culture reflected in the text. There are a variety of exercises following the notes, and these are designed to check the students' comprehension of the selection, to introduce them to literary analysis, and to expand their vocabulary. The essays on art are unglossed and may therefore be used for "extensive" reading in order to develop the students' ability to comprehend without use of a dictionary. All words and phrases in the art essays are included in the end vocabulary.

In order to introduce the student to a variety of literary genres and styles, the selections included range from the short story and essay to the one-act play, journalistic pieces, and poetry. Our main goal has been to choose materials that will interest students and that will lead them to want to know more about a rich and complex culture.

ABOUT THE SECOND EDITION
OF LITERATURA Y ARTE

There are two new literary readings: a selection from don Juan Manuel's *El Conde Lucanor* and a selection from the *Comentarios reales* of El Inca Garcilaso de la Vega. New paintings have been included in some of the art sections, and a new art section on the ceramics of the Moche of Peru has been added. Exercises on the literary selections and on vocabulary have been greatly revised and a new exercise "Para comentar" has been added to the end of each art section. The latter exercise tests the students' understanding of the paintings, artists and themes of each unit. In addition, the open nature of this exercise allows students an opportunity to explore the ideas they have learned in the unit being studied.

Orígenes de la cultura hispánica: Europa

1

Para apreciar la riqueza de la cultura española es necesario recordar que toda ella es el producto de la asimilación de varias culturas, cuyas tradiciones y contribuciones todavía pueden observarse en España hoy día. La cultura romana aporta el idioma, la religión, el concepto de gobierno, y una serie de costumbres y tradiciones, como la siesta y la corrida de toros. La cultura visigoda aporta el feudalismo, y por último, la cultura árabe, durante ocho siglos de convivencia, divulga los conocimientos de la cultura griega antigua, comparte sus conocimientos en las ciencias y las matemáticas y deja profundas huellas en la cultura española, especialmente en la música, arquitectura y literatura. Esta cultura se nota más en el sur de España, región que fue conquistada en el siglo XV y que tiene un marcado carácter africano, además de rasgos europeos. Todas las culturas mencionadas influyen en el carácter del país entero y hacen que la cultura de España sea única en su tipo.

La asimilación de esas culturas explica también la extraordinaria riqueza de la literatura española, desde sus orígenes. Por los romanos y por la divulgación de la cultura griega a través de los moros, los españoles llegan a conocer el mito clásico, la fábula y otros géneros literarios. Los moros también dan a conocer su poesía amorosa y sus cuentos, que se hacen muy populares. De todas estas fuentes los peninsulares absorben conceptos, ideas y formas y los hacen suyos, logrando una expresión y sabor únicos.

Para indicar la vitalidad de esa herencia, se presentan aquí ejemplos de la obra de dos grandes creadores españoles: don Juan Manuel, uno de los prosistas más importantes de la Edad Media, y Francisco de Goya y Lucientes, famoso pintor español de fines del siglo XVIII y comienzos del siglo XIX. Los cuentos de don Juan Manuel reflejan la España cristiana y occidental y también la España mora. En su obra pictórica, Goya emplea el mito clásico (introducido en España por los romanos y los moros) y la alegoría, una técnica que también es muy antigua, para presentar una percepción moderna de la condición humana.

VOCABULARIO ÚTIL

Estudiar estas palabras antes de leer «De lo que aconteció a un mancebo que se casó con una mujer muy fuerte y muy brava».*

acontecer	to happen	**bravo**	ill-tempered, ferocious
arreglar	to arrange	**casamiento**	marriage
asombrarse	to be surprised	**cena**	supper

---

* *The gender of nouns is given in italics except for feminine nouns ending in -a and masculine nouns ending in -o.*

consejo   advice
despedezar   to cut or tear to pieces
enojarse   to become angry, get mad
ensangrentado   bloody
espada   sword
gallo   rooster
gato   cat
grosero   coarse, rude

honrado   honorable, of high rank
mancebo   youth
novia   bride
novio   groom
pariente   *(m or f)*   relative
pedazo   piece
pobreza   poverty
saña   wrath
sañudo   wrathful, angry

El Conde Lucanor

DON JUAN MANUEL (1282–1349?), sobrino del rey Alfonso X el Sabio, fue el primer prosista castellano que, consciente de la importancia de su estilo, supo transformar lo tradicional y lo popular por medio de su arte. Aunque escribió varias obras, esa cualidad artística se nota más en el *Conde Lucanor* o *Libro de Patronio*, terminado en 1335.

La estructura del libro es sencilla. El Conde Lucanor le pide consejos a su servidor Patronio para resolver un problema que tiene. Éste le contesta mediante un cuento o ejemplo, que sirve para sugerir una solución al problema. La moraleja se resume al final en dos versos brevísimos.

Los cincuenta «ejemplos» que componen el libro son de diversos orígenes: algunos son originales y a veces tienen elementos autobiográficos o históricos; otros son de origen oriental o clásico o de tradición popular. El conocimiento del autor de los cuentos de varias colecciones árabes que circulaban en España y su contacto personal con los musulmanes españoles se revelan no sólo en las tramas de varios cuentos, sino también en muchas alusiones a dichos, costumbres y actitudes árabes. El aspecto castellano (cristiano y occidental) de su obra se nota en la sobriedad y austeridad de su estilo y en su preocupación por la política y la religión, los motivos esenciales del castellano noble de su época.

En el cuento «De lo que aconteció a un mancebo que se casó con una mujer muy fuerte y muy brava» podemos observar algunos rasgos del arte de don Juan Manuel. El autor emplea el lenguaje ordinario del pueblo y busca expresarse sencillamente y con claridad. Nos comunica el castellano de su época, pero ya transformado en instrumento artístico. En cuanto al tema, es probable que la actitud que se expresa hacia la mujer refleje la percepción de algunos hombres de la época en vez de reflejar la verdadera condición de la mujer. Al final del cuento, don Juan Manuel parece comentar esa percepción masculina al describir lo que pasa cuando el suegro trata de imitar a su yerno. Finalmente, aunque el cuento del mancebo es breve, como todos los cuentos del autor, nos sorprende y deleita la capacidad extraordinaria del autor para motivar las acciones de sus personajes, para revelar el detalle pintoresco o significativo, y para crear una representación armoniosa.

De lo que aconteció a un mancebo que se casó con una mujer muy fuerte y muy brava

Otra vez hablaba el Conde Lucanor con Patronio y le dijo:

—Patronio, mi criado me ha dicho que piensan casarle con una mujer muy rica que es más hon-
5 rada que él.[1] Sólo hay un problema y el problema es éste: le han dicho que ella es la cosa más brava y más fuerte del mundo. ¿Debo mandarle casarse con ella, sabiendo cómo es, o mandarle no hacerlo?

10 —Señor conde—dijo Patronio—, si él es como el hijo de un hombre bueno que era moro, mándele casarse con ella; pero si no es como él, dígale que no se case con ella.

El conde le pidió que se lo explicara.

15 Patronio le dijo que en un pueblito había un hombre que tenía el mejor hijo que se podía desear, pero por ser pobres, el hijo no podía emprender las grandes hazañas que tanto deseaba realizar. Y en el mismo pueblito había otro
20 hombre que era más honrado y más rico que el padre del mancebo, y ese hombre sólo tenía una hija y ella era todo lo contrario del mancebo. Mientras él era de muy buenas maneras, las de ella eran malas y groseras. ¡Nadie quería casarse
25 con aquel diablo!

Y un día el buen mancebo vino a su padre y le dijo que en vez de vivir en la pobreza o salir de su pueblo, él preferiría casarse con alguna mujer rica. El padre estuvo de acuerdo. Y en-
30 tonces el hijo le propuso casarse con la hija mala de aquel hombre rico. Cuando el padre oyó esto, se asombró mucho y le dijo que no debía pensar en eso: que no había nadie, por pobre que fuese, que quería casarse con ella. El hijo le pidió que,
35 por favor, arreglase aquel casamiento. Y tanto

que no se case *not to marry*
que se lo explicara *to explain it to him*

emprender *to undertake*
hazañas *deeds, feats*

todo lo contrario del *quite opposite to the*

estuvo de acuerdo *agreed*

por pobre que fuese *however poor he was*
que . . . arreglase *to arrange*

insistió que por fin su padre consintió, aunque le
parecía extraño.

    Y él fue a ver al buen hombre que era muy
amigo suyo, y le dijo todo lo que había pasado
5 entre él y su hijo y le rogó que pues su hijo se
atrevía a casarse con su hija que se la diese para
él. Y cuando el hombre bueno oyó esto, le dijo:

    —Por Dios, amigo, si yo hago tal cosa seré
amigo muy falso, porque Ud. tiene muy buen
10 hijo y no debo permitir ni su mal ni su muerte.
Y estoy seguro de que si se casa con mi hija, o
morirá o le parecerá mejor la muerte que la vida.
Y no crea que se lo digo por no satisfacer su
deseo: porque si Ud. lo quiere, se la daré a su
15 hijo o a quienquiera que me la saque de casa.

    Y su amigo se lo agradeció mucho y como su
hijo quería aquel casamiento, le pidió que lo
arreglara.

    Y el casamiento se efectuó y llevaron a la novia
20 a casa de su marido. Los moros tienen costumbre
de preparar la cena a los novios y ponerles la
mesa y dejarlos solos en su casa hasta el día
siguiente.[2] Así lo hicieron, pero los padres y los
parientes del novio y de la novia temían que al
25 día siguiente hallarían al novio muerto o muy
maltrecho.

    Y luego que los jóvenes se quedaron solos en
casa, se sentaron a la mesa, pero antes que ella
dijera algo, el novio miró alrededor de la mesa
30 y vio un perro y le dijo con enojo:

    —¡Perro, danos agua para las manos!

    Pero el perro no lo hizo. Y él comenzó a eno-
jarse y le dijo más bravamente que les diese agua
para las manos. Pero el perro no lo hizo. Y
35 cuando vio que no lo iba a hacer, se levantó muy
enojado de la mesa y sacó su espada y se dirigió
al perro. Cuando el perro lo vio venir, él huyó,
y los dos saltaban por la mesa y por el fuego
hasta que el mancebo lo alcanzó y le cortó la
40 cabeza y las piernas y le hizo pedazos y ensangrentó toda la casa y toda la mesa y la ropa.

    Y así, muy enojado y todo ensangrentado, se
sentó otra vez a la mesa y miró alrededor y vio

---

extraño   *strange, odd*

que se la diese *to give her
to him*

su mal *harm to him*

me la saque de casa *gets
her out of my house*

que lo arreglara *to
arrange it*

se efectuó *took place*

ponerles la mesa *set the
table for them*

muy maltrecho *badly off,
battered*

dijera *said*
enojo *anger*

que les diese *to give them*

saltaban *jumped*
alcanzó *overtook*
ensangrentó *bloodied*

alrededor *around*

un gato y le dijo que le diese agua para las manos.
Y cuando no lo hizo, le dijo:

—¡Cómo, don falso traidor! ¿No viste lo que
hice al perro porque no quiso hacer lo que le
5 mandé yo? Prometo a Dios que si no haces lo
que te mando, te haré lo mismo que al perro.

El gato no lo hizo porque no es costumbre ni
de los perros ni de los gatos dar agua para las
manos. Y ya que no lo hizo, el mancebo se le-
10 vantó y le tomó por las piernas y lo estrelló contra
la pared, rompiéndolo en más de cien pedazos
y enojándose más con él que con el perro.

Y así, muy bravo y sañudo y haciendo gestos
muy feroces, volvió a sentarse y miró por todas
15 partes. La mujer, que le vio hacer todo esto, creyó
que estaba loco y no dijo nada. Y cuando había
mirado el novio por todas partes, vio su caballo,
que estaba en casa y era el único que tenía, y le
dijo muy bravamente que les diese agua para las
20 manos, pero el caballo no lo hizo. Cuando vio
que no lo hizo, le dijo:

—¡Cómo, don caballo! ¿Piensas que porque
no tengo otro caballo que por eso no haré nada
si no haces lo que yo te mando? Ten cuidado,
25 porque si no haces lo que mando, yo juro a Dios
que haré lo mismo a ti como a los otros, porque
lo mismo haré a quienquiera que no haga lo que
yo le mande.

El caballo no se movió. Y cuando vio que no
30 hacía lo que le mandó, fue a él y le cortó la cabeza
con la mayor saña que podía mostrar y lo
despedazó.

Y cuando la mujer vio que mataba el único
caballo que tenía y que decía que lo haría a
35 quienquiera que no lo obedeciese, se dio cuenta
que el joven no jugaba y tuvo tanto miedo que
no sabía si estaba muerta o viva.

Y él, bravo, sañudo y ensangrentado, volvió
a la mesa, jurando que si hubiera en casa mil
40 caballos y hombres y mujeres que no le obede-
ciesen, que mataría a todos. Y se sentó y miró
por toda partes, teniendo la espada ensangren-
tada en el regazo. Y después que miró en una

ya que   *since*
estrelló   *smashed*

gestos   *gestures*
por todas partes   *in all directions*

único   *only one*

juro   *I swear*

quienquiera . . .
mande   *whoever doesn't do what I order him to*

obedeciese   *obey*
se dio cuenta   *she realized*

parte y otra y no vio cosa viva, volvió los ojos a
su mujer muy bravamente y le dijo con gran saña,
con la espada en la mano:

    —¡Levántate y dame agua para las manos!

5   La mujer, que estaba segura de que él la des-
pedazaría, se levantó muy aprisa y le dio agua
para las manos. Y él le dijo:

    —¡Ah, cuánto agradezco a Dios que hiciste lo
que te mandé, que si no, por el enojo que me
10 dieron esos locos te habría hecho igual que a
ellos!

    Y después le mandó que le diese de comer y
ella lo hizo.

    Y siempre que decía algo, se lo decía con tal
15 tono que ella creía que le iba a cortar la cabeza.

    Y así pasó aquella noche: ella nunca habló y
hacía lo que él le mandaba. Y cuando habían
dormido un rato, él dijo:

    —Con la saña que he tenido esta noche, no
20 he podido dormir bien. No dejes que nadie me
despierte mañana y prepárame una buena comida.

    Y por la mañana los padres y los parientes
llegaron a la puerta y como nadie hablaba, pen-
saron que el novio estaba muerto o herido. Y lo
25 creyeron aún más cuando vieron en la puerta a
la novia y no al novio.

    Y cuando ella los vio a la puerta, se acercó
muy despacio y con mucho miedo les dijo:

    —¡Locos, traidores! ¿Qué hacen? ¿Cómo se
30 atreven a hablar aquí? ¡Cállense, que si no, todos
moriremos!

    Al oír esto, ellos se sorprendieron y apreciaron
mucho al mancebo que tan bien sabía mandar
en su casa.

35   Y de ahí en adelante su mujer era muy obediente y vivieron muy felices.

    Pocos días después su suegro quiso hacer lo
que había hecho el mancebo, y mató un gallo
de la misma manera, pero su mujer le dijo:

40   —¡A la fe, don Fulano, lo hiciste demasiado
tarde! Ya no te valdría nada aunque mates cien
caballos, porque ya nos conocemos.[3]

---

cosa viva *any living thing*

aprisa *fast*

que le diese de
    comer *that she give
    him food*

despierte *awaken*

herido *wounded*

se sorprendieron *were
    surprised*
apreciaron *highly
    esteemed*
de ahí en adelante *from
    then on*

aunque mates *even if you
    kill*

—Y por eso—le dijo Patronio al conde—, si
su criado quiere casarse con tal mujer, sólo lo
debe hacer si es como aquel mancebo que sabía
domar a la mujer brava y gobernar en su casa. domar *tame*
5   El conde aceptó los consejos de Patronio y
todo resultó bien.
    Y a don Juan le gustó este ejemplo y lo incluyó
en este libro. También compuso estos versos:
    Si al comienzo no muestras quien eres,
10 nunca podrás después, cuando quisieres. quisieres *you would like to*

NOTAS CULTURALES

1. La costumbre de arreglar los casamientos no sólo era común entre los
árabes, sino también entre los europeos de la época. A veces se arre-
glaban para unir dos familias importantes y otras veces por razones
económicas (como se ve en el cuento de don Juan Manuel). El casarse
por amor o la idea de que los jóvenes y no los padres deben decidir con
quienes se van a casar, es relativamente moderno.

2. La descripción de esta costumbre de los árabes es típica de la técnica
de don Juan Manuel de incluir en sus cuentos alusiones a costumbres
y actitudes de los moros y es producto de su contacto personal con los
árabes.

3. Aunque el cuento refleja la actitud general de que el hombre debe
gobernar en su casa y que la mujer debe ser sumisa y obediente—
actitud típica de algunos hombres de la Edad Media—don Juan Manuel
con ironía y tal vez con realismo, sugiere que no es siempre así.

EJERCICIOS

I. Preguntas

1. ¿Cuál es el problema que tiene un criado del conde?   2. ¿Por
qué no puede hacer el joven del cuento las cosas que desea
hacer?   3. ¿Cómo es el padre de la joven?   4. ¿Por qué no
quiere casarse nadie con la joven?   5. ¿Cómo piensa el mancebo
escaparse de la pobreza?   6. ¿Cómo reacciona el padre del joven
cuando oye lo que propone su hijo?   7. ¿Cómo reacciona el padre
de la joven ante lo que se le propone?   8. ¿Cuál es la costumbre
mora que se presenta en el cuento?   9. ¿Qué es lo que temen los
padres y los parientes del novio y de la novia?   10. ¿Qué le manda

hacer el joven al perro? 11. ¿Qué hace cuando el perro no le obedece? 12. ¿Qué pasa con el gato? ¿con el caballo? 13. ¿Cómo reacciona la novia cuando ve lo que hace el joven con los animales? 14. ¿Qué hace cuando su marido le pide agua para las manos? 15. ¿Cómo cambia la novia como resultado de sus experiencias? 16. ¿Por qué se sorprenden los padres y los parientes al llegar a la casa y ver cómo se porta la novia? 17. ¿Por qué no producen las acciones del suegro el mismo resultado? 18. ¿Cómo reaccionaría una mujer moderna en la misma situación? ¿Qué haría? 19. ¿Cree Ud. que la moraleja del cuento todavía es válida hoy día? 20. ¿Qué ventajas tiene la costumbre de arreglar los casamientos entre jóvenes? ¿Qué desventajas tiene?

II. Ejercicios analíticos

1. ¿Qué actitudes y costumbres medievales se presentan en el cuento? 2. ¿Cuál es un ejemplo de ironía en la obra? 3. Describa Ud. lo que pasa en el cuento, desde el punto de vista de la joven. 4. ¿Conoce Ud. *La fierecilla domada* de Shakespeare? ¿Cómo se puede comparar la obra del gran dramaturgo inglés con la de don Juan Manuel?

III. Ejercicios de vocabulario

A. Elegir la palabra que no corresponde al grupo.

1. bravo, feroz, resignado, sañudo, enojado
2. gallo, mancebo, gato, caballo, perro
3. elegante, gentil, sofisticado, bien educado, grosero
4. tímido, humilde, resignado, indiferente, bravo
5. acontecer, tener lugar, pasar, ocurrir, asombrarse

B. Completar con la palabra apropiada.

casamiento	gallo	brava
consejos	pobreza	gato
suegra	parientes	novia
cena	me asombro	pedazos

1. Esa mujer no sabe controlarse; es muy _____ .
2. No sé qué hacer. Voy a buscar _____ de mis padres.
3. En el campo por la mañana a veces se oye cantar un _____ .
4. Algunos dicen que hoy día el _____ es menos popular que antes.

5. Mis tíos, mis abuelos y mis primos son _____ míos.
6. Una _____ es una mujer recién casada.
7. Lo opuesto de la riqueza es la _____ .
8. A veces _____ cuando veo algo inesperado.
9. El enemigo tradicional de los ratones es el _____ .
10. La última comida del día es la _____ .

C. Escoger la palabra que corresponde a cada definición.

cena   pobreza   grosero
novia   gato   gallo
              casamiento

1. Estado en el que vive la persona que no tiene dinero.
2. Comida que se toma por la noche.
3. Cualidad de la persona descortés, que no tiene urbanidad.
4. La que está próxima a casarse o que recién se ha casado.
5. Animal felino doméstico que siempre parece buscar a quien no lo quiere.

D. Usar en una frase original.

1. asombrarse   4. gato   6. pobreza
2. cena   5. novio   7. grosero
3. enojarse

Francisco de Goya y Lucientes

Algunos creadores—músicos, pintores, escritores—producen sus mejores obras en su juventud y después repiten lo ya expresado o presentan obras de calidad inferior. Otros, en cambio, crean sus mejores obras en los últimos años de su vida: Shakespeare, Goethe, Beethoven, Verdi y El Greco, para citar sólo algunos ejemplos. A este grupo pertenece uno de los artistas más extraordinarios de todos los tiempos: Francisco de Goya y Lucientes (1746–1828).

Las primeras décadas de la vida de Goya son años de aprendizaje. Estudia con artistas conocidos, copia la obra de grandes pintores del pasado, viaja a Madrid y a Roma, se hace conocer entre la gente más influyente de la capital y recibe algunas comisiones que lo establecen como pintor de cierta importancia. En esta época su obra es esencialmente convencional y armoniza con la perspectiva de la realidad del siglo XVIII. Sin embargo, su continuo esfuerzo le hace ganar una competencia ante el rey y Goya se convierte en el retratista de las personas más importantes de la corte. Aunque llega a recibir todos los favores de la corte real, no se deja intimidar por el rango social de las personas que pinta: las retrata así como las ve su ojo penetrante y agudo, con todos sus defectos y flaquezas. Su Carlos III es un hombre viejo, flaco y rugoso y su retrato de la familia real de Carlos IV es casi una caricatura. Lo curioso es que sus protectores no se dan por ofendidos y nunca le niegan su amparo, tal vez porque reconocen su genio.

Durante algunos años Goya vive como un típico cortesano, pero luego dos acontecimientos le transforman la vida: estalla la Revolución Francesa en 1789, y en 1792 una enfermedad inesperada por poco lo mata y lo deja sordo. Su obra, entonces, refleja el cambio producido por estos sucesos: en el futuro ya no será el pintor burgués de la corte sino el pintor del pueblo español. Así, ha sabido representar mejor que nadie los mitos y supersticiones y también comunicar la decadencia de una sociedad junto al tremendo sufrimiento del pueblo. Goya vuelve a sus raíces campesinas aragonesas para pintar lo español y lo universal.

En los últimos años de su vida Goya produce las obras que han de asegurarle su inmortalidad. En 1799 publica los famosos *Caprichos*, una serie de grabados cuyos temas son las supersticiones, la brujería, la corrupción y las pasiones diabólicas del pueblo. Cuando ya tiene más de setenta años, el artista da a conocer otra serie de grabados igualmente fuertes, los *Disparates*. En varias pinturas y en otra serie de grabados, *Los desastres de la guerra*, publicados en 1820, Goya muestra su reacción frente a la invasión de España por Napoleón en 1808. Su denuncia de la guerra, de un realismo horripilante, es la mejor expresión de la crueldad y del sufrimiento humanos. En los mismos años de su vida, su angustia personal le hace pintar en su casa del campo (Quinta del Sordo) una serie de «pinturas negras» en las que expresa todo el pesimismo, el nihilismo y lo absurdo en la vida del hombre. En todas estas obras, fruto de su vejez, Goya mejora su técnica y logra expresarse con una fuerza y originalidad incomparables.

Courtesy of the Hispanic Society of America.
Plate 43 from *Los Caprichos*, 1799 edition.

EL SUEÑO DE LA RAZÓN PRODUCE MONSTRUOS

La alegoría de este grabado ha provocado diferentes reacciones entre los críticos. Algunos opinan que se refiere a la Revolución Francesa y a la violencia que la siguió. Otros sugieren que se refiere a los monstruos de la superstición que se despiertan al dormirse la razón. Otros creen que es una expresión de un estado sicológico del pintor mismo. Goya la describió así: «La fantasía abandonada por la razón, produce monstruos imposibles: unida con ella, es madre de las artes y origen de sus maravillas.» ¿Cuál de las explicaciones posibles le parece a Ud. más razonable? ¿Por qué?

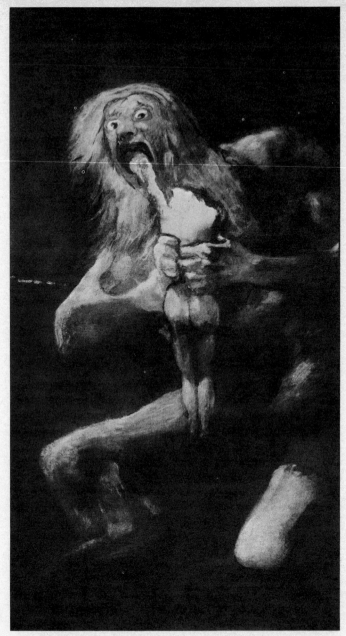

SATURNO DEVORANDO A UNO DE SUS HIJOS

Esta pintura representa el mito griego de Saturno que devora a uno de sus hijos. Saturno simboliza el Tiempo. En este cuadro su crueldad es obvia. ¿A quién devora el Tiempo? ¿Se puede decir que la pintura tiene valor alegórico? ¿Cuál sería la actitud del viejo Goya hacia el tiempo y hacia la muerte?

El Prado, Madrid

EL DESTINO

El destino es el tema central de todos sus trabajos en la Quinta del Sordo. Aquí presenta Goya el mito clásico antiguo de las parcas, que hilan el destino humano y que también ponen fin a la vida. ¿Qué hacen las cuatro mujeres?

PARA COMENTAR

1. Describa Ud. uno de los grabados de Goya. ¿Cómo interpreta Ud. el grabado? ¿Qué emoción siente Ud. al mirarlo? ¿Qué es lo que más le gusta del grabado? ¿Qué es lo que menos le gusta?
2. Las fábulas de Esopo, como los cuentos de don Juan Manuel, tienen una moraleja al final. Con frecuencia, las pinturas también contienen algún «mensaje» para el que las observa. ¿Puede Ud. pensar en algún cuento o pintura que exprese un valor moral? Describa la obra de arte e indique lo que el artista ha querido comunicar.
3. Como lo hizo Goya, muchos artistas o escritores han criticado la sociedad y han tratado de reformarla o cambiarla por medio de sus obras. Aunque los reyes españoles toleraban la crítica de Goya, otros artistas sufrieron el destierro u otros castigos como resultado de su crítica. ¿A qué artista le pasó algo así en nuestros tiempos? ¿Qué criticó?
4. Para Ud., ¿cuál debe ser la misión del artista? ¿Qué es lo que debe hacer un artista: preocuparse más por la belleza en general o por el aspecto reformador que puede tener su obra de arte? ¿Puede ser válida una obra sin mensaje social y que sólo busca expresar algún aspecto de la belleza? (¿Es válido el «arte por el arte»?)

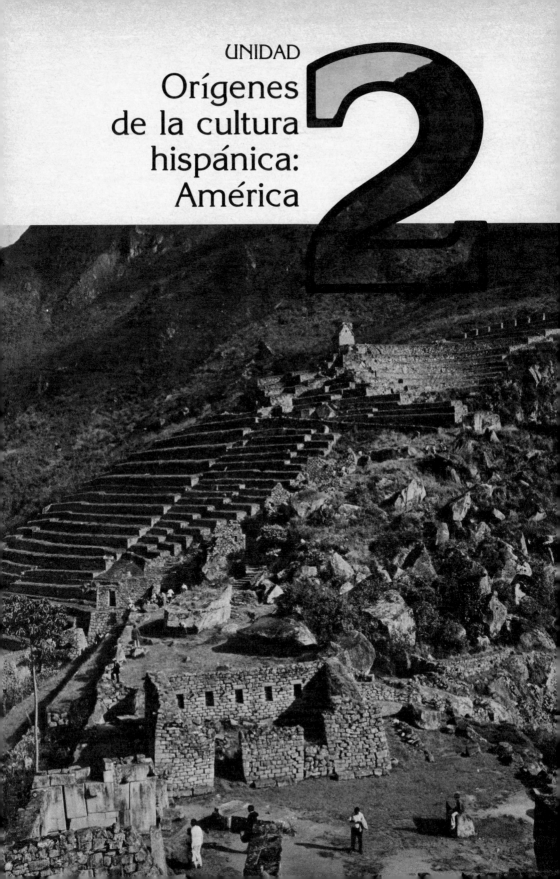

Orígenes de la cultura hispánica: América

2

Hoy día, las impresionantes ruinas de México, Centroamérica y el Perú son mudos testigos de la grandeza alcanzada por las grandes civilizaciones precolombinas que existieron en América. De esas civilizaciones, sólo la de los aztecas en el valle de México y la de los incas en el Perú florecían en la época en que llegaron los conquistadores españoles. La civilización maya, situada en el sureste de México, Honduras y Guatemala, decayó después del siglo X y los edificios de sus centros ceremoniales fueron cubiertos y escondidos por el bosque y la selva. Así como la naturaleza escondió la evidencia de los conocimientos tecnológicos y artísticos de los mayas, las acciones de los conquistadores durante y después de la Conquista dificultaron la apreciación del verdadero valor de las civilizaciones de los aztecas de México y de los incas y sus predecesores en el Perú. Muchas de las grandes estructuras fueron derrumbadas y se utilizaron sus materiales para construir edificios europeos, a veces sobre los cimientos de los antiguos templos y palacios. Los objetos artísticos de oro y plata fueron reducidos a barras que se transportaron fácilmente a Europa. Otros objetos aún más frágiles fueron destruidos por el hombre o por el tiempo y la naturaleza.

Sin embargo, no se perdió todo. Debido a la obra paciente de historiadores y arqueólogos hemos podido recobrar mucho del pasado. Se han restaurado muchos centros ceremoniales, y otra vez el hombre puede caminar por donde caminaban los mayas, aztecas e incas. Otros objetos que se escaparon de las fuerzas destructivas—cerámicas, tejidos, esculturas, pinturas, ejemplos del orfebre—se encuentran en los museos más importantes del mundo, donde podemos apreciar la alta calidad del arte del hombre precolombino.

Así como la cultura de España refleja la asimilación de varias culturas, el mismo resultado puede observarse en muchos países hispanoamericanos, donde la contribución india es tan evidente como la española. Aquí presentamos obras que reflejan la cultura precolombina del Perú: trozos de *Los comentarios reales* de El Inca Garcilaso de la Vega y algunos ejemplos de la cerámica de los *moches*. La obra de Garcilaso nos permite compartir las experiencias de una persona que conocía íntimamente la vida de los incas en la época de la Conquista. Por las extraordinarias cerámicas de los *moches* se pueden conocer muchísimos aspectos de la vida diaria de una cultura que existió en el Perú mil años antes de establecerse el imperio inca.

VOCABULARIO ÚTIL

Estudiar estas palabras antes de leer «Los comentarios reales».

anterior   previous
carro   cart
cerca   wall, fence
conquistar   to conquer
cortar   to cut
cuesta   slope, grade
descender (de)   to descend (from)
edificio   building, structure
este *m*   east
fortaleza   fort
fundar   to found
gobernar (ie)   to govern
labrar   to work (stone); to cut, carve

norte *m*   north
oeste *m*   west
oro   gold
pared *f*   wall
piedra   stone
plancha   sheet, plate
reino   kingdom
rey *m*   king
riqueza   riches
rostro   face
sagrado   sacred
sur *m*   south
valle *m*   valley

Los Comentarios Reales

EL INCA GARCILASO DE LA VEGA (1539–1616) nació en el Cuzco y fue el primer escritor americano que ganó fama universal. Era hijo del capitán español Don García Lasso de la Vega y de la princesa incaica Isabel Chimpu Ocllo, prima del último emperador de los Incas, Atahualpa. Sus padres no pudieron casarse, ya que la ley prohibía que el capitán se casara con una mujer que no era de su condición y su clase. En el Cuzco el joven Garcilaso llegó a conocer las dos culturas y los dos idiomas representados por sus padres. La conciencia de esas culturas llegó a ser el factor esencial en su vida de escritor. Al morir su padre, Garcilaso, que sólo tenía veintiún años, fue a España. Allí buscó, sin éxito, el reconocimiento de los servicios prestados por su padre y la restitución de tierras que habían pertenecido a su madre. En los años siguientes, Garcilaso luchó en el ejército de Felipe II en Navarra e Italia. En 1589 se trasladó a Córdoba y unos once años más tarde se hizo sacerdote. Murió en Córdoba en 1616, sin haber regresado al Perú.

Su primer libro, publicado en 1590, es una traducción del italiano de los *Diálogos de amor* de León Hebreo. El tema es el concepto platónico del amor. La segunda obra de Garcilaso es *La Florida del Inca* (1605), libro que narra la historia de la expedición de Hernando de Soto a la Florida basada en el testimonio de quienes habían participado en la empresa. La obra maestra de El Inca es *Los comentarios reales* (1609), cuya segunda parte, *Historia general del Perú*, se publicó póstumamente, en 1617. La primera parte presenta un gran panorama de la civilización incaica e incluye la época desde los tiempos preincaicos hasta el reinado del último emperador, Atahaulpa. La segunda parte trata de la conquista del Perú y de las luchas entre los conquistadores por el poder.

En *Los comentarios reales*, Garcilaso se da a conocer como hombre del Renacimiento y también como mestizo orgulloso del linaje noble de sus padres. El aspecto renacentista de su obra se nota en el equilibrio de su prosa. Como humanista renacentista, Garcilaso también expresa su deseo de encontrar la edad dorada, el estado perfecto del hombre y de la naturaleza. Pero tal vez el lector moderno se siente más atraído por los cuentos y anécdotas que incluye El Inca en su narrativa y que evocan numerosos aspectos de la vida de los incas. Por ellos y por las descripciones que nos da de las grandes habilidades y conocimientos de sus antepasados indios, Garcilaso logra presentarnos un cuadro muy vivo de una civilización extraordinaria.

Dos leyendas del origen de los Incas

Dicen que pasado el diluvio, se aparecía un hombre en Tiahuanaco, que está al sur de Cuzco, que fue tan poderoso que dividió el mundo en
5 cuatro partes y las dio a cuatro hombres, que llamó reyes.[1] El primero se llamó Manco Cápac, y el segundo Colla, y el tercero Tocay, y el cuarto Pinahua. Dicen que a Manco Cápac dio la parte del norte y al Colla la parte del sur, al tercero,
10 llamado Tocay, dio la parte del este, y al cuarto, que llaman Pinahua, la del oeste. Cada uno debía ir a su distrito y conquistar y gobernar la gente que hallase allí. Dicen que Manco Cápac fue hacia el norte y llegó al valle del Cuzco, y fundó
15 aquella ciudad y sujetó los circunvecinos y los adoctrinó, y que los reyes Incas descienden de él. De los otros tres reyes no saben decir qué fue de ellos.

Cuentan otra historia del origen de los Incas
20 y es semejante a la anterior. Dicen que al principio del mundo cuatro hombres y cuatro mujeres, todos hermanos, salieron por unas ventanas de unas peñas que están cerca de la ciudad, en un lugar que llaman Paucartampo. Hay tres ventanas
25 y salieron por la ventana de en medio, la cual llamaron ventana real. Por esta fábula aforraron aquella ventana por todas partes con grandes planchas de oro y muchas piedras preciosas: adornaron las ventanas de los lados con oro, pero
30 no con pedrería. Al primer hermano llamaron Manco Cápac, y a su mujer Mama Ocllo. Dicen que aquél fundó la ciudad y que la llamó Cuzco, que, en la lengua particular de los Incas, quiere decir ombligo. También Manco Cápac les enseñó
35 a ser hombres y de él descienden todos los Incas.

diluvio *flood*

poderoso *powerful*

hallase *he might find*

sujetó *subjected*
circunvecinos *surrounding people*
adoctrinó *instructed, indoctrinated*
fue de *became of*

semejante *similar*
principio *beginning*

peñas *rocks, mountains*

de en medio *middle*
real *royal*
aforraron *lined*

pedrería *precious stones*

ombligo *navel*

La fortaleza de Cuzco

Maravillosos edificios hicieron los Incas, reyes del Perú, en fortalezas, en templos, en casas

reales, en jardines, en pósitos y en caminos, como
se muestran hoy por las ruinas que han quedado
de ellos, aunque es difícil ver por los cimientos
lo que fue todo el edificio.

5   La obra mayor y más soberbia que mandaron
hacer para mostrar su poder y majestad fue la
fortaleza de Cuzco.[2] Sus grandezas son increíbles
a quien no las ha visto. Las piedras de las tres
cercas son tantas y tan grandes que causa ad-
10 miración imaginar cómo pudieron cortarlas de las
canteras de donde se sacaron, porque los indios
no tuvieron hierro ni acero para cortarlas ni labrarlas.[3] También es difícil entender cómo las tra-
jeron al edificio porque no tuvieron bueyes ni
15 supieron hacer carros: ni hay carros que puedan
sufrirlas, ni bueyes que basten a tirarlas. Las
arrastraban a fuerza de brazos con gruesas maromas. Los caminos por donde las llevaban no
eran llanos, sino sierras muy ásperas, con grandes
20 cuestas por donde las subían y bajaban a pura
fuerza de hombres. Llevaron muchas de ellas
diez, doce o quince leguas. También, es asombroso pensar cómo pudieron ajustar tanto unas
piedras tan grandes, y hacerlo tan perfectamente
25 que apenas se puede meter la punta de un cuchillo entre ellas. Y todo eso lo hacían sin saber
hacer grúas ni garruchas ni ningún otro ingenio.[4]

El Padre Acosta describe cómo vino muchísima
gente de todas partes del reino para participar en
30 la construcción de los edificios y fortalezas que
el Inca mandó hacer en el Cuzco. Se asombra
del tamaño de las piedras y de la manera de
labrarlas: «Y son tan grandes muchas piedras de
éstas . . . que sería cosa increíble si no se viese.
35 En Tiahuanaco medí yo una piedra de treinta y
ocho pies de largo y de diez y ocho de ancho y
el grueso sería de seis pies; y en la muralla de la
fortaleza del Cuzco . . . hay muchas piedras de
mucha mayor grandeza; y lo que más admira es
40 que, no siendo cortadas éstas que digo por regla,
sino entre sí muy desiguales en el tamaño y en
la facción, encajan unas con otras con increíble

pósitos *public granaries*

cimientos *foundations*

soberbia *superb, grand*

canteras *quarries*
hierro *iron*
acero *steel*

bueyes *oxen*

sufrirlas *bear up under them*
basten a tirarlas *are strong enough to pull them*
arrastraban *dragged*
gruesas maromas *thick cables*
llanos *flat*
ásperas *rough*
leguas *leagues*
asombroso *astonishing*
ajustar *fit*

meter la punta *stick the point*

grúas *derricks*
garruchas *pulleys*
ingenio *mechanical apparatus*

tamaño *size*

si no se viese *unless you saw it*
medí *I measured*

grueso *thickness*

por regla *square, straight*

facción *surface*
encajan *fit, join*

juntura, sin mezcla. Todo esto se hacía a poder de mucha gente, y con gran sufrimiento en el labrar, porque para encajar una piedra sobre otra era forzoso probarla muchas veces, no estando
5 las más de ellas iguales ni llanas . . .»

Los Incas, según lo manifiesta aquella su fábrica, parece que quisieron mostrar por ella la grandeza de su poder, como se ve en la inmensidad y majestad de la obra, la cual se hizo más
10 para admirar y no para otro fin.

El Templo del Sol y sus riquezas

Uno de los principales ídolos que los reyes Incas y sus vasallos tuvieron fue la imperial ciudad del Cuzco. La adoraban los indios como a cosa
15 sagrada,[5] por haberla fundado el primer Inca Manco Cápac, y por las innumerables victorias que tuvo Cuzco en las conquistas que tuvo y porque era casa y corte de los Incas sus dioses.

La adoraban tanto que aun demostraban su
20 adoración en cosas muy pequeñas. Por ejemplo, si dos indios de igual condición se encontraban en los caminos, uno que iba del Cuzco y otro que venía a él, el que iba era respetado del que venía, como superior del inferior, sólo por haber
25 estado en la ciudad. Y era respetado aún más si era vecino de la ciudad y especialmente si era natural de ella.

Por tener la ciudad en esta veneración, la ennoblecieron los reyes lo más que pudieron con
30 edificios suntuosos y casas reales, muchos de los cuales los hicieron para sí. El edificio en el que más se esmeraron fue la Casa y Templo del Sol.[6] Lo adornaron de increíbles riquezas: cada Inca aumentó las riquezas y buscó superar lo que
35 habían hecho los Incas anteriores. El aposento del Sol era lo que es ahora la iglesia de Santo Domingo y se construyó de piedra, muy prima y pulida.

---

juntura joining
mezcla mortar

forzoso necessary
probarla test it

fábrica structure

vecino resident
natural native

en el que más se esmeraron that they took most pains with
superar exceed

aposento room

prima excellent
pulida polished

El altar mayor estaba al Este.[7] La techumbre
era de madera muy alta para que tuviese mucha
corriente. Todas las cuatro paredes del templo
estaban cubiertas desde arriba para abajo de
5 planchas y tablones de oro. En el altar mayor
tenían puesta la figura del Sol, hecha de una
plancha de oro, dos veces más gruesa que las
otras planchas que cubrían las paredes. La figura
estaba hecha con su rostro en redondo, y con
10 sus rayos y llamas de fuego, todo de una pieza.
Era tan grande, que tomaba todo el altar del templo, de pared a pared.

Cuando los españoles entraron en aquella ciudad, esta figura del Sol cupo en suerte a un
15 hombre noble, conquistador de los primeros, llamado Mancio Sierra de Leguizamón. Éste era
gran jugador de todos los juegos y aunque la
imagen del Sol era tan grande, la jugó y perdió
en una noche. Dicen que de ahí nace el refrán:
20 «Juega el sol antes que amanezca.»[8]

A un lado y a otro de la imagen del Sol estaban
los cuerpos de los reyes muertos, arreglados
según su antigüedad como hijos de ese Sol. Estaban embalsamados de tal manera que parecían
25 estar vivos y estaban sentados en sus sillas de
oro, puestas sobre los tablones de oro en que
solían asentarse. Tenían los rostros hacia el
pueblo; sólo Huayna Cápac, como hijo más querido y amado y por las virtudes que mostró desde
30 muy joven, estaba puesto delante de la figura del
Sol, vuelto el rostro hacia él. Los indios escon-
dieron estos cuerpos con el resto del tesoro, y los
más de ellos no han aparecido hasta hoy. En el
año 1559, el licenciado Polo descubrió cinco de
35 ellos, tres de reyes y dos de reinas.

La puerta principal del templo miraba al Norte,
como hoy está. También había otras puertas
menores para servicio del templo. Todas éstas
estaban aforradas con planchas de oro en forma
40 de portada.

techumbre *ceiling*

corriente *air*

desde arriba para abajo *from top to bottom*

tablones *slabs, planks*

en redondo *round*

llamas *flames*

pieza *piece*

cupo en suerte a *fell to the lot of*

jugador *gambler*

juegos *gambling games*

refrán *proverb*

amanezca *it dawns*

A un lado y a otro *on both sides*

embalsamados *embalmed*

asentarse *seat themselves*

portada *portal*

NOTAS CULTURALES

1. Es probable que ese hombre fuera Viracocha, el dios creador de los incas.

2. Hoy día se cree que Sacsahuamán no era esencialmente una fortaleza, sino un lugar seguro donde los habitantes de Cuzco podían refugiarse en caso de un ataque. Las paredes de las tres cercas se extienden más de 540 metros y alcanzan una altura de 18 metros. La cerca más baja tiene enormes bloques de piedra; el más grande mide 5.2 metros de alto, 3 metros de ancho y 2.7 metros de espesor y pesa más de cien toneladas.

3. La mayoría de los instrumentos que usaban los incas eran de piedra, pero tenían algunos cinceles (*chisels*) de bronce.

4. Se cree que el cortar y pulir las piedras se hacía con martillos de piedra y con abrasivos de arena.

5. Esas cosas sagradas eran numerosas, y los indios las llamaban «huacas». Originalmente se referían a los templos sagrados, pero también se referían a otras cosas, personas y lugares habitados por un espíritu: piedras grandes, cerros, montañas, cuevas, hermanos gemelos, personas muertas, personas que tenían más dedos de lo normal, plantas extrañas, etc. Una de las huacas se llamaba una «apachita» y era un montón de piedras donde se paraba el viajero a rezar. Era costumbre añadir otra piedra al montón o dejar algo de un valor trivial, como ropa gastada o un manojo de paja. Esa costumbre todavía existe hoy.

6. El dios principal de los incas era un dios creador que no sólo hizo todas las cosas, sino también creó a los otros dioses. Ese dios tenía varios títulos, uno de los cuales era Viracocha, que significa «Señor». Viracocha ocupaba el lugar principal en el famoso templo del Cuzco, donde también se veneraba el sol, la luna, el trueno y el relámpago, las estrellas y otros dioses menores. El más importante de los dioses creados por Viracocha era el sol, que controlaba las cosechas y era progenitor de los incas. El plan del templo del Sol era el de una casa regular, aunque mucho más grande y rica, como se ve en la descripción del Inca.

7. Los incas sólo reconocieron dos direcciones ceremoniales: el este y el oeste, donde salía y se ponía el sol. Así era natural situar el altar mayor al este.

8. Recientes investigaciones históricas indican que antes de llegar Mancio Sierra de Leguizamón y sus compañeros ya se había quitado del templo la imagen del sol. Es probable que se trate de otro objeto menos famoso, aunque de gran valor.

EJERCICIOS

I. Preguntas

1. ¿Qué hizo el hombre que apareció en Tiahuanaco después del diluvio?   2. ¿Qué debían hacer los reyes?   3. ¿Qué hizo Manco Cápac?   4. Según la segunda versión del origen de los incas, ¿cuántos hermanos había al principio?   5. ¿Qué quiere decir «Cuzco»?   6. ¿Por qué es difícil apreciar hoy día la grandeza de los edificios de los incas?   7. ¿Cuál fue la obra mayor que hicieron los incas?   8. ¿Cuáles son las dos cosas que les faltaban a los incas para cortar las piedras y moverlas?   9. ¿Por qué se asombró el padre Acosta de la manera de labrar la piedra?   10. ¿Por qué hicieron los incas obras tan inmensas y majestuosas?   11. ¿Por qué adoraban los indios a la ciudad del Cuzco?   12. ¿Cuál fue la actitud de los indios hacia los que vivían en el Cuzco?   13. ¿Cuál fue el edificio principal del Cuzco?   14. En cuanto a la decoración del templo del Sol, ¿qué buscaba hacer cada Inca?   15. ¿Dónde se situaba el altar mayor? ¿Por qué se situaba allí?   16. ¿Cómo era la imagen del Sol?   17. ¿Quién era Mancio Sierra de Leguizamón? ¿Qué hizo?   18. ¿Qué había a un lado y a otro de la imagen del Sol?   19. ¿Cuál de los reyes ocupaba el puesto principal? ¿Por qué?   20. ¿Qué pasó con los cuerpos de los reyes?

II. Ejercicios analíticos

1. Casi todas las culturas tienen una leyenda que explica el origen del hombre. ¿Cómo es la que se explica en la Biblia? ¿Cómo se la puede comparar con la de los incas?   2. ¿Hay en nuestra cultura algo similar a las «huacas» de los incas?   3. Si Ud. fuera un indio que recién había salido del Cuzco y que se encontró con otro indio que iba a la capital por primera vez, ¿cómo describiría lo que más le impresionó en la ciudad?   4. Si Ud. fuera un conquistador que acababa de ver el templo del Sol por primera vez, ¿cómo describiría lo que vio?

III. Ejercicios de vocabulario

A.   Elegir la palabra que no corresponde al grupo.

1.   cuesta, sierra, costa, montaña, cerro
2.   casa, palacio, edificio, templo, carro

3. diamante, oro, cerca, plata, rubí
4. norte, reino, oeste, sur, este
5. mano, pie, rostro, cuerpo, pared

B. Completar con la palabra apropiada.

conquistar	oro	reino
oeste	cortar	edificio
sagrada	rostro	riqueza
pared	este	valle

1. Se puede usar un cuchillo para _____ carne.
2. El sol sale en el _____ .
3. El _____ de una persona puede ser muy expresivo.
4. Una huaca es una cosa _____ .
5. ¿Cuál es más importante: la _____ o el poder?
6. La mayoría de los indios de los Estados Unidos viven en el _____ .
7. Ese reloj es muy costoso; es de _____ .
8. El _____ más rico del Cuzco era el templo del Sol.
9. Debajo de las montañas hay un _____ enorme.
10. En la _____ cerca de la puerta había varias pinturas.

C. Escoger la palabra que corresponde a cada definición.

rey	fortaleza	oeste
oro	valle	anterior
piedra	sagrado	este

1. Estructura que se puede usar como refugio cuando hay guerra.
2. Metal precioso cuyo valor ha subido mucho en los últimos años.
3. Palabra que describe algo que precede en lugar o tiempo.
4. Punto cardinal donde se pone el sol.
5. Un monarca de un país.

D. Describir el templo del Sol en el Cuzco. Incluir las palabras siguientes en la descripción.

piedra	rey	labrar
oro	reina	riqueza
pared	cortar	sagrado

El arte de los «moches»

La iglesia de Santo Domingo en el Cuzco, construida sobre cimientos incaicos, se puede considerar un símbolo del proceso de la conquista de ese imperio por los españoles. Pero aunque los españoles creían que ese gran imperio era antiquísimo, el hecho es que los incas sólo fueron tardíos participantes en la historia de aquella región. Durante más de tres mil años varias sociedades surgieron, florecieron y desaparecieron en el Perú. Por ejemplo, hay evidencia de la existencia de un gran estado religioso que apareció mil años antes de Cristo. Esa sociedad, que se llamó Chavín, floreció y desarrolló su propio estilo de arte. Pero en los últimos siglos antes de Cristo varias regiones empezaron a desarrollar otros estilos de arte muy distintos, lo que sugiere la pérdida de la unidad que había existido antes.

Una de las sociedades regionales más interesantes que aparece al decaer el antiguo estado era la de los «moches». Estos aparecen en el norte del Perú, en el llano árido que se encuentra entre los Andes y el mar. Allí, dos siglos antes de Cristo, los «moches» desarrollan sus pueblos en los valles de los ríos que nacen en las montañas y van al mar. Viven de la agricultura, de la caza y de lo que pueden pescar en el mar. Domestican varios animales, incluyendo las llamas y las alpacas. Construyen casas, templos y palacios de adobe y con frecuencia los decoran con pinturas muy vívidas. Saben tejer y utilizan una gran variedad de técnicas para producir tejidos elegantes. Entierran a sus muertos en hoyos debajo de la tierra, donde rodean al muerto con varias ofrendas cuya cantidad y cualidad varían mucho, indicando la existencia de un sistema de clases sociales y una compleja división del trabajo.

Aunque los «moches» no sabían escribir, los artistas que fabricaron las cerámicas que se han encontrado en muchas tumbas nos han dejado un retrato muy detallado de su vida. En su excelente libro *Moche Art of Peru* (University of California, 1978), Christopher B. Donnan nota que la expresión artística que se encuentra en las cerámicas es muy variada. Hombres, mujeres, animales, plantas, demonios antropomorfos y dioses se pueden observar en sus actividades: la caza, la pesca, el combate, los castigos, los actos sexuales y las complejas ceremonias religiosas. También se observan detalles de la arquitectura de sus casas y templos y su modo de vestirse y adornarse. Algunas de las cerámicas ofrecen retratos de individuos, mientras otras parecen contar un cuento o ciertos aspectos de la vida de los moches. Muchas veces todo esto tiene valor simbólico. Por ejemplo, es posible que el ciervo, animal que aparece en muchas cerámicas, represente las cualidades de ese animal: su velocidad y su cualidad elusiva. Otra posible interpretación de esa figura puede encontrarse en la percepción del animal por los descendientes modernos de los «moches». Los curanderos que viven actualmente en esa región utilizan la pata del ciervo para descubrir espíritus malos y para exorcizar a los que son poseídos por tales espíritus. Con frecuencia, cerca del ciervo en las cerámicas se ve cierto tipo de árbol. Los curanderos modernos mezclan las semillas de ese árbol con la chicha, una bebida alcohólica, y beben esta mezcla para poder adivinar lo que está pasando en lugares remotos. Obviamente las semillas del árbol producen un efecto alucinógeno. Así es que lo que parece ser sólo una representación realista del artista «moche» también puede tener un aspecto mágico o religioso.

Durante siete siglos los moches produjeron sus extraordinarias cerámicas y luego desaparecieron, tal vez conquistados por gente de otra región. Pero nos queda su arte como testimonio de la vitalidad de su cultura y del genio de sus artistas.

Courtesy of the Art Institute of Chicago

UN INDIO MOCHE

Sin duda esta vasija es una de las más hermosas de la cerámica moche. La cara del indio está pintada y la faja que lleva tiene el motivo de la serpiente. Entre los curanderos modernos de la región la serpiente reconcilia fuerzas opuestas—lo bueno y lo malo, la luz y la oscuridad, el sol y el mar. No sabemos con seguridad si significaba lo mismo entre los moches, pero sin duda tenía un valor simbólico.

Both photos courtesy of the Metropolitan Museum of Art, The Michael C. Rockefeller Memorial Collection of Primitive Art, Gift of Nathan Cummings, 1963.

LA GAMA

EL ZORRO

Ya hemos mencionado el posible valor simbólico del ciervo. El zorro es el animal que se retrata con más frecuencia en el arte moche. Para los curanderos peruanos, el zorro representa la desgracia y el peligro producidos por la decepción y el engaño. También puede simbolizar la capacidad de salvar obstáculos por el uso de la astucia.

Muchas veces los animales que se representan en las cerámicas moches tienen cualidades humanas. Describa Ud. los aspectos humanos de la gama y del zorro.

Silberstein, Monkmeyer Press Photo Service

LA IGLESIA DE SANTO DOMINGO

La iglesia de Santo Domingo fue construida sobre las ruinas del Templo del Sol y todavía se ven los cimientos del Templo. ¿Cómo se puede comparar el uso de la piedra por los incas y por los españoles? ¿Qué valor simbólico puede tener este edificio?

PARA COMENTAR

1. Se ha mencionado que muchas veces los objetos que se retratan en las cerámicas moches tienen un valor simbólico. Con frecuencia parecen referirse a una parte de una ceremonia religiosa o a un concepto religioso. En nuestra sociedad también hay cosas simbólicas que forman parte de una ceremonia o de una tradición. Por ejemplo, todos reconocemos a cierto señor gordo, de barba blanca y muy larga, que lleva un traje rojo y botas negras. Sabemos cuál es la función de ese señor, cómo se relaciona con los niños y en qué estación del año aparece. ¿Cuáles son algunas otras cosas que tienen valor simbólico o tradicional en nuestra cultura?
2. ¿Es verdad que nosotros, como aparentemente lo hacían los moches, asociamos ciertas cualidades con ciertos animales? ¿Puede dar algunos ejemplos?
3. El arte europeo, como el de los moches, a veces tiene un valor simbólico. Ya hemos visto, por ejemplo, que varias pinturas de Goya representan ciertos conceptos tradicionales. ¿Puede Ud. pensar en otras obras de arte europeas o norteamericanas que tienen esa dimensión?

Santa Claus,

La religión en el mundo hispánico

3

En la Edad Media, la fe cristiana unió a los reinos católicos en su lucha contra los moros. En el siglo XVI la España católica fue la protectora de la fe contra las fuerzas de la Reforma protestante y, hoy en día, los países hispánicos todavía son profundamente católicos.

Al nivel nacional la religión puede tener un valor político; pero al nivel del pueblo—del humilde campesino del Perú o de España—la fe es una parte íntima de su vida cotidiana y se manifiesta en su manera de percibir la realidad, de formar y expresar sus ideales y aún en sus costumbres. Para la gente común, la religión no es una cosa abstracta sino muy real. Naturalmente, la misma fe que tanto influye en el pueblo se manifiesta también en las artes, ya sea en las poesía épica o religiosa de la Edad Media, en el teatro y la pintura de los siglos XVI y XVII, o en el arte y la literatura de nuestros tiempos. A continuación se presentan dos testimonios de esta característica del pueblo hispánico: la fe simple y directa del campesino mexicano, y la fe elevada y mística que logra captar El Greco en sus magníficas pinturas del siglo XVI.

VOCABULARIO ÚTIL

Estudiar estas palabras antes de leer «Una carta a Dios».

amanecer m dawn
a punto de on the point of, about to
billete m bill (money)
buzón m letter box
campo country, countryside
cartero mailman, postal clerk
cerro hill
correo: oficina de correos post office
cosecha harvest
dar to give; to strike
domicilio residence
echar al correo to mail
firma signature

frijol m bean
hacer falta to need, be needing, be lacking
iglesia church
llover to rain
lluvia rain
maíz m corn
milpa corn field
no ... más que only
nube f cloud
ponerse to begin, start, become
sobre m envelope
timbre m stamp
viento wind

Una carta a Dios

GREGORIO LÓPEZ Y FUENTES nació en 1897 en la Huasteca, estado de Veracruz (México), donde su padre era un modesto agricultor. Ahí el niño llegó a conocer la vida del campo, en particular la de los indios y campesinos. Más tarde, su padre lo mandó a la capital a estudiar en la Escuela Normal de Maestros y llegó a conocer allí a los jóvenes escritores de la época. Participó en la Revolución de 1910 y después se dedicó al periodismo y a la creación de su obra literaria. Produjo así una cantidad de novelas y cuentos que le aseguraron una posición importante dentro del movimiento literario y artístico inspirado por la Revolución Mexicana.

En toda su obra, López y Fuentes revela su interés por los tipos humildes que conoció en su niñez. En su novela *Campamento* (1931) nos presenta varias escenas de un grupo de soldados, anónimos como la mayoría de los que lucharon durante la revolución. En *Tierra* (1932) el novelista logra reproducir el momento histórico de la lucha agraria, novelizando la vida y la muerte de Emiliano Zapata, el gran héroe de esa reforma agraria. Siguiendo con su técnica de retratar la realidad social de México por medio de uno o varios personajes representativos de todo un segmento social (técnica que se ve también en la obra de los grandes muralistas de la época: Rivera, Orozco, Siqueiros), López y Fuentes publicó en 1935 *El indio,* su obra más famosa. Se relata aquí la explotación del indio, simbolizada en la historia de una comunidad india. No ofrece el autor solución al problema, pero resulta inolvidable el fuerte realismo de las escenas que presenta.

En el cuento que sigue se pueden observar algunas de las características de la obra de López y Fuentes: el estilo simple, sobrio y realista, el interés por los problemas del hombre común, en este caso un humilde agricultor, y, sobre todo, el estudio psicológico del campesino, para quien la religión es una realidad y Dios es una persona a quien puede tratar con toda confianza.

* * *

La casa—única en todo el valle—estaba subida en uno de esos cerros truncados que, a manera de pirámides rudimentarias, dejaron algunas tribus al continuar sus peregrinaciones. Desde allá se veían las vegas, el río, los rastrojos y, lindando con el corral, la milpa,[1] ya a punto de jilotear.

subida   *placed high*

peregrinaciones   *pilgrimages, wanderings*
vegas   *flat lowlands*
rastrojos   *stubble*
lindando con   *bordering*
jilotear   *to form ears*

Entre las matas del maíz, el frijol[2] con su florecilla morada, promesa inequívoca de una buena cosecha.[3]

matas *plants*
morada *purple*

Lo único que estaba haciendo falta a la tierra
5 era una lluvia, cuando menos un fuerte aguacero, de esos que forman charcos entre los surcos. Dudar de que llovería hubiera sido lo mismo que dejar de creer en la experiencia de quienes, por tradición, enseñaron a sembrar en determinado
10 día del año.

cuando menos *at least*
aguacero *shower*
charcos *puddles*
surcos *furrows*

sembrar *to sow*

Durante la mañana, Lencho—conocedor del campo, apegado a las viejas costumbres y creyente a puño cerrado—no había hecho más que examinar el cielo por el rumbo del noreste.
15 —Ahora sí que se viene el agua, vieja.

apegado *attached*
creyente a puño
    cerrado *a firm believer*
rumbo *direction*

Y la vieja, que preparaba la comida, le respondió:
—Dios lo quiera.

Los muchachos más grandes limpiaban de hierba la siembra, mientras que los más pequeños
20 correteaban cerca de la casa, hasta que la mujer les gritó a todos:
—Vengan que les voy a dar en la boca. . . .

limpiaban de hierba *were weeding*
siembra *sown field*
correteaban *were racing around*

dar en la boca *hit (you) in the mouth*

Fue en el curso de la comida cuando, como lo había asegurado Lencho, comenzaron a caer
25 gruesas gotas de lluvia. Por el noreste se veían avanzar grandes montañas de nubes. El aire olía a jarro nuevo.

asegurado *asserted*

olía a jarro nuevo *smelled like a new clay jug*

—Hagan de cuenta, muchachos—exclamaba el hombre mientras sentía la fruición de mojarse
30 con el pretexto de recoger algunos enseres olvidados sobre una cerca de piedra—, que no son gotas de agua las que están cayendo: son monedas nuevas: las gotas grandes son de a diez y las gotas chicas son de a cinco. . .

hagan de cuenta *just imagine*
fruición de
    mojarse *delight of getting wet*
enseres *implements*
cerca *fence, wall*
de a diez *ten-cent coins*

35 Y dejaba pasear sus ojos satisfechos por la milpa a punto de jilotear, adornada con las hileras frondosas del frijol, y entonces toda ella cubierta por la transparente cortina de la lluvia. Pero, de pronto, comenzó a soplar un fuerte viento y con
40 las gotas de agua comenzaron a caer granizos tan grandes como bellotas. Esos sí que parecían monedas de plata nueva. Los muchachos, ex-

las hileras frondosas *the leafy rows*

soplar *blow*
granizos *hailstones*
bellotas *acorns*

poniéndose a la lluvia, correteaban y recogían las perlas heladas de mayor tamaño.

—Esto sí que está muy malo—exclamaba mortificado el hombre—; ojalá que pase pronto. . . .

5 No pasó pronto. Durante una hora, el granizo apedreó la casa, la huerta, el monte, la milpa y todo el valle. El campo estaba tan blanco que parecía una salina. Los árboles, deshojados. El maíz, hecho pedazos. El frijol, sin una flor. Len-
10 cho, con el alma llena de tribulaciones. Pasada la tormenta, en medio de los surcos, decía a sus hijos:

—Más hubiera dejado una nube de langosta. . . . El granizo no ha dejado nada: ni una sola mata
15 de maíz dará una mazorca, ni una mata de frijol dará una vaina. . . .

La noche fue de lamentaciones:

—¡Todo nuestro trabajo, perdido!

—¡Y ni a quién acudir!

20 —Este año pasaremos hambre. . . .

Pero muy en el fondo espiritual de cuantos convivían bajo aquella casa solitaria en mitad del valle, había una esperanza: la ayuda de Dios.

—No te mortifiques tanto, aunque el mal es
25 muy grande. ¡Recuerda que nadie se muere de hambre!

—Eso dicen: nadie se muere de hambre. . . .

Y mientras llegaba el amanecer, Lencho pensó mucho en lo que había visto en la iglesia del
30 pueblo ios domingos: un triángulo y dentro del triángulo un ojo, un ojo que parecía muy grande, un ojo que, según le habían explicado, lo mira todo, hasta lo que está en el fondo de las conciencias.[4]

35 Lencho era hombre rudo y él mismo solía decir que el campo embrutece, pero no lo era tanto que no supiera escribir. Ya con la luz del día y aprovechando la circunstancia de que era domingo, después de haberse afirmado en su idea
40 de que sí hay quien vele por todos, se puso a escribir una carta que él mismo llevaría al pueblo para echarla al correo.

---

heladas *frozen*
tamaño *size*

apedreó *stoned*

salina *salt pit*
deshojados *stripped of leaves*
hecho pedazos *torn apart*

langosta *locust*

mazorca *ear*

vaina *pod*

ni a quién acudir *not even someone to seek help from*
pasaremos hambre *we will go hungry*
fondo *depths*
de cuantos *of those who*
no te mortifiques tanto *don't get so upset*

rudo *coarse, rough*
embrutece *brutalizes*

después de haberse afirmado *after having made sure*
vele por *watches over*

Era nada menos que una carta a Dios.—
«Dios—escribió—, si no me ayudas pasaré hambre
con todos los míos, durante este año: necesito
cien pesos para volver a sembrar y vivir mientras
5 viene la otra cosecha, pues el granizo. . . .»

Rotuló el sobre «A Dios», metió el pliego y, aun
preocupado, se dirigió al pueblo. Ya en la oficina
de correos, le puso un timbre a la carta y echó
ésta en el buzón.

10 Un empleado, que era cartero y todo en la
oficina de correos, llegó riendo con toda la boca
ante su jefe: le mostraba nada menos que la carta
dirigida a Dios. Nunca en su existencia de repartidor había conocido ese domicilio. El jefe de la
15 oficina—gordo y bonachón—también se puso a
reír, pero bien pronto se le plegó el entrecejo y,
mientras daba golpecitos en su mesa con la carta,
comentaba:

—¡La fe! ¡Quién tuviera la fe de quien escribió
20 esta carta! ¡Creer como él cree! ¡Esperar con la
confianza con que él sabe esperar! ¡Sostener correspondencia con Dios!

Y, para no defraudar aquel tesoro de fe, descubierto a través de una carta que no podía ser
25 entregada, el jefe postal concibió una idea: contestar la carta. Pero una vez abierta, se vio que
contestar necesitaba algo más que buena voluntad, tinta y papel. No por ello se dio por vencido: exigió a su empleado una dádiva, él puso
30 parte de su sueldo y a varias personas les pidió
su óbolo «para una obra piadosa.»

Fue imposible para él reunir los cien pesos so-
licitados por Lencho , y se conformó con enviar
al campesino cuando menos lo que había reu-
35 nido: algo más que la mitad. Puso los billetes en
un sobre dirigido a Lencho y con ellos un pliego
que no tenía más que una palabra, a manera de
firma: DIOS.

Al siguiente domingo Lencho llegó a preguntar,
40 más temprano que de costumbre, si había alguna
carta para él. Fue el mismo repartidor quien le
hizo entrega de la carta, mientras que el jefe, con
la alegría de quien ha hecho una buena acción,

rotuló *he addressed*
pliego *sheet of paper*

repartidor *sorter, distributor*

bonachón *good-natured*
se le plegó el entrecejo *he frowned*
daba golpecitos *tapped*

defraudar *to disappoint, cheat*

voluntad *will*
se dio por vencido *did he give up*
dádiva *gift*

óbolo *contribution*

se conformó *resigned himself*
cuando menos *at least*

de costumbre *usual*

hizo entrega de *made delivery of, delivered*

espiaba a través de un vidrio raspado, desde su despacho.

vidrio raspado *scratched up window*
despacho *office*

Lencho no mostró la menor sorpresa al ver los billetes—tanta era su seguridad—, pero hizo un
5 gesto de cólera al contar el dinero . . . ¡Dios no podía haberse equivocado, ni negar lo que se le había pedido!

cólera *anger*

Inmediatamente, Lencho se acercó a la ventanilla para pedir papel y tinta. En la mesa des-
10 tinada al público, se puso a escribir, arrugando mucho la frente a causa del esfuerzo que hacía para dar forma legible a sus ideas. Al terminar, fue a pedir un timbre, el cual mojó con la lengua y luego aseguró de un puñetazo.

mojó *he wet*
aseguró *made fast with*
puñetazo *blow of the fist*

15 En cuanto la carta cayó al buzón, el jefe de correos fue a recogerla. Decía:

—«Dios: Del dinero que te pedí, sólo llegaron a mis manos sesenta pesos. Mándame el resto, que me hace mucha falta; pero no me lo mandes
20 por conducto de la oficina de correos, porque los empleados son muy ladrones.—*Lencho*».

por conducto de *through*
son muy ladrones *are big thieves*

Cuentos campesinos de México, 1940

NOTAS CULTURALES

1. La palabra «milpa» es de origen azteca y se refiere a la siembra del maíz y al sistema azteca de cultivarlo. La adoptaron los españoles en el siglo XVI al ponerse en contacto con los habitantes del imperio azteca. Desde entonces se ha utilizado esta palabra en México y en la América Central.

2. El frijol, otra planta que se cultiva desde tiempos precolombinos, también es muy importante en la dieta de los mexicanos. Es una fuente importante de proteínas.

3. Se ha cultivado el maíz en el Nuevo Mundo durante más de cuatro mil años. No se sabe exactamente dónde se originó el cultivo del maíz: algunas personas mantienen que en el altiplano del Perú, mientras otras opinan que en el norte de la América Central, específicamente en el oeste de Guatemala. Hoy día sigue siendo el maíz una parte importantísima de la dieta de los habitantes de México, Centroamérica y del oeste de la América del Sur.

4. Tal vez como resultado de su herencia de la Reforma, los norteamericanos generalmente reaccionan negativamente ante el adorno y el lujo de la mayoría de las iglesias hispánicas. Prefieren una estructura simple, de pocos adornos e imágenes. Lo que se ha entendido mal es la intención de los que han preferido decorar sus iglesias así. Para el español o el hispanoamericano, la iglesia debe reflejar y concretar la gloria de Dios y de los santos. Las imágenes de las iglesias no son sólo imágenes, sino representaciones personales e íntimas. Así es que en cada pueblo o región hay una imagen de la Virgen que es del pueblo y que se venera como protectora del pueblo.

Esta actitud hacia la religión—de percibirla como una realidad—se manifiesta claramente en el cuento «Una Carta a Dios». Para Lencho, Dios es una persona con quien se puede hablar francamente, de «hombre a hombre». Es decir, no es una abstracción o algo que existe en una forma intangible, invisible, sino una realidad concreta y personal.

EJERCICIOS

I. Preguntas

1. ¿Dónde está la casa de Lencho?   2. ¿Qué clase de plantas cultiva Lencho?   3. ¿Qué le hace falta a la tierra?   4. ¿Qué pasa durante la comida?   5. ¿Por qué está mortificado Lencho?   6. ¿Qué deja el granizo?   7. ¿Qué idea concibe Lencho?   8. ¿Cómo reacciona el jefe de correos?   9. Al contar el dinero, ¿por qué hace Lencho un gesto de cólera?   10. ¿Por qué no quiere que Dios le mande el dinero por medio de la oficina de correos?

II. Ejercicios analíticos

1. ¿Cuál es la relación entre el hombre y la naturaleza en el cuento?   ¿Qué aspectos de la psicología del campesino mexicano pueden encontrarse en el cuento?   3. ¿Cuál es la actitud del campesino hacia Dios?   4. ¿Qué actitud del jefe de correos lo muestra benévolo?   5. ¿Cuál es el tema del cuento?

III. Ejercicios de vocabulario

A.   Elegir la palabra que no corresponde al grupo:

1.   sobre, cerro, carta, timbre, buzón
2.   casa, iglesia, domicilio, pliego, edificio
3.   viento, sol, lluvia, granizo, dádiva

4. nube, hierba, frijol, maíz, flor
5. peso, mitad, dólar, dinero, billete

B. Completar con la palabra apropiada:

frijoles	timbres	la lluvia
la iglesia	el cartero	echan al correo
el viento	la milpa	el amanecer
el domicilio	hacen falta	nubes
a punto de	el campo	

1. Hoy no se puede ver el sol porque hay muchas _____ .
2. _____ trae las cartas a mi casa.
3. Mucha gente va a _____ los domingos.
4. En la oficina de correos uno puede comprar _____ .
5. Hay muchas matas de maíz en _____ .
6. Son las ocho y estoy _____ salir.
7. Se ve una luz en el este; es _____ .
8. Al salir de la ciudad uno entra en _____ .
9. Pablo dice que le _____ esos libros.
10. A muchos mexicanos les gusta comer _____ .

C. Escoger la palabra que corresponde a cada definición:

correo	buzón	firma	milpa
lluvia	domicilio	cosecha	

1. El lugar donde se cultiva el maíz.
2. Agua que cae de las nubes.
3. El edificio en donde se venden timbres.
4. El nombre de un individuo, en forma escrita.
5. La casa adonde llegan las cartas personales de un individuo.

D. Usar en una frase original.

1. iglesia	3. fe	5. misa	7. alma
2. religión	4. Dios	6. religioso	8. espiritual

E. Crear un diálogo sobre una visita a la oficina de correos y presentarlo a la clase. Incluir las palabras siguientes.

correo	cartero	timbre
buzón	sobre (n)	echar al correo
empleado	carta	firma
billete	domicilio	

El Greco

La Reforma, iniciada en Alemania en la primera mitad del siglo XVI, produjo en España la Contrarreforma, un nuevo despertar del sentimiento religioso y un retorno al misticismo y a la espiritualidad de la Edad Media. La influencia de la nueva actitud sobre el arte fue notable. Tal vez el que mejor supo expresar ese misticismo fue el pintor barroco El Greco (1541–1614).

El Greco nació en la isla de Creta—que pertenecía a Grecia en aquellos tiempos—y su nombre verdadero era Domenico Theotocopuli. De su vida no se sabe mucho. Parece que pasó su juventud en Venecia, donde posiblemente estudió con Ticiano y recibió la influencia de las pinturas de Tintoreto. Después visitó Roma, pero no le impresionó ni el orden ni la armonía del verdadero arte renacentista. A la edad de 34 años viajó a España donde esperaba trabajar en la decoración de El Escorial, el gran palacio que hizo construir Felipe II—el enérgico monarca que encabezó la Contrarreforma. Pero a Felipe no le gustó el estilo de El Greco y rehusó darle la comisión. Así se produjo una de las grandes paradojas de la vida: el pintor más religioso fue rechazado por el monarca más religioso. Fue entonces El Greco a Toledo, una ciudad-isla a orillas del río Tajo. Era ésta una ciudad gris, oscura, en cuyo cielo se movían nubes verduscas; una ciudad cosmopolita, de grandes mezquitas, sinagogas e iglesias. Era el lugar que siempre había buscado el genio nada común de El Greco y allí se quedó el resto de su vida.

En Toledo El Greco creó un arte propio, único, que armonizaba perfectamente con el carácter y el alma españoles. Nos presenta un mundo místico. Sus figuras elongadas, con caras blancas y emaciadas, siempre parecen anhelar subir al cielo. Todo en ellas es rítmico y reflejan un éxtasis espiritual. Nadie como El Greco ha podido captar el misterio del fervor religioso.

La pintura de El Greco goza actualmente de gran popularidad y sus cuadros pueden verse en los mejores museos del mundo. Por ejemplo, hay siete obras suyas en el Museo Metropolitano de Nueva York, incluyendo su *Vista de Toledo*, uno de los primeros ejemplos de la pintura paisajista occidental. En España, su famosa pintura *El expolio* todavía se halla en la catedral de Toledo, y *El entierro del Conde de Orgaz* también puede verse en esa ciudad, en la Iglesia de Santo Tomé.

Editorial Photocolor Archives

EL ENTIERRO DEL CONDE DE ORGAZ

Iglesia de Santo Tomé

el baroco

En los cuadros religiosos de El Greco siempre hay una mezcla de lo humano y lo divino. Para el pintor, lo que está ocurriendo en la parte superior del cuadro es tan real como lo que está pasando en la tierra y no separa los dos niveles. Aunque la fe del pintor en la existencia de lo divino se expresa de manera más elevada y mística que la del humilde agricultor del cuento de López y Fuentes, es en ambos casos una fe sincera y profunda. El pintor se identifica aquí con esta expresión de su fe al incluirse a sí mismo *he himself* en el cuadro (la séptima cabeza, empezando desde la izquierda, es auto-retrato del pintor). ¿Quiénes son las personas que se ven en el centro de la parte superior del cuadro? ¿Qué hace el ángel en el centro del cuadro? ¿Hacia dónde mira la gente que rodea al Conde? ¿Cuál parece ser la actitud de los vivos hacia la muerte?

The Metropolitan Museum of Art.
Bequest of Mrs. H. O. Havemeyer, 1929. The H. O. Havemeyer Collection.

VISTA DE TOLEDO

En este famoso cuadro El Greco no sólo nos presenta uno de los primeros ejemplos de la pintura de paisaje en el arte occidental, sino que logra indicar la cualidad espiritual y religiosa que se asocia con la ciudad de Toledo. Lo hace mediante el uso de luz y de color—matices de verde y de gris—y el movimiento rítmico tanto de la tierra como de las nubes. Aunque la ciudad ha cambiado mucho en los últimos siglos, todavía pueden verse allí el río, los cerros y las cúspides de la catedral que se ven en la pintura. ¿Por qué puede describirse Toledo como una *ciudad-isla*? ¿Hay elongación de formas en esta pintura? ¿Qué efecto produce el juego de la luz y de la sombra? ¿Le parece a Ud. que esta pintura tiene valor espiritual?

EL ESPOLIO

Catedral de Toledo

En este cuadro también se ve la mezcla de lo humano y lo divino. En la figura de Cristo hay cierta paz y resignación que contrasta con la violencia y el ritmo agitado de las figuras que lo rodean. ¿Qué contraste hay entre la expresión de la cara de Cristo y la de las otras figuras que se presentan en el cuadro? ¿Quiénes son las mujeres que se ven a la izquierda? ¿Qué hace el hombre de la derecha? ¿Son de tamaño normal las figuras?

PARA COMENTAR

1. En los países hispánicos, no todos tienen la fe simple de un Lencho ni han experimentado el misticismo que se puede observar en las pinturas de El Greco. Tal vez lo que han sabido expresar López y Fuentes y El Greco son dos extremos de la experiencia religiosa, aunque sus obras comparten ciertas actitudes y creencias. ¿Cuáles son algunas cosas que tienen en común? ¿Cuáles son sus contrastes?

2. ¿Cómo reflejan las pinturas religiosas de El Greco el dramatismo que busca el hombre hispánico en la religión?

3. Por lo general, en la Edad Media los grandes escritores y artistas pertenecían a la clase adinerada o eran patrocinados por el Estado o la Iglesia. ¿Cree Ud. que el Estado debe patrocinar las artes en nuestros tiempos? ¿Por qué?

4. ¿Reflejan las iglesias o templos modernos los valores de nuestro pueblo? ¿Cuáles son esos valores y cómo están reflejados en esos edificios? ¿Cómo reacciona la persona hispánica de creencias tradicionales ante la clase de arquitectura y decoraciones de las estructuras religiosas modernas?

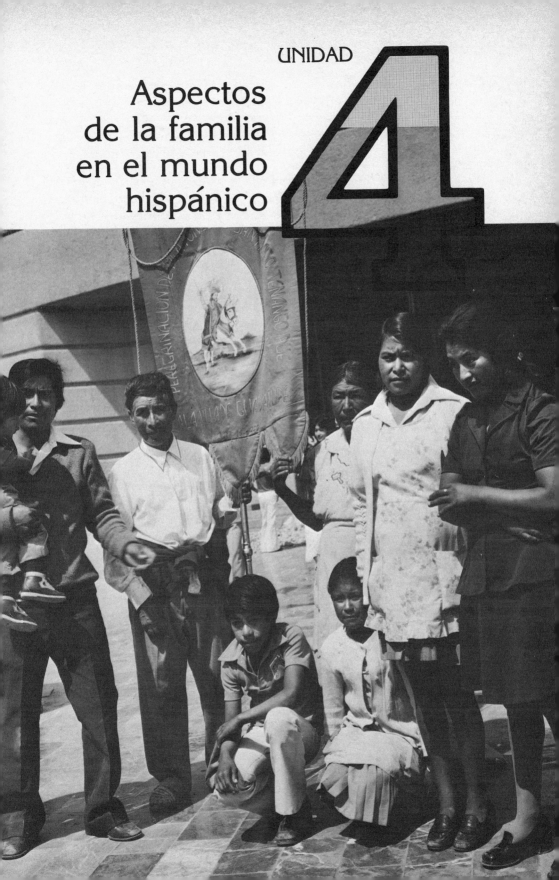

UNIDAD

Aspectos de la familia en el mundo hispánico

4

En los países hispánicos no hay institución más importante que la de la familia. La familia típica incluye no sólo a los padres y sus hijos, sino también a los parientes—abuelos, tíos, primos, etc. Las estrechas relaciones que se mantienen entre varias generaciones de la familia se reflejan en las ocasiones sociales—en las que participan todos—y también en la unidad de la familia frente a la sociedad.

Para el niño, este concepto de la unidad es muy importante. Desde muy pequeño, él participa en las actividades sociales de la familia y así aprende cómo portarse con personas de varias generaciones. No depende tanto de sus padres y hermanos, ya que en su vida diaria hay otros parientes que lo pueden cuidar y guiar. Los adultos tienen mucho contacto personal con los niños y jóvenes y les ofrecen su protección, su cariño y su ejemplo.

El interés por el niño en el mundo hispánico ha resultado en una copiosa literatura acerca del mundo del niño y del adolescente. Esta literatura sólo puede apreciarla completamente quien ha experimentado los aspectos cómicos y trágicos, crueles y tiernos, de esa época de la vida. Ya en el siglo XVI se publica *La vida del Lazarillo de Tormes,* obra anónima que fue muy popular. Trata de las aventuras de un muchacho pobre que tiene que usar su inteligencia y su astucia para no morirse de hambre. En el siglo XX, también, los niños y los jóvenes son el tema de una literatura rica y variada. En España se lo encuentra en obras tan distintas como *Platero y yo* de Juan Ramón Jiménez y en la novela *Juego de manos* de Juan Goytisolo. En Hispanoamérica, Gabriela Mistral, poetisa chilena que ganó el Premio Nobel en 1945, ha sabido expresar el mundo infantil con sus poemas sobre el amor materno y el sufrimiento del niño.

En esta unidad se presenta un cuento de Ana María Matute, donde la autora española revela el fantástico mundo de la imaginación de los niños. También se presentan unas pinturas de Picasso en las que el gran pintor logra expresar la relación íntima que existe entre el niño y el adulto.

VOCABULARIO ÚTIL

Estudiar estas palabras antes de leer «Don Payasito».

acabar de	to have just	**cara**	face
acababa de comer	I had just eaten	**cebolla**	onion
acercarse	to approach	**cocinar**	to cook
cabello	hair	**correr**	to run
callarse	to be quiet	**cuchara**	spoon (tablespoon)
		dedo	finger, toe

finca   property; farm
frente *f* forehead
garganta   throat
labio   lip
llorar   to cry, weep
mejilla   cheek
mentir   to lie
negro   black;
  negrura   blackness

patata   potato
pecho   chest
ponerse de pie   to stand up
saltar   to jump, leap
verde   green;
  verdoso   greenish
voz *f* voice; **en voz
  alta**   aloud;   **en voz baja**
  in a whisper

Don Payasito

ANA MARÍA MATUTE (n. 1926). Después de la Guerra Civil (1936–1939), aparece en España una nueva generación de escritores, muchos de los cuales habían sido—de niños—testigos de aquella horrenda época de la historia española. Esa generación, influida por la guerra, se ha preocupado por las cuestiones económicas y sociales que España ha confrontado en las últimas décadas. Dentro de este grupo se hallan algunas novelistas de gran importancia: Carmen Laforet, Dolores Medio, Elena Quiroga y Ana María Matute, para mencionar sólo unas cuantas. Estas mujeres han presentado al mundo una producción literaria de primera calidad y han asegurado la posición femenina dentro de las artes españolas.

Ana María Matute nació en Barcelona. De niña siempre pasaba sus vacaciones en la casa de su madre en Mansilla de la Sierra, un pueblo pequeño situado en las montañas de Castilla. Mansilla, que aparece en su obra bajo el nombre de «Artámila» o «Hegroz», es el escenario de sus obras literarias más importantes. Descripciones de la casa de su madre y del paisaje de esa región aparecen con frecuencia en sus ficciones. La escritora tenía diez años de edad cuando empezó la Guerra Civil. Llegó a conocer el hambre y fue testigo de la violencia, la crueldad y la muerte. Esta experiencia, sin duda, explica su interés por la pobreza y el sufrimiento, especialmente de los niños, temas muy importantes en su obra.

Publicó Matute su primera novela a los diecisiete años. Entre sus novelas se destacan *Los hijos muertos* (1958), en la que estudia la «generación perdida» que aparece después de la Guerra Civil, y la gran trilogía *Los mercaderes* (*Primera memoria*, 1959; *Los soldados lloran de noche*, 1963; y *La trampa*, 1969), en donde no sólo critica la burguesía, sino que eleva las circunstancias de la Guerra Civil a un nivel universal. También ha publicado más de siete colecciones de cuentos, entre ellas la colección *Historias de la Artámila*, cuentos sobre el mundo de los niños y adolescentes.

El cuento ‹Don Payasito› tiene lugar en Mansilla de la Sierra (Artámila). Como en todos los cuentos de Matute, la realidad exterior—el mundo físico de los niños, el mundo de don Lucas—lleva a comprender la realidad interior o imaginada de algunos personajes: el mundo de don Payasito[1] percibido por la imaginación de los complejos niños de Ana María Matute.

* * *

En la finca del abuelo, entre los jornaleros, había uno muy viejo llamado Lucas de la Pedrería. Este Lucas de la Pedrería decían todos que era un pícaro y un marrullero, pero mi abuelo le tenía
5 gran cariño y siempre contaba cosas suyas, de hacía tiempo:

—Corrió mucho mundo—decía—. Se arruinó siempre. Estuvo también en las islas de Java. . .

Las cosas de Lucas de la Pedrería hacían reír
10 a las personas mayores. No a nosotros, los niños. Porque Lucas era el ser más extraordinario de la tierra. Mi hermano y yo sentíamos hacia él una especie de amor, admiración y temor, que nunca hemos vuelto a sentir.
15 Lucas de la Pedrería habitaba la última de las barracas, ya rozando los bosques del abuelo. Vivía solo, y él mismo cocinaba sus guisos de carne, cebollas y patatas, de los que a veces nos daba con su cuchara de hueso, y él se lavaba su
20 ropa, en el río, dándole grandes golpes con una pala. Era tan viejo que decía perdió el último año y no lo podía encontrar. Siempre que podíamos nos escapábamos a la casita de Lucas de la Pedrería, porque nadie, hasta entonces, nos habló
25 nunca de las cosas que él nos hablaba.

—¡Lucas, Lucas!—le llamábamos, cuando no le veíamos sentado a la puerta de su barraca.

Él nos miraba frotándose los ojos. El cabello, muy blanco, le caía en mechones sobre la frente.
30 Era menudo, encorvado, y hablaba casi siempre en verso. Unos extraños versos que a veces no rimaban mucho, pero que nos fascinaban:

—Ojitos de farolito—decía—. ¿Qué me venís a buscar . . . .?[2]
35 Nosotros nos acercábamos despacio, llenos de aquel dulce temor cosquilleante que nos invadía a su lado (como rodeados de mariposas negras, de viento, de las luces verdes que huían sobre la tierra grasienta del cementerio . . . .).
40 —Queremos ver a Don Payasito . . . . decíamos, en voz baja, para que nadie nos oyera. Nadie que no fuera él, nuestro mago.

---

jornaleros *day laborers*

pícaro *rogue*
marrullero *deceiver, wheedler*
de hacía tiempo *from long ago*
corrió mucho mundo *he travelled a lot (saw a lot of the world)*

especie *kind*
nunca hemos vuelto a sentir *we never felt again*
barracas *cabins, huts*
rozando *bordering on*
guisos *stews*

hueso *bone*

golpes *blows*

pala *paddle*
perdió . . . año *lost track of the time (his age)*
siempre que *whenever*

frotándose *rubbing*

mechones *locks, curls*

menudo *small*
encorvado *bent over*

ojitos de farolito *little lantern eyes*

cosquilleante *thrilling*

mariposas *butterflies*

grasienta *oily, greasy*

nadie que no fuera él *no one except him*
mago *magician*

Él se ponía el dedo, retorcido y oscuro como un cigarro, a través sobre los labios:

—¡A callar, a bajar la voz, muchachitos malvados de la isla del mal!

5 Siempre nos llamaba «muchachitos malvados de la isla del mal». Y esto nos llenaba de placer. Y decía: «Malos, pecadores, cuervecillos», para referirse a nosotros. Y algo se nos hinchaba en el pecho, como un globo de colores, oyéndole.

10 Lucas de la Pedrería se sentaba y nos pedía las manos:

—Acá las «vuesas» manos, acá pa «adivinasus» todito el corazón. . .

Tendíamos las manos, con las palmas hacia 15 arriba. Y el corazón nos latía fuerte. Como si realmente allí, en las manos, nos lo pudiera ver: temblando, riendo.

Acercaba sus ojos y las miraba y remiraba, por la palma y el envés, y torcía el gesto:

20 —Manitas de «pelandrín», manitas de cayado, ¡ay de las tus manitas, cuitado. . . !

Así, iba canturreando, y escupía al suelo una vez que otra. Nosotros nos mordíamos los labios para no reír.

25 —¡Tú mentiste tres veces seguidas, como San Pedro!—le decía, a lo mejor, a mi hermano. Mi hermano se ponía colorado y se callaba. Tal vez era cierto, tal vez no. Pero, ¿quién iba a discutírselo a Lucas de la Pedrería?

30 —Tú, golosa, corazón egoísta, escondiste pepitas de oro en el fondo del río, como los malos pescadores de la isla de Java. . .

Siempre sacaba a cuento los pescadores de la isla de Java. Yo también callaba, porque ¿quién 35 sabía si realmente había yo escondido pepitas de oro en el lecho del río? ¿Podría decir acaso que no era verdad? Yo no podía, no.

—Por favor, por favor, Lucas, queremos ver a don Payasito. . .

40 Lucas se quedaba pensativo, y, al fin, decía:

—¡Saltad y corred, diablos, que allá va don Payasito, camino de la gruta. . . ! ¡Ay de vosotros, si no le alcanzáis a tiempo!

retorcido	*twisted*
a callar	*be quiet*
malvados	*wicked*
placer	*pleasure*
pecadores	*sinners*
cuervecillos	*little crows, ravens*
se nos hinchaba en el pecho	*swelled in our chests*
globo	*balloon*
vuesas (vuestras)	*your*
pa «adivinasus» (para adivinaros) todito el corazón	*so that I can guess everything in your heart*
tendíamos	*we would stretch out*
latía	*beat*
temblando	*trembling*
envés	*back*
torcía el gesto	*made a face*
pelandrín (pelantrín)	*farmer*
cayado	*shepherd's crook*
cuitado	*poor thing*
canturreando	*humming*
escupía	*he used to spit*
mordíamos	*bit*
a lo mejor	*perhaps*
se ponía colorado	*blushed, turned red*
golosa	*glutton*
egoísta	*selfish*
pepitas	*nuggets*
pescadores	*fishermen*
sacaba a cuento	*dragged in, mentioned*
lecho	*bed*
saltad	*jump (up)*
gruta	*cavern*
alcanzáis	*overtake*
a tiempo	*in time*

Corríamos mi hermano y yo hacia el bosque, y en cuanto nos adentrábamos entre los troncos nos invadía la negrura verdosa, el silencio, las altas estrellas del sol acribillando el ramaje.
5 Hendíamos el musgo, trepábamos sobre las piedras cubiertas de líquenes, junto al torrente. Allá arriba, estaba la cuevecilla de don Payasito, el amigo secreto.

Llegábamos jadeando a la boca de la cueva.
10 Nos sentábamos, con todo el latido de la sangre en la garganta, y esperábamos. Las mejillas nos ardían y nos llevábamos las manos al pecho para sentir el galope del corazón.

Al poco rato, aparecía por la cuestecilla don
15 Payasito. Venía envuelto en su capa encarnada, con soles amarillos. Llevaba un alto sombrero puntiagudo de color azul, el cabello de estopa, y una hermosa, una maravillosa cara blanca, como la luna. Con la diestra se apoyaba en un
20 largo bastón, rematado por flores de papel encarnadas, y en la mano libre llevaba unos cascabeles dorados que hacía sonar.

Mi hermano y yo nos poníamos de pie de un salto y le hacíamos una reverencia. Don Payasito
25 entraba majestuosamente en la gruta, y nosotros le seguíamos.

Dentro olía fuertemente a ganado, porque algunas veces los pastores guardaban allí sus rebaños, durante la noche. Don Payasito encendía
30 parsimoniosamente el farol enmohecido, que ocultaba en un recodo de la gruta. Luego se sentaba en la piedra grande del centro, quemada por las hogueras de los pastores.

—¿Qué traéis hoy?—nos decía, con una rara
35 voz, salida de tenebrosas profundidades.

Hurgábamos en los bolsillos y sacábamos las pecadoras monedas que hurtábamos para él. Don Payasito amaba las monedillas de plata. Las examinaba cuidadosamente, y las guardaba en
40 lo profundo de la capa. Luego, también de aquellas mágicas profundidades, extraía un pequeño acordeón.

—¡El baile de la bruja Timotea!—le pedíamos.

---

nos adentrábamos *we entered, went in*
troncos *tree trunks*
acribillando *piercing*
ramaje *branches*
hendíamos *we cut through, went through*
musgo *moss*
trepábamos *climbed*
líquenes *lichen*
cuevecilla *little cave*
jadeando *panting*

ardían *burned*

cuestecilla *little slope*
envuelto *wrapped*
encarnada *red*
puntiagudo *pointed*
cabello de estopa *yarn or hemp wig*
diestra *right hand*
bastón *cane*
rematado *topped*
cascabeles dorados *gilded bells*

reverencia *bow*

a ganado *like livestock*
rebaños *flocks*

parsimoniosamente *frugally (not using too much fuel)*
farol enmohecido *rusty lamp*
recodo *corner, angle*
quemada *scorched, burned*
hogueras *fires*
rara *strange*
tenebrosas *gloomy*
hurgábamos *we poked*
pecadoras *ill-gotten*
monedas *coins*
hurtábamos *we stole*

Don Payasito bailaba. Bailaba de un modo increíble. Saltaba y gritaba, al son de su música.
La capa se inflaba a sus vueltas y nosotros nos
apretábamos contra la pared de la gruta, sin
5 acertar a reírnos o a salir corriendo. Luego, nos
pedía más dinero. Y volvía a danzar, a danzar,
«el baile del diablo perdido». Sus músicas eran
hermosas y extrañas, y su jadeo nos llegaba como
un raro fragor de río, estremeciéndonos. Mientras
10 había dinero había bailes y canciones. Cuando
el dinero se acababa don Payasito se echaba en
el suelo y fingía dormir.

—¡Fuera, fuera, fuera!—nos gritaba. Y nosotros, llenos de pánico, echábamos a correr bos-
15 que abajo; pálidos, con un escalofrío pegado a
la espalda como una culebra.

Un día—acababa yo de cumplir ocho años—
fuimos escapados a la cabaña de Lucas, deseosos
de ver a don Payasito. Si Lucas no le llamaba,
20 don Payasito no vendría nunca.

La barraca estaba vacía. Fue inútil que
llamáramos y llamáramos y le diéramos la vuelta,
como pájaros asustados. Lucas no nos contes-
taba. Al fin, mi hermano, que era el más atrevido,
25 empujó la puertecilla de madera, que crujió largamente. Yo, pegada a su espalda, miré también
hacia adentro. Un débil resplandor entraba en la
cabaña, por la ventana entornada. Olía muy mal.
Nunca antes estuvimos allí.

30 Sobre su camastro estaba Lucas, quieto, mirando raramente al techo. Al principio no lo en-
tendimos. Mi hermano le llamó. Primero muy
bajo, luego muy alto. También yo le imité.

—¡Lucas, Lucas, cuervo malo de la isla del
35 mal! . . .

Nos daba mucha risa que no nos respondiera.
Mi hermano empezó a zarandearle de un lado
a otro. Estaba rígido, frío, y tocarlo nos dio un
miedo vago pero irresistible. Al fin, como no nos
40 hacía caso, le dejamos. Empezamos a curiosear
y encontramos un baúl negro, muy viejo. Lo
abrimos. Dentro estaba la capa, el gorro y la cara

son *sound*
se inflaba *swelled,*
  became inflated
vueltas *turns, spins*
nos apretábamos *pressed*
  ourselves
acertar a *being able to*
  decide whether
jadeo *panting*
fragor *din, loud noise*
estremeciéndonos *making*
  us tremble

fingía *pretended*
fuera *out*
echábamos a
  correr *began to run*
bosque abajo *down*
  through the woods
escalofrío pegado a la
  espalda *chill fastened to*
  our backs
culebra *snake*
fuimos escapados *we*
  sneaked away
cabaña *hut*

le diéramos la
  vuelta *circle it (go*
  around it)
asustados *frightened*
atrevido *bold, daring*
empujó *pushed*
crujió *creaked*
resplandor *light, ray of*
  light
entornada *half-opened*

camastro *miserable bed*

nos daba mucha risa *it*
  made us laugh hard
zarandearle *turn him*
  (move him to and fro)
no nos hacía caso *he paid*
  no attention to us
curiosear *poke around*
baúl *trunk*

blanca, de cartón triste, de don Payasito. También
las monedas, nuestras pecadoras monedas, esparcidas como pálidas estrellas por entre los
restos.

5   Mi hermano y yo nos quedamos callados,
mirándonos. De pronto, rompimos a llorar. Las
lágrimas nos caían por la cara, y salimos corriendo
al campo. Llorando, llorando con todo nuestro
corazón, subimos la cuesta. Y gritando entre
10 hipos:

    —¡Que se ha muerto don Payasito, ay, que se
ha muerto don Payasito. . . !

    Y todos nos miraban y nos oían, pero nadie
sabía qué decíamos ni por quién llorábamos.

15   *Historias de la Artámila, 1961*

cartón *cardboard*

esparcidas *scattered*

restos *remains*

rompimos a llorar *we
   burst out crying*
lágrimas *tears*

hipos *sobs (hiccoughs)*

NOTAS CULTURALES

1. El payaso es el personaje del circo más querido y estimado por los niños
—y también por muchas personas mayores. El uso del diminutivo en
el título de este cuento ya indica el cariño que le tienen los dos hermanos.
El uso del «don» revela la mezcla de admiración, amor y respeto que
sienten por el payaso. Ana María Matute, de niña, sentía las mismas
emociones, como lo confesó en una entrevista:

> *Siempre pensé en que sería escritora, pero confieso que
> durante un tiempo mi gran ilusión hubiera sido poder llegar
> a ser payaso. ¡Cómo influyeron para esto los carros de titi-
> riteros que llegaban al pueblo! Cada vez que oigo la trompeta
> y el tambor, tal como se anunciaban ellos, siento en la es-
> palda el mismo cosquilleo de entonces. Todos los seres que
> salen a un escenario, que cuentan historias, que representan
> algo, me han fascinado.*

2. La manera de hablar de Lucas sugiere el lenguaje de los cuentos de
hadas, en los que siempre existe lo extraordinario y lo mágico. Con
frases como «muchachitos malvados de la isla del mal», Lucas les da
a entender a los niños que sabe muchas cosas extrañas y que de una
manera secreta ha podido penetrar en sus mentes y sabe lo que piensan
y lo que han hecho.

EJERCICIOS

I. Preguntas

1. ¿Quién era Lucas?   2. ¿Qué sentían los niños por este hombre?   3. ¿Qué expresiones usaba Lucas con los niños? 4. ¿Creían ellos que Lucas sabía adivinar cosas?   5. ¿Adónde corrían para ver a don Payasito?   6. ¿Cómo se vestía don Payasito y cómo era su cara?   7. ¿Qué debían traerle a don Payasito los niños?   8. ¿Qué hacía don Payasito después de recibir su pago?   9. ¿Qué encontraron un día los niños al entrar en la barraca de Lucas?   10. ¿Cómo reaccionaron al darse cuenta de que estaba muerto Lucas?   11. ¿Qué hallaron en un baúl? 12. ¿Cómo reaccionaron al ver esas cosas?

II. Ejercicios analíticos

1. ¿Dónde tiene lugar la primera parte del cuento? ¿la segunda? ¿la conclusión? ¿Hay transición entre la primera parte y la segunda?   2. ¿Con quién estaban los niños en la primera parte del cuento? ¿en la segunda? ¿en la tercera?   3. Compare usted las cualidades de Lucas con las de don Payasito.   4. ¿Cuál de los dos (Lucas y don Payasito) es el más fantástico y mágico? Explique usted su contestación.   5. ¿Qué sugiere el hecho de que los niños no lloran al saber que Lucas está muerto, pero sí lloran al ver lo que contiene el baúl?   6. Para el niño, ¿es más importante la realidad o la fantasía?

III. Ejercicios de vocabulario

A.   Elegir la palabra que no corresponde al grupo.

1.   correr, andar, saltar, burlarse, acercarse
2.   patata, maíz, frijol, huésped, cebolla
3.   hablar, decir, callarse, gritar, saludar
4.   buzón, cara, pecho, dedo, corazón
5.   cerro, blanco, verde, negro, azul

B.   Completar con la palabra apropiada.

callarse	la cebolla	ponerse de pie
los dedos	en voz baja	llorar
no quiero	verde	mentir

acabo de	negro	en voz alta
los labios	cocinar	

1. Cuando una mujer entra en el cuarto, un caballero debe ___ .
2. Si no quiero que me escuchen, hablo _____ .
3. A veces es mejor _____ y no hablar.
4. Es mejor decir la verdad y no _____ .
5. Para hablar es necesario usar _____ .
6. No puedo preparar la comida porque no sé _____ .
7. _____ es una raíz capaz de hacernos llorar.
8. Recién terminé el trabajo; es decir, _____ hacerlo.
9. El pino siempre es de color _____ .
10. Estaba muy triste y por eso empecé a _____ .

C. Usar en una frase original.

1. acabar de 3. frente   5. mentir   7. saltar
2. dedo   4. llorar   6. ponerse de 8. en voz baja
                              pie

D. Describa Ud. en sus propias palabras la actitud de los niños hacia Lucas de la Pedrería y hacia Don Payasito.

Pablo Ruiz Picasso

Pablo Ruiz Picasso (1881–1973), el pintor español más conocido de nuestro siglo, nació en Málaga, España. Picasso visitó París por primera vez a los dieciocho años y después pasó casi toda su larga vida en Francia, visitando España u otros países europeos muy raramente. Entre los dieciocho y los cuarenta años, Picasso estableció su reputación como el pintor más extraordinario de Europa. Su pintura pasó por varias épocas: la época azul, con su énfasis en el conflicto entre la vida y la muerte; la época rosa, una etapa más serena, con un mundo de gente joven, adolescente, frágil, solitaria; y, por último, la del cubismo, con un nuevo concepto estético que le ganó fama mundial. Pero Picasso no se limitó a esos estilos: también hizo obras impresionistas, algunas de tipo puntillista y otras muchas de línea clásica en su forma y en su expresión.

Aunque vivía en Francia, Picasso nunca perdió su españolismo. Pintaba ambientes y tipos puramente españoles. También es grande la influencia ejercida sobre su arte por los pintores españoles que más admiraba: El Greco, Velázquez, Goya y otros. Su versión cubista del famoso cuadro *Las Meninas* de Velázquez es un sincero homenaje al gran maestro, y la tremenda pintura *Guernica,* que resume todo el horror de la Guerra Civil en España, expresa la misma tragedia universal que se encuentra en los *Desastres de la Guerra* de Goya.

Picasso dominaba todos los medios de expresión artística, y las obras de su vejez fueron tan revolucionarias e imaginativas como las de su juventud. Aunque famoso y millonario, no dejó de crear nuevos estilos y técnicas, transformando lo bello y lo feo en una visión personal y penetrante del mundo.

En sus obras pictóricas Picasso nos presenta todo un mundo de seres reales, imaginarios y míticos: desde toreros a mendigos, minotauros a ninfas, inocentes campesinas a prostitutas—todos retratados con las más variadas técnicas y formas. Se presentan aquí tres ejemplos de sus obras que tratan el tema de la familia.

FAMILIA DE SALTIMBANQUES

El cuadro a la derecha es de la «época rosa», cuando Picasso visitaba con frecuencia el Cirque Medrano en París y pintó los diversos tipos del circo que observó allí. Es importante la relación que existe entre la figura grande, sólida, casi grosera del payaso y la figura frágil, indefensa, etérea del niño. El payaso está vestido de rosa, color que sugiere cariño; el cabello y el vestido del niño son de un azul pálido y ese color da énfasis a su fragilidad. Los dos son del circo y pertenecen al mundo de los artistas, un mundo incierto y, a veces, peligroso.

¿Cuál parece ser la relación entre el muchacho y el adulto?

Pablo Picasso, *Study for "Family of Saltimbanques"* 1905. Watercolor, pastel, and charcoal. 23⅝″ × 18½″. The Baltimore Museum of Art, Cone Collection.

*las manos símbolos
de seguridad*

Mother and Child. Courtesy of The Art Institute of *Chicago.*

tema arquetípica

MADRE E HIJO

Durante su época neoclásica, Picasso pintó una serie de cuadros cuyo tema es la madre, tal como la percibiría un niño pequeño. En estos cuadros la madre es el símbolo de la vida, de la tierra, de la fecundidad. Es una diosa—enorme, serena, fuerte, cuyas dimensiones sugieren una escultura grande y pesada. En este cuadro, ¿cómo percibe el niño a su madre? ¿No es, para él, como un gigante?

Pablo Picasso. *First Steps.* Yale University Art Gallery. Gift of Stephen C. Clark, B.A. 1903.

LOS PRIMEROS PASOS

El tema de la maternidad siempre le ha interesado a Picasso. La madre, para él, es símbolo de la vida y la fecundidad, y con frecuencia es una figura grande cuyas dimensiones sugieren tanto la percepción que tiene el niño de ella como la seguridad que siente en su presencia. En este cuadro, ¿qué siente la madre al mirar a su niño? ¿Se comunica la incertidumbre del niño que da sus primeros pasos?

PARA COMENTAR

1. ¿Cómo reflejan los cuadros el tema de esta unidad?
2. En las tres obras de Picasso se ve al adulto desde el punto de vista del niño. Comente Ud. esta observación, indicando cómo parece percibir el niño a la persona mayor y qué es lo que éste le ofrece al niño.
3. ¿Qué contraste hay entre el estilo de los tres cuadros?
4. Compare Ud. el cuento de Matute con los cuadros de Picasso. ¿Qué tienen en común?

UNIDAD

El hombre
y la mujer
en la sociedad
hispánica

5

Este capítulo trata del tema de los hombres y las mujeres, junto con el tema de la vejez, época de la vida retratada en el drama que se presenta aquí, *Mañana de sol.* Los ideales, los entusiasmos y las pasiones que hemos conocido en la juventud nunca desaparecen del todo en la vejez. Puede ser que la experiencia disminuya su intensidad, pero los viejos todavía sienten su presencia, con nostalgia o con ironía. Por eso es que a veces un viejo se enamora de una joven, olvidándose de su vejez y del qué dirán, al pensar en la belleza de la mujer.

La manera en que los viejos recuerdan las ardientes pasiones de la juventud aparece en el breve drama de los hermanos Álvarez Quintero, *Mañana de sol.* Con un realismo fino e irónico, los Álvarez Quintero presentan un conflicto de tipo «Romeo y Julieta», así como lo recuerdan los que estaban enamorados en una época de su vida. La solución del conflicto es, a la vez, cómica y realista.

Diego Rodríguez de Silva y Velázquez, famoso pintor español del siglo XVII, también dejó testimonios del efecto de la vejez sobre el individuo en sus retratos de personas humildes o poderosas, pintadas con un realismo intransigente pero también con una gran comprensión de la condición humana.

VOCABULARIO ÚTIL

Estudiar estas palabras antes de leer *Mañana de sol.*

aficionado   fond; **ser**
  aficionado a   to be fond of
alejarse   to move away,
  withdraw
apellido   (family) name,
  surname
arena   sand
cura *m*   priest
charlar   to chat
gana   desire
  no me da la gana   I don't
  feel like
  tener ganas de   to feel like
gorrión *m*   sparrow
junto   united, together
marea   tide
nariz *f*   nose
nombre *m*   (first or given) name
ola   wave

playa   beach, shore
presentar   to introduce
provecho   benefit, profit
  Buen provecho.   May it
  benefit you. Bon appétit.
seguida   succession,
  continuation
  en seguida   at once
sol *m*   sun
  hace sol   it is sunny
  mañana de sol   sunny
  morning
tontería   foolishness, foolish act
vez *f*   time, occasion, turn
  a veces   sometimes, at times
  alguna vez   sometime
  dos veces   twice
  varias veces   several times

Mañana de sol

Los hermanos SERAFÍN y JOAQUÍN ÁLVAREZ QUINTERO nacieron en Andalucía, Serafín en el año 1871 y Joaquín en 1873. En 1888 se mudaron con su familia a Madrid, adonde los llevó su padre cuando era obvio su talento como dramaturgos. Entre 1888 y 1938 escribieron más de 200 piezas teatrales, de gran variedad. Aunque pasaron casi toda la vida en la capital, nunca olvidaron su origen andaluz y gran parte de su obra refleja el ambiente y el dialecto andaluces. Desde jóvenes trabajaron juntos, estableciéndose entre ellos una armonía intelectual muy rara. Describieron su método de composición como una conversación continua: por la mañana discutían sus dramas, formando un plan para la trama y comentando el diálogo y los personajes. Cuando ya habían desarrollado verbalmente toda la obra, con muchos detalles, Serafín la escribía. Mientras así lo hacía se la leía a su hermano, quien la comentaba y corregía. De esta manera, el drama completo parece ser el producto de un solo hombre y no el resultado de una colaboración.

Aunque escribieron dramas de dos, tres y cuatro actos, son más conocidos por su obra dentro del «género chico»: el sainete o entremés y el paso de comedia. Los primeros son breves cuadros dramáticos que describen costumbres y otros aspectos de la vida entre la clase baja. El paso de comedia también es una obra breve, pero los personajes no representan a la clase baja, hablan castellano en vez de andaluz, y hay más énfasis en la sicología de los personajes que en la presentación de las costumbres regionales.

El paso de comedia más famoso de los Álvarez Quintero es el que se incluye aquí, *Mañana de sol* (1905). Tiene muchas características de los otros pasos de los hermanos: la trama es esencialmente sencilla y no hay gran conflicto; el diálogo es muy natural y animado; y al dibujar los personajes principales, Doña Laura y Don Gonzalo, los cuales representan la clase cómoda de comienzos del siglo, los hermanos mezclan lo filosófico con lo humorístico y lo real con lo poético. Nos presentan un retrato de dos viejos que llegan a simbolizar el eterno amor juvenil.

* * *

Paso de comedia

(1905)

PERSONAJES

DOÑA LAURA	DON GONZALO
5 PETRA	JUANITO

Lugar apartado de un paseo público, en Madrid. Un banco a la izquierda del actor. Es una mañana de otoño templada y alegre.
    Doña Laura y Petra salen por la derecha. Doña 10 Laura es una viejecita setentona, muy pulcra, de cabellos muy blancos y manos muy finas y bien cuidadas. Aunque está en la edad de chochear, no chochea. Se apoya de una mano en una sombrilla, y de la otra en el brazo de Petra, su criada.

apartado   out-of-the-way, remote
banco   bench
templada   temperate, fair

setentona   in her seventies
pulcra   neat

chochear   to be in one's dotage, to be getting senile
se apoya   she leans
sombrilla   parasol

15 DOÑA LAURA: Ya llegamos . . . Gracias a Dios. Temí que me hubieran quitado el sitio. Hace una mañanita tan templada . . .

PETRA: Pica el sol.

pica   burns, is hot

20 DOÑA LAURA: A ti, que tienes veinte años. (*Siéntase en el banco.*) ¡Ay! . . . Hoy me he cansado más que otros días. (*Pausa. Observando a Petra, que parece impaciente.*)
25 Vete, si quieres, a charlar con tu guarda.

PETRA: Señora, el guarda no es mío; es del jardín.

DOÑA LAURA: Es más tuyo que del jardín. Anda 30 en su busca, pero no te alejes.

anda en su busca   go look for him
no te alejes   don't go too far

PETRA: Está allí esperándome.

DOÑA LAURA: Diez minutos de conversación, y aquí en seguida.

PETRA: Bueno, señora.

35 DOÑA LAURA: (*Deteniéndola.*) Pero escucha.

PETRA: ¿Qué quiere usted?

DOÑA LAURA: ¡Que te lleves las miguitas de pan!

miguitas   crumbs

PETRA: Es verdad; ni sé dónde tengo la cabeza.

DOÑA LAURA: En la escarapela del guarda.

PETRA: Tome usted. (*Le da un cartucho de papel pequeñito y se va por la izquierda.*)

escarapela *cockade, badge*
cartucho *roll*

DOÑA LAURA: Anda con Dios. (*Mirando hacia los árboles de la derecha.*) Ya están llegando los tunantes. ¡Cómo me han cogido la hora! ... (*Se levanta, va hacia la derecha y arroja adentro, en tres puñaditos, las migas de pan.*) Éstas, para los más atrevidos ... Éstas, para los más glotones ... Y éstas, para los más granujas, que son los más chicos ... Je ... (*Vuelve a su banco y desde él observa complacida el festín de los pájaros.*) Pero, hombre, que siempre has de bajar tú el primero. Porque eres el mismo: te conozco. Cabeza gorda, boqueras grandes ... Igual a mi administrador. Ya baja otro. Y otro. Ahora dos juntos. Ahora tres. Ese chico va a llegar hasta aquí. Bien; muy bien; aquél coge su miga y se va a una rama a comérsela. Es un filósofo. Pero ¡qué nube! ¿De dónde salen tantos? Se conoce que ha corrido la voz ... Je, je ... Gorrión habrá que venga desde la Guindalera. Je, je ... Vaya, no pelearse, que hay para todos. Mañana traigo más.

tunantes *rascals*
¡cómo ... hora! *how quickly they have learned when I come!*
arroja *throws*
puñaditos *little handfuls*

granujas *rascally*

boqueras *corners of the mouth*

ha corrido la voz *the word has spread*
gorrión *sparrow*
Guindalera *suburb of Madrid*
no pelearse *don't fight*

(*Salen Don Gonzalo y Juanito por la izquierda del foro. Don Gonzalo es un viejo contemporáneo de doña Laura, un poco cascarrabias. Al andar arrastra los pies. Viene de mal temple, del brazo de Juanito, su criado.*)

foro *back of the stage*

cascarrabias *irritable*
arrastra *drags*
de mal temple *in a bad humor*

DON GONZALO: Vagos, más que vagos . . . Más valía que estuvieran diciendo misa . . .

vagos *loafers*

JUANITO: Aquí se puede usted sentar: no hay más que una señora.

(*Doña Laura vuelve la cabeza y escucha el diálogo.*)

DON GONZALO: No me da la gana, Juanito. Yo quiero un banco solo.

JUANITO: ¡Si no lo hay!

DON GONZALO: ¡Es que aquél es mío!

JUANITO: Pero si se han sentado tres curas . . .

DON GONZALO: ¡Pues que se levanten! . . . ¿Se levantan, Juanito?

JUANITO: ¡Qué se han de levantar! Allí están de charla.

¡Qué . . . levantar! *Of course they haven't gotten up!*

DON GONZALO: Como si los hubieran pegado al banco . . . No; si cuando los curas cogen un sitio . . . ¡cualquiera los echa! Ven por aquí, Juanito, ven por aquí.

¡cualquiera los echa! *no one can throw them out!*

(*Se encamina hacia la derecha resueltamente. Juanito lo sigue.*)

DOÑA LAURA: (*Indignada.*) ¡Hombre de Dios!

DON GONZALO: (*Volviéndose.*) ¿Es a mí?

DOÑA LAURA: Sí señor; a usted.

DON GONZALO: ¿Qué pasa?

DOÑA LAURA: ¡Que me ha espantado usted los gorriones, que estaban comiendo miguitas de pan!

espantado *frightened*

DON GONZALO: ¿Y yo qué tengo que ver con los gorriones?

qué . . . con *what have I to do with*

DOÑA LAURA: ¡Tengo yo!

DON GONZALO: ¡El paseo es público!

DOÑA LAURA: Entonces no se queje usted de que le quiten el asiento los curas.

no se queje usted *don't complain*

DON GONZALO: Señora, no estamos presentados. No sé por qué se toma usted la libertad de dirigirme la palabra. Sígueme, Juanito.

no estamos presentados *we haven't been introduced*

(Se van los dos por la derecha.)

DOÑA LAURA: ¡El demonio del viejo! No hay como llegar a cierta edad para ponerse impertinente. (*Pausa.*) Me alegro; le han quitado aquel banco también. ¡Anda! para que me espante los pajaritos. Está furioso ... Sí, sí; busca, busca. Como no te sientes en el sombrero ... ¡Pobrecillo! Se limpia el sudor ... Ya viene, ya viene ... Con los pies levanta más polvo que un coche.

DON GONZALO: (*Saliendo por donde se fue y encaminándose a la izquierda.*) ¿Se habrán ido los curas, Juanito?

JUANITO: No sueñe usted con eso, señor. Allí siguen.

DON GONZALO: ¡Por vida ...! (*Mirando a todas partes perplejo.*) Este Ayuntamiento, que no pone más bancos para estas mañanas de sol ... Nada, que me tengo que conformar con el de la vieja. (*Refunfuñando, siéntase al otro extremo que doña Laura, y la mira con indignación.*) Buenos días.

DOÑA LAURA: ¡Hola! ¿Usted por aquí?

DON GONZALO: Insisto en que no estamos presentados.

DOÑA LAURA: Como me saluda usted, le contesto.

DON GONZALO: A los buenos días se contesta con los buenos días, que es lo que ha debido usted hacer.

DOÑA LAURA: También usted ha debido pedirme permiso para sentarse en este banco, que es mío.

DON GONZALO: Aquí no hay bancos de nadie.

DOÑA LAURA: Pues usted decía que el de los curas era suyo.

---

no hay como *there's nothing like*

para ... pajaritos *serves him right for frightening my birds*

como ... sombrero *unless you sit on your hat*

polvo *dust*

Ayuntamiento *city government*

refunfuñando *grumbling*

DON GONZALO:	Bueno, bueno, bueno . . . se concluyó. (*Entre dientes.*) Vieja chocha . . . Podía estar haciendo calceta . . .	entre dientes *muttering* chocha *senile* haciendo calceta *knitting*
5 DOÑA LAURA:	No gruña usted, porque no me voy.	no gruña usted *don't growl*
DON GONZALO:	(*Sacudiéndose las botas con el pañuelo.*) Si regaran un poco más, tampoco perderíamos nada.	regaran *they would water*
10 DOÑA LAURA:	Ocurrencia es: limpiarse las botas con el pañuelo de la nariz.	ocurrencia es *that's a new idea*
DON GONZALO:	¿Eh?	
DOÑA LAURA:	¿Se sonará usted con un cepillo?	se sonará usted *I suppose you blow your nose*
DON GONZALO:	¿Eh? Pero, señora, ¿con qué	cepillo *brush*
15	derecho. . . . ?	
DOÑA LAURA:	Con el de vecindad.	
DON GONZALO:	(*Cortando por lo sano.*) Mira, Juanito, dame el libro; que no tengo ganas de oír más tonterías.	cortando por lo sano *getting on safe ground*
20 DOÑA LAURA:	Es usted muy amable.	
DON GONZALO:	Si no fuera usted tan entremetida . . .	entremetida *nosy, meddlesome*
DOÑA LAURA:	Tengo el defecto de decir todo lo que pienso.	
25 DON GONZALO:	Y el de hablar más de lo que conviene. Dame el libro, Juanito.	conviene *is proper*
JUANITO:	Vaya, señor. (*Saca del bolsillo un libro y se lo entrega. Paseando luego por el foro, se aleja hacia la derecha y desaparece.*	vaya *here it is* entrega *hands over*
30	*Don Gonzalo, mirando a doña Laura siempre con rabia, se pone unas gafas prehistóricas, saca una gran lente, y con el auxilio de toda esa cristalería se dispone a leer.*)	rabia *rage, fury* gafas *spectacles* lente *magnifying glass* cristalería *glassware*
35 DOÑA LAURA:	Creí que iba usted a sacar ahora un telescopio.	
DON GONZALO:	¡Oiga usted!	
DOÑA LAURA:	Debe usted de tener muy buena vista.	
40 DON GONZALO:	Como cuatro veces mejor que usted.	

DOÑA LAURA:	Ya, ya se conoce.
DON GONZALO:	Algunas liebres y algunas perdices lo pudieran atestiguar.
DOÑA LAURA:	¿Es usted cazador?
5 DON GONZALO:	Lo he sido . . . Y aún . . . aún . . .
DOÑA LAURA:	¿Ah, sí?
DON GONZALO:	Sí, señora. Todos los domingos, ¿sabe usted? cojo mi escopeta y mi perro, ¿sabe usted? y me voy a una finca de mi propiedad, cerca de Aravaca . . . A matar el tiempo, ¿sabe usted?
DOÑA LAURA:	Sí, como no mate usted el tiempo . . . ¡lo que es otra cosa!
DON GONZALO:	¿Conque no? Ya le enseñaría yo a usted una cabeza de jabalí que tengo en mi despacho.
DOÑA LAURA:	¡Toma! y yo a usted una piel de tigre que tengo en mi sala. ¡Vaya un argumento!
DON GONZALO:	Bien está, señora. Déjeme usted leer. No estoy por darle a usted más palique.
25 DOÑA LAURA:	Pues con callar, hace usted su gusto.
DON GONZALO:	Antes voy a tomar un polvito. *(Saca una caja de rapé.)* De esto sí le doy. ¿Quiere usted?
30 DOÑA LAURA:	Según. ¿Es fino?
DON GONZALO:	No lo hay mejor. Le agradará.
DOÑA LAURA:	A mí me descarga mucho la cabeza.
DON GONZALO:	Y a mí.
35 DOÑA LAURA:	¿Usted estornuda?
DON GONZALO:	Sí, señora: tres veces.
DOÑA LAURA:	Hombre, y yo otras tres: ¡qué casualidad!
	(Después de tomar cada uno su polvito, aguardan los estornudos haciendo visajes, y estornudan alternativamente.)

Glosses:
liebres *hares, rabbits*
perdices *partridges*
atestiguar *bear witness*
cazador *hunter*

escopeta *shotgun*

como . . . otra cosa *if you don't kill time, you won't kill anything*

jabalí *wild boar*

¡Vaya un argumento! *What an argument!*

No . . . palique *I don't feel like going on with the conversation (chit-chat).*

polvito *pinch of snuff*
rapé *snuff*

A . . . cabeza. *It clears my head a lot.*

¿Usted estornuda? *Do you sneeze?*

casualidad *coincidence*

visajes *faces*

DOÑA LAURA:	¡Ah . . . chis!
DON GONZALO:	¡Ah . . . chis!
DOÑA LAURA:	¡Ah . . . chis!
DON GONZALO:	¡Ah . . . chis!

5 DOÑA LAURA: ¡Ah . . . chis!

DCN GONZALO: ¡Ah . . . chis!

DOÑA LAURA: ¡Jesús!

DON GONZALO: Gracias. Buen provechito.

DOÑA LAURA: Igualmente. (Nos ha reconciliado
10   el rapé.)

DON GONZALO: Ahora me va usted a dispensar
      que lea en voz alta.

DOÑA LAURA: Lea usted como guste: no me
      incomoda.

15 DON GONZALO: *(Leyendo.)* «Todo en amor es   mas *yet*
      triste; mas, triste y todo, es lo   triste . . . mejor *sad as it*
      mejor que existe.» De Campoa-   *is, it's the best thing*
      mor; es de Campoamor.

DOÑA LAURA: ¡Ah!

20 DON GONZALO: *(Leyendo.)* «Las niñas de las
      madres que amé tanto, me besan
      ya como se besa a un santo.»
      Éstas son humoradas.   humoradas *humorous*
                    poems

DOÑA LAURA: Humoradas, sí.

25 DON GONZALO: Prefiero las doloras.   doloras *sad poems*

DOÑA LAURA: Y yo.

DON GONZALO: También hay algunas en este
      tomo. *(Busca las doloras y lee.)*
      Escuche usted ésta: «Pasan veinte
30   años: vuelve él . . . »

DOÑA LAURA: No sé qué me da verlo a usted   no . . . da *I*
      leer con tantos cristales . . .   *can't tell you what it*
                    does to me

DON GONZALO: ¿Pero es que usted, por ventura,   cristales *glasses*
      lee sin gafas?

35 DOÑA LAURA: ¡Claro!

DON GONZALO: ¿A su edad? . . . Me permito
      dudarlo.

DOÑA LAURA: Déme usted el libro. *(Lo toma de
      mano de don Gonzalo, y lee:)*
40   «Pasan veinte años: vuelve él, y
      al verse, exclaman él y ella: (—
      ¡Santo Dios! ¿y éste es aquél?
      . . .) (—¡Dios mío! ¿y ésta es

aquélla? . . .).» *(Le devuelve el libro.)*

DON GONZALO: En efecto: tiene usted una vista envidiable.

5   DOÑA LAURA: (¡Como que me sé los versos de memoria!)

DON GONZALO: Yo soy muy aficionado a los buenos versos . . . Mucho. Y hasta los compuse en mi mocedad.

                                             y hasta los compuse and I even composed them
           mocedad youth

10 DOÑA LAURA: ¿Buenos?

DON GONZALO: De todo había. Fui amigo de Espronceda, de Zorrilla, de Bécquer . . . A Zorrilla lo conocí en América.

                                             de todo había there were all kinds

DOÑA LAURA: ¿Ha estado usted en América?

15 DON GONZALO: Varias veces. La primera vez fui de seis años.

DOÑA LAURA: ¿Lo llevaría a usted Colón en una carabela?

                                             carabela sailing vessel, especially the type of the 15th and 16th centuries

DON GONZALO: *(Riéndose.)* No tanto, no tanto
20   . . . Viejo soy, pero no conocí a los Reyes Católicos . . .

DOÑA LAURA: Je, je . . .

DON GONZALO: También fui gran amigo de éste: de Campoamor. En Valencia nos
25   conocimos . . . Yo soy valenciano.

DOÑA LAURA: ¿Sí?

DON GONZALO: Allí me crié; allí pasé mi primera juventud . . . ¿Conoce usted aquello?

                                             me crié grew up
            juventud youth
            aquello that region

30 DOÑA LAURA: Sí, señor. Cercana a Valencia, a dos o tres leguas de camino, había una finca que si aún existe se acordará de mí. Pasé en ella algunas temporadas. De esto hace
35   muchos años; muchos. Estaba próxima al mar, oculta entre naranjos y limoneros . . . Le decían . . . ¿cómo le decían? . . . *Maricela*.

                                           algunas temporadas some length of time
            de . . . muchos años many years ago now
            naranjos orange trees
            limoneros lemon trees
            le decían they called it

DON GONZALO: ¿Maricela?

40 DOÑA LAURA: *Maricela.* ¿Le suena a usted el nombre?

                                           ¿Le . . . nombre? Does the name sound familiar to you?

DON GONZALO: ¡Ya lo creo! Como si yo no estoy trascordado—con los años se va

                                           trascordado mistaken (forgetful)

la cabeza,—allí vivió la mujer más preciosa que nunca he visto. ¡Y ya he visto algunas en mi vida! . . . Deje usted, deje usted . . . Su nombre era Laura. El apellido no lo recuerdo . . . *(Haciendo memoria.)* Laura. Laura . . . ¡Laura Llorente!

deje usted wait

haciendo memoria searching his memory

DOÑA LAURA: Laura Llorente . . .

DON GONZALO: ¿Qué?

(Se miran con atracción misteriosa.)

DOÑA LAURA: Nada . . . Me está usted recordando a mi mejor amiga.

DON GONZALO: ¡Es casualidad!

DOÑA LAURA: Sí que es peregrina casualidad. La *Niña de Plata.*

peregrina strange

DON GONZALO: La *Niña de Plata* . . . Así le decían los huertanos y los pescadores. ¿Querrá usted creer que la veo ahora mismo, como si la tuviera presente, en aquella ventana de las campanillas azules? . . . ¿Se acuerda usted de aquella ventana? . . .

huertanos farmers

campanillas bells

DOÑA LAURA: Me acuerdo. Era la de su cuarto. Me acuerdo.

DON GONZALO: En ella se pasaba horas enteras . . . En mis tiempos, digo.

digo I mean

DOÑA LAURA: *(Suspirando.)* Y en los míos también.

DON GONZALO: Era ideal, ideal . . . Blanca como la nieve . . . Los cabellos muy negros . . . Los ojos muy negros y muy dulces . . . De su frente parecía que brotaba luz . . . Su cuerpo era fino, esbelto, de curvas muy suaves . . .

brotaba flowed

esbelto slender

«¡Qué formas de belleza soberana modela Dios en la escultura humana!» Era un sueño, era un sueño . . .

soberana sovereign

DOÑA LAURA: (¡Si supieras que la tienes al lado,
ya verías lo que los sueños valen!)
Yo la quise de veras, muy de
veras. Fue muy desgraciada. Tuvo

5   unos amores muy tristes.

     desgraciada *unlucky,
unfortunate*

DON GONZALO: Muy tristes.
     (Se miran de nuevo.)

     de nuevo *again*

DOÑA LAURA: ¿Usted lo sabe?

DON GONZALO: Sí.

10   DOÑA LAURA: (¡Qué cosas hace Dios! Este
hombre es aquél.)

DON GONZALO: Precisamente el enamorado galán,
si es que nos referimos los dos al
mismo caso . . .

15   DOÑA LAURA: ¿Al del duelo?

     ¿Al del duelo? *To the one
in the duel?*

DON GONZALO: Justo: al del duelo. El enamorado
galán era . . . era un pariente mío,
un muchacho de toda mi
predilección.

     justo *just so (exactly)*
     pariente *relative*
     de toda mi predilección *of
whom I was very fond*

20   DOÑA LAURA: Ya vamos, ya. Un pariente . . . A
mí me contó ella en una de sus
últimas cartas, la historia de
aquellos amores, verdaderamente románticos.

     ya *to be sure*

25   DON GONZALO: Platónicos. No se hablaron nunca.

DOÑA LAURA: Él, su pariente de usted, pasaba
todas las mañanas a caballo por
la veredilla de los rosales, y
arrojaba a la ventana un ramo de

30   flores, que ella cogía.

     veredilla *path*
     rosales *rosebushes*
     ramo *bouquet*

DON GONZALO: Y luego, a la tarde, volvía a pasar
el gallardo jinete, y recogía un
ramo de flores que ella le echaba.
¿No es esto?

     jinete *horseman*

35   DOÑA LAURA: Eso es. A ella querían casarla con
un comerciante . . . un cual-
quiera, sin más títulos que el de
enamorado.

     un cualquiera *a nobody*

DON GONZALO: Y una noche que mi pariente ron-
40   daba la finca para oírla cantar, se
presentó de improviso aquel
hombre.

     rondaba *was making the
rounds of*
     de improviso
unexpectedly

DOÑA LAURA:	Y le provocó.
DON GONZALO:	Y se enzarzaron.
DOÑA LAURA:	Y hubo desafío.
DON GONZALO:	Al amanecer: en la playa. Y allí
5		se quedó malamente herido el
	provocador. Mi pariente tuvo que
	esconderse primero, y luego que
	huir.
DOÑA LAURA:	Conoce usted al dedillo la historia.
10 DON GONZALO:	Y usted también.
DOÑA LAURA:	Ya le he dicho a usted que ella
	me la contó.
DON GONZALO:	Y mi pariente a mí . . . (Esta mujer
	es Laura . . . ¡Qué cosas hace
15		Dios!)
DOÑA LAURA:	(No sospecha quién soy: ¿para
	qué decírselo? Que conserve
	aquella ilusión . . .)
DON GONZALO:	(No presume que habla con el
20		galán . . . ¿Qué ha de presumirlo?
	. . . Callaré.)
	(Pausa.)
DOÑA LAURA:	¿Y fue usted, acaso, quien le
	aconsejó a su pariente que no
25		volviera a pensar en Laura?
	(¡Anda con ésa!)
DON GONZALO:	¿Yo? ¡Pero si mi pariente no la
	olvidó un segundo!
DOÑA LAURA:	Pues ¿cómo se explica su
30		conducta?
DON GONZALO:	¿Usted sabe? . . . Mire usted,
	señora: el muchacho se refugió
	primero en mi casa—temeroso de
	las consecuencias del duelo con
35		aquel hombre, muy querido allá;—
	luego se trasladó a Sevilla; des-
	pués vino a Madrid . . . Le escri-
	bió a Laura ¡qué sé yo el número
	de cartas!—algunas en verso, me
40		consta . . . —Pero sin duda las
	debieron de interceptar los padres
	de ella, porque Laura no contestó

Glosses:
se enzarzaron *they quarrelled*
desafío *challenge*
al amanecer *at dawn*
herido *wounded*
al dedillo *perfectly, down to the last detail*
anda con ésa *take that*
temeroso *fearful*
se trasladó *he moved*
me consta *I know*

. . . Gonzalo, entonces, desesperado, desengañado, se incorporó
al ejército de África, y allí,
en una trinchera, encontró la
muerte, abrazado a la bandera
española y repitiendo el nombre
de su amor: Laura . . . Laura
. . . Laura . . .

DOÑA LAURA: (¡Qué embustero!)

DON GONZALO: (No me he podido matar de un
modo más gallardo.)

DOÑA LAURA: ¿Sentiría usted a par del alma esa
desgracia?

DON GONZALO: Igual que si se tratase de mi persona. En cambio, la ingrata, quién
sabe si estaría a los dos meses
cazando mariposas en su jardín,
indiferente a todo . . .

DOÑA LAURA: Ah, no señor; no, señor . . .

DON GONZALO: Pues es condición de mujeres
. . .

DOÑA LAURA: Pues aunque sea condición de
mujeres, la *Niña de Plata* no era
así. Mi amiga esperó noticias un
día, y otro, y otro . . . y un mes,
y un año . . . y la carta no llegaba
nunca. Una tarde, a la puesta del
sol, con el primer lucero de la
noche, se la vio salir resuelta camino de la playa . . . de aquella
playa donde el predilecto de su
corazón se jugó la vida. Escribió
su nombre en la arena—el nombre
de él,—y se sentó luego en una
roca, fija la mirada en el horizonte
. . . Las olas murmuraban su
monólogo eterno . . . e iban poco
a poco cubriendo la roca en que
estaba la niña . . . ¿Quiere usted
saber más? . . . Acabó de subir la
marea . . . y la arrastró consigo
. . .

desengañado *disillusioned*
ejército *army*
trinchera *trench*
bandera *flag*

embustero *faker, cheat*

a par del alma *to the bottom of your heart*

en cambio *on the other hand*

es condición de mujeres *women are like that*

puesta del sol *sunset*
lucero *star*
resuelta *resolutely*
camino de *in the direction of*
predilecto *favorite*
se jugó la vida *gambled his life*

poco a poco *little by little*

marea *tide*
arrastró *dragged away*

DON GONZALO: ¡Jesús!

DOÑA LAURA: Cuentan los pescadores de la playa, que en mucho tiempo no pudieron borrar las olas aquel nombre escrito en la arena. (¡A mí no me ganas tú a finales poéticos!)

borrar *erase*

finales *endings*

DON GONZALO: (¡Miente más qué yo!)

(Pausa.)

DOÑA LAURA: ¡Pobre Laura!

DON GONZALO: ¡Pobre Gonzalo!

DOÑA LAURA: (¡Yo no le digo que a los dos años me casé con un fabricante de cervezas!)

a los dos años *two years later*
fabricante de cervezas *brewer*

DON GONZALO: (¡Yo no le digo que a los tres meses me largué a París con una bailarina!)

me largué a *I went off to*

DOÑA LAURA: Pero, ¿ha visto usted cómo nos ha unido la casualidad, y cómo una aventura añeja ha hecho que hablemos lo mismo que si fuéramos amigos antiguos?

añeja *old*

DON GONZALO: Y eso que empezamos riñendo.

eso que *in spite of the fact that*

DOÑA LAURA: Porque usted me espantó los gorriones.

DON GONZALO: Venía muy mal templado.

DOÑA LAURA: Ya, ya lo vi. ¿Va usted a volver mañana?

DON GONZALO: Si hace sol, desde luego. Y no sólo no espantaré los gorriones, sino que también les traeré miguitas . . .

DOÑA LAURA: Muchas gracias, señor . . . Son buena gente; se lo merecen todo. Por cierto que no sé dónde anda mi chica . . . *(Se levanta.)* ¿Qué hora será ya?

DON GONZALO: *(Levantándose.)* Cerca de las doce. También ese bribón de Juanito . . . *(Va hacia la derecha.)*

bribón *rascal*

DOÑA LAURA: *(Desde la izquierda del foro, mirando hacia dentro.)* Allí la diviso con su guarda . . . *(Hace señas con la mano para que se acerque.)*

señas *signals*

DON GONZALO: *(Contemplando, mientras, a la señora.)* (No . . . no me descubro . . . Estoy hecho un mamarracho tan grande . . . Que recuerde siempre al mozo que pasaba al galope y le echaba las flores a la ventana de las campanillas azules . . .)

no me descubro *I won't reveal myself*
Estoy . . . grande. *I have become such an old scarecrow.*

DOÑA LAURA: ¡Qué trabajo le ha costado despedirse! Ya viene.

DON GONZALO: Juanito, en cambio . . . ¿Dónde estará Juanito? Se habrá engolfado con alguna niñera. *(Mirando hacia la derecha primero, y haciendo señas como doña Laura después.)* Diablo de muchacho . . .

engolfado *involved*
niñera *nursemaid*

DOÑA LAURA: *(Contemplando al viejo.)* (No . . . no me descubro . . . Estoy hecha una estantigua . . . Vale más que recuerde siempre a la niña de los ojos negros, que le arrojaba las flores cuando él pasaba por la veredilla de los rosales . . .)

estantigua *old witch, spook*

(Juanito sale por la derecha y Petra por la izquierda. Petra trae un manojo de violetas.)

manojo *bunch*

DOÑA LAURA: Vamos, mujer; creí que no llegabas nunca.

DON GONZALO: Pero, Juanito, ¡por Dios! que son las tantas . . .

son las tantas *it's so late*

PETRA: Estas violetas me ha dado mi novio para usted.

DOÑA LAURA: Mira qué fino . . . Las agradezco mucho . . . *(Al cogerlas se le caen dos o tres al suelo.)* Son muy hermosas . . .

DON GONZALO: *(Despidiéndose.)* Pues, señora mía, yo he tenido un honor muy grande . . . un placer inmenso . . .

DOÑA LAURA: *(Lo mismo.)* Y yo una verdadera satisfacción . . .

DON GONZALO: ¿Hasta mañana?

DOÑA LAURA: Hasta mañana.

DON GONZALO: Si hace sol . . .

DOÑA LAURA: Si hace sol . . . ¿Irá usted a su banco?

DON GONZALO: No, señora; que vendré a éste.

DOÑA LAURA: Este banco es muy de usted.

(Se ríen.)

DON GONZALO: Y repito que traeré miga para los gorriones . . .

(Vuelven a reírse.)

DOÑA LAURA: Hasta mañana.

DON GONZALO: Hasta mañana.

(Doña Laura se encamina con Petra hacia la derecha. Don Gonzalo, antes de irse con Juanito hacia la izquierda, tembloroso y con gran esfuerzo se agacha a coger las violetas caídas. Doña Laura vuelve naturalmente el rostro y lo ve.)

se agacha *stoops*

JUANITO: ¿Qué hace usted, señor?

DON GONZALO: Espera, hombre, espera . . .

DOÑA LAURA: (No me cabe duda: es él . . .)

DON GONZALO: (Estoy en lo firme: es ella . . .)

no me cabe duda *I have no doubt*
estoy en lo firme *I'm sure*

(Después de hacerse un nuevo saludo de despedida.)

DOÑA LAURA: (¡Santo Dios! ¿y éste es aquél? . . .)

DON GONZALO: (¡Dios mío! ¿y ésta es aquélla? . . .)

(Se van, apoyado cada uno en el brazo de su servidor y volviendo la cara sonrientes, como si él pasara por la veredilla de los rosales y ella estuviera en la ventana de las campanillas azules.)

EJERCICIOS

I. Preguntas

1. ¿Por qué trae doña Laura unas miguitas de pan al parque?
2. ¿Qué hace Petra mientras se divierte su señora?   3. ¿Por qué se enoja don Gonzalo?   4. ¿Dónde se sienta don Gonzalo por fin?   5. ¿Cómo se sabe que don Gonzalo no puede ver bien?
6. ¿Es buena la vista de doña Laura? (¿Cómo le engaña ella a don Gonzalo?)   7. ¿Cuál de los dos menciona primero el nombre de un lugar que ambos habían conocido en la juventud?   8. ¿Qué clase de amores existían entre Laura y don Gonzalo cuando eran jóvenes?   9. Al darse cuenta de lo que ha pasado, ¿por qué no quieren confesárselo el uno al otro?   10. Según don Gonzalo, ¿qué le pasó al joven galán? ¿Qué le pasó en realidad?   11. Según doña Laura, ¿qué hizo la joven cuando no recibió noticias del galán? ¿Qué hizo ella en realidad?   12. ¿Qué piensan hacer los viejos al día siguiente?   13. ¿Existe todavía un eco de sus antiguos amores? (¿Cómo se sabe?)

II. Ejercicios analíticos

1. Los dos últimos versos del poema de Campoamor son paralelos:
    (—¡Santo Dios! ¿y éste es aquél? . . .)
    (—¡Dios mío! ¿y ésta es aquélla? . . .)
Indique usted tres ejemplos de acciones o comentarios paralelos en el drama.   2. ¿Son paralelas las acciones de los criados?   3. Para usted, ¿cuál de los viejos es más inteligente y astuto?   4. Según lo que se percibe en el drama, ¿es verdad que el concepto del amor sentimental sólo puede existir entre jóvenes?   5. Se puede definir la ironía como el dar a entender lo contrario de lo que se dice. Cite y comente usted un ejemplo del uso de ironía en este drama.

III. Ejercicios de vocabulario

A.   Elegir la palabra que no corresponde al grupo.

1.   querer, tener ganas de, desear, ser aficionado a, odiar
2.   arena, ola, playa, desierto, marea
3.   nariz, ojo, cabello, boca, dedo
4.   alejarse, venir, salir, acercarse, presentar
5.   huésped, cura, médico, correo, viajero

B. Completar con la palabra apropiada.

dos veces	en seguida	hace sol	nombre
apellidos	aficionado	ganas	arena
alegría	tontería	llueve	juntos
	a veces	nombres	

1. Gómez, Smith y López son _____ .
2. Él sabe hablar español, pero no tiene _____ de hacerlo.
3. —Oye, Tomás. Tenemos que salir. Ven _____ .
4. Pablo va a todos los conciertos; es muy _____ a la música.
5. Generalmente preferimos ir a la playa cuando _____ .
6. Suicidarse por nada me parece ser una _____ .
7. Es más cómodo andar en una playa donde no hay rocas sino _____ .
8. Fui a su casa esta mañana y otra vez esta tarde; es decir, fui _____ .
9. El _____ de ese muchacho es Roberto.
10. Usted no debe ir solo; vamos _____ .

C. Definir las palabras siguientes.

1. alegrarse   3. sol   5. apellido   7. playa
2. tontería   4. alejarse 6. nariz   8. pie

D. Usar en una frase original.

1. juventud   3. casarse   6. amante   9. querer
2. novio   4. vejez   7. marido   10. matrimonio
              5. enamorarse 8. soltero

E. Describir desde el punto de vista de doña Laura o de don Gonzalo lo que pasó cuando los dos viejos se encontraron en el parque.

Diego Rodríguez de Silva y Velázquez

Velázquez nació en 1599. Su padre era portugués y su madre sevillana, y ambos pertenecían a la aristocracia, hecho de bastante importancia puesto que Velázquez iba a ser no sólo pintor, sino también persona de mucha influencia en la corte de Felipe IV. A los once años Velázquez fue aprendiz de Francisco Pacheco, famoso profesor de pintura en Sevilla y consejero para la Inquisición en materia de arte. Aprendió mucho de su maestro, quien le impuso una disciplina severa aunque también dejó que el joven manifestara su originalidad y su talento. Al terminar su aprendizaje, Diego se casó con la hija de Pacheco, Juana, y se estableció en Sevilla como padre de familia y pintor de retratos y de cuadros religiosos.

En aquella época ocurrieron hechos históricos que habían de influir radicalmente en la vida de Velázquez. Llegó al trono Felipe IV, quien, como su padre, prefería dejar el gobierno del país en manos de otro. Así llegó al poder un noble sevillano, Don Gaspar de Guzmán, Conde-Duque de Olivares, y en poco tiempo se estableció en Madrid un grupo de sevillanos, muchos de los cuales eran amigos de Pacheco. Éste supo aprovechar la situación: en 1622 su yerno visitó Madrid por primera vez, llegó a conocer a algunos amigos de Olivares, y pintó un retrato del famoso poeta Luis de Góngora. Un año más tarde, Olivares lo mandó volver a la corte, lo presentó al Rey, y le hizo pintar un retrato del soberano. De ahí en adelante, durante más de treinta y un años, Velázquez gozó de la protección y de la amistad del Rey, quien no sólo lo empleó como pintor, sino también como diplomático, y le confirió grandes honores. Aunque Velázquez recibió muchos favores reales durante su vida, nunca se envaneció por eso. El testimonio de sus contemporáneos confirma que era un amigo leal, buen padre de familia, y un hombre noble, orgulloso, generoso y que sabía gozar de la vida. Cuando murió en 1660, a los sesenta y un años, el Rey escribió que se sentía abrumado por la pérdida de tan fiel vasallo y amigo.

Si las pinturas de El Greco reflejan su fervor místico y su pasión religiosa, las de Velázquez revelan su interés por el instante, la realidad inmediata y su deseo de fijarlos para siempre. Fiel a su concepto del realismo, el artista no lisonjea a sus modelos, sean nobles o humildes. Sin embargo, todos tienen una dignidad que hace que sus retratos sean una afirmación de la vida. Al captarlos en el instante, Velázquez los inmortaliza, así como al pintar las cosas más humildes y reales, las eleva al nivel de lo perdurable y eterno.

The National Galleries of Scotland

LA VIEJA COCINERA (1618)

Una de las contribuciones originales de Velázquez al arte fue su manera de dar énfasis a las cosas que están en el primer plano de un cuadro al presentarlas desde una perspectiva en la que se las ve desde arriba. En esta pintura, por ejemplo, se ven desde arriba los objetos que están en la mesa o cerca de la cocinera, mientras lo demás—las dos figuras y lo que está detrás—se ve desde otra perspectiva. ¿Cómo describiría Ud. a la cocinera? ¿Cuál sería la actitud del pintor hacia ella? ¿Qué es lo que queda mejor definido en el cuadro—las cosas o los seres humanos? ¿Puede nombrar algunas de las cosas que Ud. ve en el retrato?

Editorial Photocolor Archives

ESOPO (1637–1640)

Según fuentes antiguas, el creador de las *Fábulas* era esclavo. También se decía que era feo y algo deformado. Según Vico en su *Scienza Nuova* (1725), Esopo representaba a los que eran compañeros y ayudantes de los héroes.

En la pintura se ve a la izquierda el cubo que se usaba para curtir pieles, una alusión a una de las fábulas en la que un rico llega a aceptar con ecuanimidad algo que le molesta—el olor de una tenería que se encuentra al lado de su casa. El libro que tiene Esopo en la mano es un ejemplar de las *Fábulas*.

En esta pintura Velázquez usa los matices de tres colores: el gris, el verde y el moreno. El rostro de Esopo es asimétrico, pero esto aumenta el interés cuando examinamos la magnífica ejecución del artista: es como si Velázquez quisiera definir el espíritu del personaje en la honestidad brutal de su retrato. El rostro de Esopo revela su sufrimiento, pero también su nobleza y, sobre todo, su cara de hombre digno.

¿Cómo compararía Ud. la cara de "Esopo" con la de "La vieja cocinera"? ¿Qué cualidades tienen en común?

The Metropolitan Museum of Art, Isaac D. Fletcher Fund, Rogers Fund and Bequest of Adelaide Milton de Groot (1876–1967), Bequest of Joseph H. Durkee, by exchange, supplemented by gifts from Friends of the Museum, 1971.

JUAN DE PAREJA (1649–1650)

Juan de Pareja, nacido en Sevilla en 1610, era hijo de esclavos moros. Recibió la libertad y se hizo pintor. En 1630 se mudó a Madrid y entró en el taller de Velázquez. Acompañó al maestro durante su viaje a Italia entre 1649 y 1651 para comprar obras de arte para el palacio real.

En este retrato Velázquez se limita al uso de muy pocos colores: predominan un verde y un moreno aceitunados. Pero se ve que sabe modelar y cambiar la luz por medio de su pincel. Son notables el uso del contraste entre los tonos y la capacidad del artista de sugerir la textura de la ropa.

¿Qué parte del rostro de Pareja se nota más? ¿Cuál es el efecto del collar blanco? ¿Qué impresión tiene Ud. del carácter del modelo? (¿Qué clase de hombre sería?)

PARA COMENTAR

1. ¿Cuál de las pinturas de Velázquez le gusta más? ¿Por qué? (Describa lo que significa esa pintura para Ud.)

2. En la España del siglo XVII existieron varias clases sociales. Aunque no había igualdad económica, se creía que todos los hombres eran iguales a los ojos de Dios. El individuo digno de su clase merecía el respeto de los demás. Esto se nota en la relación entre don Quijote y Sancho Panza en la obra de Cervantes y también se encuentra en varios dramas de la época, en los que el humilde labrador sabe defender su honor y dignidad cuando éstos son atacados por unos nobles abusivos.
   ¿Cómo reflejan las pinturas de Velázquez este concepto?

3. Muchos artistas han preferido pintar a los viejos. ¿Por qué les ha interesado pintar personas de esa edad? *They have more character in their face*

4. ¿Puede Ud. comparar las pinturas de Velázquez con las que hemos visto de El Greco?

5. Busque Ud. en la biblioteca otra pintura de Velázquez. Muéstrela a la clase, analizando el tema del cuadro y la técnica que ha empleado el artista.

4) El Greco tiene la manera manerista y pinto las figuras largas y torturosos pero Velasquez tiene la manera realiste y pinto la figura como era

A ti

1) A mi me gusta el contraste entre luz y sombra

2) Porque el pintor Muchos campesinos pero tambien pinto ~~figuras~~ personas dignas

3) Tienen más caráctar en las caras

UNIDAD

6

El concepto hispánico de la muerte

Es probable que no haya tema tan fascinante para la mente y la imaginación del hombre como el de la muerte. Tanto en las tribus primitivas como en las sociedades más complejas se hallan explicaciones y teorías sobre el significado del fin de la vida. Los ritos, las supersticiones, las costumbres y las prácticas que se asocian a la muerte son tan innumerables como las canciones, las poesías y otras expresiones verbales que se dedican a ella.

En algunas sociedades se percibe la muerte como parte de un ciclo vinculado a la vida. Así la entendieron los aztecas, cuya cosmología y teología eran bastante complejas. En otras sociedades, como en la anglosajona, se trata de esconder o negar la muerte. Se emplean cosméticos de todo tipo para evitar darse cuenta de la realidad. (Se dice, por ejemplo, que una persona muerta «ya no está con nosotros», que «se ha ido».) En general, se puede decir que aunque todos los países cristianos comparten ciertos conceptos relacionados con la muerte (el concepto de la inmortalidad del alma, la esperanza de la redención por Cristo, etc.), la presencia de la muerte como cosa tangible y real en la vida es mucho más notable en los países hispánicos que en los anglosajones. A veces, en aquellos países, se hace presente la muerte en la vida diaria de una forma directa y simple. Por ejemplo, en México en el Día de los Muertos (el dos de noviembre), se ven dulces, pan y juguetes en forma de calaveras o esqueletos.

Como tema literario, la muerte y la inmortalidad son de suma importancia en el mundo hispánico. Aquí se incluyen dos ejemplos ilustrativos de la vitalidad de ese tema en Hispanoamérica: grabados de la obra de José Guadalupe Posada, artista mexicano muy popular, y un cuento de Jorge Luis Borges, uno de los prosistas más brillantes de la América Hispana.

VOCABULARIO ÚTIL

Estudiar estas palabras antes de leer «El Evangelio según Marcos».

atardecer *m* dusk, twilight
azúcar *m* sugar
calor *m* heat
capítulo chapter
cerrar to close
  cerrar con llave to lock
colegio school (usually a private school)
cruz *f* cross
estudiante *m or f* student
graduarse to graduate
hallar to find
hallazgo discovery
huelga strike

infierno hell
instruir to instruct
jugar to play
juego game
jugador *m* player
lugar *m* place
tarea task, job
taza cup
  tacita little cup
techo roof
trueno thunder
veranear to spend the summer
verano summer

El Evangelio según Marcos

JORGE LUIS BORGES, escritor argentino que ha sido comparado con Kafka, Poe y Wells, crea en sus obras literarias un mundo fantástico e imaginario, independiente de un tiempo o un espacio específicos. Borges ha dicho que necesita alejar sus cuentos, situarlos en tiempos y espacios algo lejanos para liberar su imaginación y obrar con mayor libertad. Es un hombre sumamente intelectual para quien las ideas tienen vida y son capaces de provocar el asombro y el deleite del lector a través de sus ficciones.

Borges nació en Buenos Aires en 1899, de padres de la clase media intelectual. Educado en la capital y en Ginebra, pasa luego tres años en España antes de regresar a Buenos Aires en 1921. En los años siguientes se distingue como poeta y exponente del ultraísmo, movimiento poético que en la Argentina era expresionista en su forma y tradicionalista en su contenido. Pero es probable que la verdadera originalidad de Borges no esté ni en las poesías ni en la crítica literaria que publica en esos años, sino en las breves narraciones que aparecen en los años siguientes—entre 1930 y 1955—, especialmente en dos colecciones: *Ficciones y El Aleph.* Aunque en aquellos años los dos tomos no atrajeron mucha atención, después gozaron de fama mundial y situaron a Borges entre los escritores más importantes de nuestro tiempo.

En los cuentos de esa época Borges explora los temas que, según él, son básicos en toda literatura fantástica: la obra dentro de la obra, la contaminación de la realidad por el sueño, el viaje a través del tiempo y el concepto del doble. En ellos el orden se encuentra en la mente humana, mientras que la realidad exterior tiene cualidades caóticas y peligrosas. También se manifiesta, en esos cuentos, la condición absurda y tal vez heroica del hombre que lucha por imponer orden sobre el caos del mundo físico que lo rodea.

En este capítulo se presenta «El Evangelio según Marcos», cuento que, según Borges, se debe a un sueño y, como toda literatura, es un «sueño dirigido». En este caso, el sueño se basa en un pasaje de la Biblia, y en la narración que allí se hace del sacrificio de Cristo en la cruz, acto que asegura la salvación del alma del creyente y que se ha establecido como parte de la «intrahistoria» de los pueblos occidentales. Es un cuento que debe leerse con cuidado. Sólo el lector cuidadoso y detallista tendrá el placer de anticipar el fin dramático e inevitable que el autor ha preparado mediante la acumulación de indicios.

* * *

El hecho sucedió en la estancia La Colorada, en
el partido de Junín, hacia el sur, en los últimos
días del mes de marzo de 1928. Su protagonista
fue un estudiante de medicina, Baltasar Espinosa.
5 Podemos definirlo por ahora como uno de tantos
muchachos porteños, sin otros rasgos dignos de
nota que esa facultad oratoria que le había hecho
merecer más de un premio en el colegio inglés
de Ramos Mejía y que una casi ilimitada bondad.
10 No le gustaba discutir; prefería que el interlocutor
tuviera razón y no él. Aunque los azares del juego
le interesaban, era un mal jugador, porque le
desagradaba ganar. Su abierta inteligencia era
perezosa; a los treinta y tres años le faltaba rendir
15 una materia para graduarse, la que más lo atraía.
Su padre, que era librepensador, como todos los
señores de su época, lo había instruido en la
doctrina de Herbert Spencer,[1] pero su madre,
antes de un viaje a Montevideo, le pidió que todas
20 las noches rezara el Padrenuestro e hiciera la
señal de la cruz. A lo largo de los años no había
quebrado nunca esa promesa. No carecía de coraje; una mañana había cambiado, con más indiferencia que ira, dos o tres puñetazos con un
25 grupo de compañeros que querían forzarlo a participar en una huelga universitaria. Abundaba,
por espíritu de aquiescencia, en opiniones o
hábitos discutibles: el país le importaba menos
que el riesgo de que en otras partes creyeran que
30 usamos plumas; veneraba a Francia pero menospreciaba a los franceses; tenía en poco a los
americanos, pero aprobaba el hecho de que hubiera rascacielos en Buenos Aires; creía que los
gauchos de la llanura son mejores jinetes que los
35 de las cuchillas o los cerros. Cuando Daniel, su
primo, le propuso veranear en La Colorada, dijo
inmediatamente que sí, no porque le gustara el
campo sino por natural complacencia y porque
no buscó razones válidas para decir que no.[2]
40 El casco de la estancia era grande y un poco
abandonado; las dependencias del capataz, que
se llamaba Gutre, estaban muy cerca. Los Gutres
eran tres: el padre, el hijo, que era singularmente

sucedió *took place*
partido *township*

porteños *from Buenos
Aires*
rasgos *characteristics*

discutir *to argue*
azares *probabilities of
chance*

perezosa *lazy (undirected)*
rendir una materia *to take
an exam on a course*

no . . . coraje *he was not
lacking in courage*

ira *anger*
puñetazos *punches*

huelga *strike*
abundaba . . . en *he was
full of*
discutibles *questionable*

usamos plumas *we wear
feathers (we are Indians)*
menospreciaba *he
scorned*
tenía en poco *he
despised, thought little of*
jinetes *riders*
cuchillas *mountains*

casco *main house*
dependencias *quarters*
capataz *foreman*

tosco, y una muchacha de incierta paternidad. Eran altos, fuertes, huesudos, de pelo que tiraba a rojizo y de caras aindiadas. Casi no hablaban. La mujer del capataz había muerto hace años.

5 Espinosa, en el campo, fue aprendiendo cosas que no sabía y que no sospechaba. Por ejemplo, que no hay que galopar cuando uno se está acercando a las casas y que nadie sale a andar a caballo sino para cumplir con una tarea. Con
10 el tiempo llegaría a distinguir los pájaros por el grito.

A los pocos días, Daniel tuvo que ausentarse a la capital para cerrar una operación de animales. A lo sumo, el negocio le tomaría una semana.
15 Espinosa, que ya estaba un poco harto de las *bonnes fortunes* de su primo y de su infatigable interés por las variaciones de la sastrería, prefirió quedarse en la estancia, con sus libros de texto. El calor apretaba y ni siquiera la noche traía un
20 alivio. En el alba, los truenos los despertaron. El viento zamarreaba las casuarinas. Espinosa oyó las primeras gotas y dio gracias a Dios. El aire frío vino de golpe. Esa tarde, el Salado se desbordó.

Al otro día, Baltasar Espinosa, mirando desde
25 la galería los campos anegados, pensó que la metáfora que equipara la pampa con el mar no era por lo menos esa mañana, del todo falsa, aunque Hudson[3] había dejado escrito que el mar nos parece más grande, porque lo vemos desde
30 la cubierta del barco y no desde el caballo o desde nuestra altura. La lluvia no cejaba; los Gutres, ayudados o incomodados por el pueblero, salvaron buena parte de la hacienda, aunque hubo muchos animales ahogados. Los caminos para
35 llegar a La Colorada eran cuatro: a todos los cubrieron las aguas. Al tercer día, una gotera amenazó la casa del capataz; Espinosa les dio una habitación que quedaba en el fondo, al lado del galpón de las herramientas. La mudanza los fue
40 acercando; comían juntos en el gran comedor. El diálogo resultaba difícil; los Gutres, que sabían tantas cosas en materia de campo, no sabían explicarlas. Una noche, Espinosa les preguntó si la

---

tosco *uncouth*
huesudos *bony, big-boned*
que . . . rojizo *which had a reddish tinge*
aindiadas *Indian looking*

grito *cry, call*

operación *deal*
a lo sumo *at most*
harto *tired, fed up*
bonnes fortunes *good fortune (with women)*
sastrería *men's fashions*

apretaba *was oppressive*
alivio *respite, relief*
truenos *thunderclaps*
zamarreaba las casuarinas *shook the Australian pines*
de golpe *suddenly*
el Salado *a river, the name of which means "that which is salty"*
se desbordó *overflowed*
anegados *flooded*
equipara *compares*

cubierta *deck*
cejaba *let up*
pueblero *city man*
hacienda *herd*
ahogados *drowned*

gotera *leak*

galpón de las herramientas *tool shed*
la . . . acercando *the move brought them closer together*

gente guardaba algún recuerdo de los malones, cuando la comandancia estaba en Junín. Le dijeron que sí, pero lo mismo hubieran contestado a una pregunta sobre la ejecución de Carlos Pri-
5 mero. Espinosa recordó que su padre solía decir que casi todos los casos de longevidad que se dan en el campo son casos de mala memoria o de un concepto vago de las fechas. Los gauchos suelen ignorar por igual el año en que nacieron
10 y el nombre de quien los engendró.

En toda la casa no había otros libros que una serie de la revista *La Chacra,* un manual de veterinaria, un ejemplar de lujo de *Tabaré,* una *Historia del Shorthorn en la Argentina,* unos
15 cuantos relatos eróticos o policiales y una novela reciente: *Don Segundo Sombra.*[4] Espinosa, para distraer de algún modo la sobremesa inevitable, leyó un par de capítulos a los Gutres, que eran analfabetos. Desgraciadamente, el capataz había
20 sido tropero y no le podían importar las andanzas de otro. Dijo que ese trabajo era liviano, que llevaban siempre un carguero con todo lo que se precisa y que, de no haber sido tropero, no habría llegado nunca hasta la Laguna de Gómez, hasta
25 el Bragado y hasta los campos de los Núñez, en Chacabuco. En la cocina había una guitarra; los peones, antes de los hechos que narro, se sentaban en rueda; alguien la templaba y no llegaba nunca a tocar. Esto se llamaba una guitarreada.
30 Espinosa, que se había dejado crecer la barba, solía demorarse ante el espejo para mirar su cara cambiada y sonreía al pensar que en Buenos Aires aburriría a los muchachos con el relato de la inundación del Salado. Curiosamente, ex-
35 trañaba lugares a los que no iba nunca y no iría: una esquina de la calle Cabrera en la que hay un buzón, unos leones de mampostería en un portón de la calle Jujuy, a unas cuadras del Once, un almacén con piso de baldosa que no sabía muy
40 bien donde estaba. En cuanto a sus hermanos y a su padre, ya sabrían por Daniel que estaba aislado—la palabra, etimológicamente, era justa[5]— por la creciente.

guardaba *held, kept*
malones *Indian raids*
comandancia *frontier command*

chacra *farm*

de lujo *deluxe*

sobremesa *after-dinner conversation*

analfabetos *illiterate*

tropero *cattle driver*
andanzas *doings, activities*

carguero *packhorse*

en rueda *in a circle*
templaba *tuned*
guitarreada *guitarfest*

demorarse *dally*

mampostería *concrete*
portón *gateway*

almacén *store; in Argentina, a bar*
baldosa *tile*

creciente *floodwaters*

Explorando la casa, siempre cercada por las aguas, dio con una Biblia en inglés. En las páginas finales los Guthrie—tal era su nombre genuino—habían dejado escrita su historia. Eran oriundos
5 de Inverness, habían arribado a este continente, sin duda como peones, a principios del siglo diecinueve, y se habían cruzado con indios. La crónica cesaba hacia mil ochocientos setenta y tantos; ya no sabían escribir. Al cabo de unas
10 pocas generaciones habían olvidado el inglés; el castellano, cuando Espinosa los conoció, les daba trabajo. Carecían de fe, pero en su sangre perduraban, como rastros oscuros, el duro fanatismo del calvinista[6] y las supersticiones del pampa.
15 Espinosa les habló de su hallazgo y casi no escucharon.

Hojeó el volumen y sus dedos lo abrieron en el comienzo del Evangelio según Marcos. Para ejercitarse en la traducción y acaso para ver si
20 entendían algo, decidió leerles ese texto después de la comida. Le sorprendió que lo escucharan con atención y luego con callado interés. Acaso la presencia de las letras de oro en la tapa le diera más autoridad. Lo llevan en la sangre, pensó.
25 También se le ocurrió que los hombres, a lo largo del tiempo, han repetido siempre dos historias: la de un bajel perdido que busca por los mares mediterráneos una isla querida, y la de un dios que se hace crucificar en Gólgota.[7] Recordó las
30 clases de elocución en Ramos Mejía y se ponía de pie para predicar las parábolas.

Los Gutres despachaban la carne asada y las sardinas para no demorar el Evangelio.

Una corderita que la muchacha mimaba y
35 adornaba con una cintita celeste se lastimó con un alambrado de púa. Para parar la sangre, querían ponerle una telaraña; Espinosa la curó con unas pastillas. La gratitud que esa curación despertó no dejó de asombrarlo. Al principio,
40 había desconfiado de los Gutres y había escondido en uno de sus libros los doscientos cuarenta pesos que llevaba consigo; ahora, ausente el patrón, él había tomado su lugar y daba órdenes

dio con *he came across*

oriundos *natives*

al cabo de *after*

perduraban *survived, remained*

hojeó *he leafed through*

tapa *cover*

a lo largo del *throughout*

bajel *ship*

predicar las parábolas *preach the parables*
despachaban *dispatched, gulped down*
corderita *lamb*
mimaba *pampered*
cintita celeste *light blue ribbon*
un . . . púa *strand of barbed wire*
telaraña *cobweb*
pastillas *pills*

desconfiado *distrusted*

tímidas, que eran inmediatamente acatadas. Los
Gutres lo seguían por las piezas y por el corredor,
como si anduvieran perdidos. Mientras leía, notó
que le retiraban las migas que él había dejado
5 sobre la mesa. Una tarde los sorprendió hablando
de él con respeto y pocas palabras. Concluido el
Evangelio según Marcos, quiso leer otro de los
tres que faltaban; el padre le pidió que repitiera
el que ya había leído, para entenderlo bien. Es-
10 pinosa sintió que eran como niños, a quienes la
repetición les agrada más que la variación o la
novedad. Una noche soñó con el Diluvio, lo cual
no es de extrañar; los martillazos de la fabricación
del arca lo despertaron y pensó que acaso eran
15 truenos. En efecto, la lluvia, que había amainado,
volvió a recrudecer. El frío era intenso. Le dijeron
que el temporal había roto el techo del galpón
de las herramientas y que iban a mostrárselo
cuando estuvieran arregladas las vigas. Ya no era
20 un forastero y todos lo trataban con atención y
casi lo mimaban. A ninguno le gustaba el café,
pero había siempre una tacita para él, que colmaban de azúcar.

El temporal ocurrió un martes. El jueves a la
25 noche lo recordó un golpecito suave en la puerta
que, por las dudas, él siempre cerraba con llave.
Se levantó y abrió: era la muchacha. En la oscuridad no la vio, pero por los pasos notó que
estaba descalza y después, en el lecho, que había
30 venido desde el fondo, desnuda. No lo abrazó,
no dijo una sola palabra; se tendió junto a él y
estaba temblando. Era la primera vez que conocía
a un hombre. Cuando se fue, no le dio un beso;
Espinosa pensó que ni siquiera sabía cómo se
35 llamaba. Urgido por una íntima razón que no
trató de averiguar, juró que en Buenos Aires no
le contaría a nadie esa historia.

El día siguiente comenzó como los anteriores,
salvo que el padre habló con Espinosa y le pre-
40 guntó si Cristo se dejó matar para salvar a todos
los hombres. Espinosa, que era librepensador
pero que se vio obligado a justificar lo que les
había leído, le contestó:

acatadas *obeyed*

migas *crumbs*

no es de extrañar *is not
surprising*
martillazos *hammer blows*
amainado *let up*
recrudecer *fall hard*

arregladas *fixed*
vigas *beams*
forastero *stranger*

colmaban de *(they)
heaped with*

recordó *awakened*

pasos *footsteps*
lecho *bed*
fondo *back (of the house)*

urgido *motivated*

—Sí. Para salvar a todos del infierno.

Gutre le dijo entonces:

—¿Qué es el infierno?

—Un lugar bajo tierra donde las ánimas ar-
5 derán y arderán.

—¿Y también se salvaron los que le clavaron
los clavos?

—Sí—replicó Espinosa, cuya teología era
incierta.

10 Había temido que el capataz le exigiera cuentas
de lo ocurrido anoche con su hija. Después del
almuerzo, le pidieron que releyera los últimos
capítulos.

Espinosa durmió una siesta larga, un leve
15 sueño interrumpido por persistentes martillos y
por vagas premoniciones. Hacia el atardecer se
levantó y salió al corredor. Dijo como si pensara
en voz alta:

—Las aguas están bajas. Ya falta poco.

20 —Ya falta poco—repitió Gutre, como un eco.
Los tres lo habían seguido. Hincados en el piso
de piedra le pidieron la bendición. Después lo
maldijeron, lo escupieron y lo empujaron hasta
el fondo. La muchacha lloraba. Espinosa enten-
25 dió lo que le esperaba del otro lado de la puerta.
Cuando la abrieron, vio el firmamento. Un pájaro
gritó; pensó: Es un jilguero. El galpón estaba sin
techo; habían arrancado las vigas para construir
la Cruz.

ánimas *souls*
arderán *will burn*
le . . . clavos *hammered in the nails*

le . . . ocurrido *would demand an accounting from him of what had taken place*

Ya falta poco *It won't be long now*
hincados *kneeling*
lo . . . empujaron *they cursed him, spat on him and shoved him*

jilguero *goldfinch*
galpón *shed*
arrancado *pulled down*

30   *El informe de Brodie, 1970*

NOTAS CULTURALES

1. Herbert Spencer (1820–1903), filósofo inglés, fundador de la filosofía evolucionista. Postuló el concepto del darwinismo social, la sobrevivencia del más apto. Influido por Spencer, el filósofo francés Henri Bergson sugiere que ciertos mitos o ideas pueden perdurar en la sangre, en la raza. El hecho de que el fanatismo calvinista perdura en la sangre de los Gutres confirma las ideas de Bergson.

2. Normalmente los dueños de las grandes estancias viven en Buenos Aires y visitan sus estancias sólo de vez en cuando. Aparentemente Daniel y Baltasar tenían esa costumbre.

3. William Henry Hudson (1840–1922) escribió su obra en inglés, pero es famoso en la Argentina por la evocación nostálgica de la pampa bonaerense, escenario de los relatos y las obras autobiográficas del autor. Hudson nació en la pampa y pasó su infancia y adolescencia allí.

4. Esta lista de obras es típica de la técnica de Borges: de vincular la «realidad» de la trama con la del mundo de las ideas. Cuatro de las obras se relacionan con el ambiente de la pampa y la estancia, y reflejan varias actitudes hacia ese ambiente: la revista *La Chacra* refleja las actitudes y preocupaciones del estanciero; el manual de veterinaria, las actitudes de los científicos; *Tabaré* de Juan Zorrilla de San Martín, el punto de vista romántico, con su característico fatalismo; la *Historia del Shorthorn en la Argentina,* la perspectiva de los historiadores; y *Don Segundo Sombra* de Ricardo Güiraldes, la evocación del gaucho ideal.

5. La etimología de «aislado» sugiere la idea de «isla» y describe el estado del casco de la estancia después del diluvio.

6. Calvinista es el que acepta la teología de Jean Calvin (1509–1564), teólogo francés que mantuvo que la Biblia es la única fuente verdadera de la ley de Dios y que el deber del hombre es interpretarla y mantener el orden en el mundo. Según Calvin, sólo los elegidos de Dios pueden redimirse: la redención no puede ganarse con buenas obras. En el cuento, los Gutres aceptan al pie de la letra lo que dice la Biblia y creen que Espinosa es un elegido de Dios.

7. Las dos historias son: la *Odisea* de Homero, modelo de toda la poesía épica posterior, que sugiere la idea de la búsqueda del hombre, y la historia de Cristo, que se hace crucificar para redimir a la humanidad, y que constituye, desde entonces, el ejemplo y prototipo ideal del hombre que se sacrifica por los demás.

EJERCICIOS

I. Preguntas

1. ¿Dónde y cuándo tienen lugar los sucesos del cuento?
2. ¿Qué actitudes básicas de los padres de Baltasar Espinosa influenciaron su formación intelectual? 3. ¿Por qué viajó Espinosa a la estancia? 4. ¿Cómo eran los Gutres? 5. ¿Cómo llegó a

aislarse la estancia? 6. ¿Por qué se mudaron los Gutres a la habitación que quedaba al lado del galpón de las herramientas?
7. ¿Qué sabían los Gutres de su pasado? 8. ¿Qué clase de libros
y revistas había en la casa? 9. ¿Qué encontró Espinosa en las
páginas finales de la Biblia de los Guthrie? 10. ¿Qué clase de
creencia religiosa tenían los Gutres? 11. ¿Cómo reaccionaron los
Gutres cuando Espinosa les leyó el Evangelio según Marcos?
12. ¿Cómo cambió la relación entre los Gutres y Espinosa?
13. ¿Qué pasó la noche del gran temporal? 14. ¿Qué pre-
guntas le hizo el padre de los Gutres a Espinosa al día siguiente?
15. ¿Qué le hicieron los Gutres a Espinosa cuando salió después
de dormir la siesta? 16. ¿Qué le esperaba a Espinosa en el
galpón?

II. Ejercicios analíticos

1. Con frecuencia, Borges indica en sus cuentos que las ideas que
se expresan en un libro son capaces de cambiar el mundo real.
¿Refleja este cuento tal concepto? 2. ¿Cómo influyeron en las
acciones de los Gutres los rastros del «duro fanatismo del calvinista
y las supersticiones de la pampa» que perduraban en su
sangre? 3. Comente Ud. los paralelos que pueden establecerse
entre la vida de Espinosa y la de Cristo. 4. Contraste Ud. la actitud
religiosa de Espinosa con la de los Gutres. 5. ¿Cuál es el tema
principal del cuento?

III. Ejercicios de vocabulario

A. Elegir la palabra que no corresponde al grupo.

1. mañana, noche, amanecer, trueno, atardecer
2. maíz, frijol, valija, pescado, azúcar
3. techo, escuela, colegio, estudiante, instruir
4. cruz, tarea, evangelio, Biblia, infierno
5. boca, nariz, brazo, taza, pie

B. Completar con la palabra apropiada.

cruz	calor	hallazgos	juego
graduarse	lugar	huelga	tarea
azúcar	atardecer	jugador	veranea
	colegio	taza	

1. Los trabajadores no trabajan porque están de _____ .
2. Pablo es un buen _____ de fútbol.

3. El doctor Gómez es un científico famoso que ha hecho varios _____ importantes.
4. Cristo murió en la_____ .
5. ¿Le pone Ud. _____ a su café?
6. A veces en el verano hace mucho _____ .
7. Ricardo ha terminado sus estudios y está para _____ .
8. Dicen que el infierno es un _____ muy caliente.
9. Todos los años mi familia _____ en la playa.
10. La gente supersticiosa dice que los fantasmas salen al _____ .

C. Dar el antónimo de las siguientes palabras.

    1. hallar   3. verano   5. infierno   7. recordar
    2. jugar   4. calor   6. día   8. despertarse

D. Definir las palabras siguientes.

    1. hallazgo   3. azúcar   5. trueno
    2. primavera   4. graduarse   6. colegio

E. Usar en una frase original.

    1. esqueleto   5. calavera   8. catolicismo
    2. muerte   6. creyente   9. cruz
    3. inmortalidad   7. ateo   10. rezar
    4. redención

F. Contar la acción del cuento desde el punto de vista del capataz.

José Guadalupe Posada

Los adelantos de la prensa en el siglo XIX presentan nuevas oportunidades para el escritor que busca un público más numeroso y también para el artista que quiere presentar su obra, no a la aristocracia o a los críticos oficiales, sino a la gente del pueblo. Así lo percibió José Guadalupe Posada (1852–1913), cuyos grabados dirigidos al hombre del pueblo mexicano pueden compararse con los de Goya, tanto por su alta calidad artística como por la penetración, a veces acerba y mordaz, con que captó la sociedad que lo rodeaba.

Posada nació en Aguascalientes, México, de padres humildes. Al mudarse a la capital, consiguió empleo en la editorial de Antonio Vanegas Arroyo, quien se había enriquecido enormemente vendiendo al pueblo millones de ejemplares de vidas de santos, horóscopos, historias de crímenes y milagros, caricaturas y sátiras, canciones populares, etc. El público era gente del pueblo, en su mayoría analfabeta, de modo que necesitaban dibujos para recordarles el texto que escuchaban de boca de los vendedores ambulantes que vendían esos impresos. Posada, durante más de cincuenta años, produjo una enorme cantidad de grabados que no sólo ilustraban sucintamente los temas del día, sino que constituían una historia de México durante esa larga época. Así se estableció Posada como uno de los artistas más grandes del hemisferio, tanto por su originalidad como por sus profundos vínculos con su pueblo, cuyos derechos, esperanzas y angustias hallaban en su obra una expresión extraordinaria.

Las figuras típicas que empleaba Posada en sus dibujos eran los esqueletos y las calaveras cuyos antecedentes precolombinos vinculan el arte del maestro con una larga tradición artística. De esta manera unía lo tradicional a lo revolucionario, combinación que anticipaba la técnica y la temática del gran florecimiento del arte mexicano que había de aparecer a raíz de la Revolución Mexicana.

National Institute of Fine Arts, Mexico City

CALAVERA HUERTISTA

Es probable que en toda la historia de México no haya aparecido una figura más siniestra que la del General Victoriano Huerta. Con el apoyo del embajador de los Estados Unidos, Henry Lane Wilson, aquél fue responsable del asesinato del Presidente Francisco Madero, el idealista cuyo inofensivo libro *La sucesión presidencial de 1910* había iniciado el proceso de la Revolución. En la caricatura de Posada, Huerta es una enorme araña. ¿Qué simbolizan los huesos y las calaveras?

Posada, José Guadalupe, *El Jarabe en Ultratumba*. Relief engraving in type metal, printed in black. Comp: 4¾ × 8 ³⁄₁₆. Collection. The Museum of Modern Art, New York. Larry Aldrich Fund.

EL JARABE EN ULTRATUMBA

Todo en este grabado es típicamente mexicano: las actitudes de los que bailan, los sombreros de los hombres, el uso del sarape, la manera de preparar la comida, el arpa que todavía se usa en grupos folklóricos, etc. Aunque el uso de esqueletos le da un tono fantástico, eso no disminuye la alegría de la fiesta que tan bien ha sabido captar el artista. Posada parece querer expresar que la muerte siempre está presente, aún en los momentos más alegres de la vida.

PARA COMENTAR

1. Octavio Paz sugiere que la propensión del mexicano hacia la violencia durante las fiestas refleja la necesidad que siente de desafiar o de atraer a la muerte. ¿Cómo refleja «El jarabe en ultratumba» esa actitud? ¿Se puede relacionar ese grabado con la danza de la muerte medieval?
2. ¿Qué contrastes hay entre la presentación de la muerte en el cuento de Borges y los grabados de Posada?
3. ¿Hay algún dibujista político moderno que a Ud. le gusta? ¿Quién es y cómo es su obra? (Traiga Ud. a la clase un ejemplo de la obra del dibujista que más le gusta y explique por qué le gusta.)
4. ¿Aparece la muerte como tema en la literatura y el arte norteamericanos? ¿Cuál es un buen ejemplo? ¿Cómo se puede comparar la actitud hacia la muerte en las obras norteamericanas con la que hemos visto en las obras hispánicas?

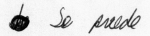

7

Aspectos económicos de Hispanoamérica

Hispanoamérica es riquísima en materias primas. Sin embargo, por varias razones históricas, hay muchos problemas económicos que todavía no se han resuelto y que siguen amenazando la estabilidad de muchas regiones.

Uno de los problemas más obvios es el de la pobreza. Este problema se manifiesta en lo que el antropólogo Oscar Lewis ha descrito como la «cultura de la pobreza», cultura que tiene ciertas características comunes y que se encuentra en casi todos los centros metropolitanos. La misma pobreza se encuentra en muchas regiones rurales, donde su efecto sobre el individuo no es menos desastroso.

Los factores que pueden explicar la pobreza de la gente del campo son diversos: la falta de tierra cultivable, la concentración de la tierra en manos de unos pocos propietarios, las adversas condiciones climáticas, la falta de educación de los campesinos, la poca variedad agrícola, la falta de capital para comprar maquinarias, los malos gobiernos, etc. El hecho es que, con pocas excepciones, el campesino todavía sufre la misma pobreza que sus padres y su situación de miseria provee campo fértil para los que proponen soluciones revolucionarias.

En México, el problema de la pobreza rural se hizo evidente en la Revolución de 1910, cuando los campesinos, especialmente los peones que siguieron a Emiliano Zapata, se rebelaron en favor de «pan y tierra». Esta lucha no terminó con la Revolución: todavía se presentan nuevos planes para distribuir la tierra y mejorar la condición de los hombres que viven en ella. Pero muchos campesinos, desilusionados ante la miseria que caracteriza la vida rural, han abandonado sus campos e ido a la ciudad (en donde, irónicamente, muchos han encontrado condiciones aún peores). Así es que la creación de una política que pueda aliviar la pobreza del campesino todavía es uno de los problemas que afrontan México y otros países de la América Hispana.

En México, primer país que en este siglo produjo una verdadera revolución social, los intelectuales se han dedicado a la investigación de las raíces de los problemas económicos y sociales y a la representación literaria y pictórica de las condiciones actuales. Buscan en el pasado la explicación del presente. El resultado ha sido la creación de una literatura y un arte principalmente dedicados al mejoramiento de la condición del obrero y del campesino. Su gran calidad y originalidad han merecido el aplauso universal.

Como ejemplos de esta labor extraordinaria se han seleccionado un cuento de Juan Rulfo que trata del tema de la pobreza y varios ejemplos de las pinturas murales de Diego Rivera, fecundo creador de la conciencia nacional mexicana.

VOCABULARIO ÚTIL

Estudiar estas palabras antes de leer «Es que somos muy pobres».

abrazar   to embrace, hug
aguacero   shower
cama   bed
casarse (con)   to marry
cuerno   horn (of an animal)
cuenta   account
  darse cuenta de   to realize
cumplir . . . años   to turn . . .
  (years old)
de repente   suddenly
despertarse   to wake up,
  awaken
entretenerse   to entertain
  oneself
gallina   hen

llevarse   to carry away, carry
  off
madrugada   dawn
matar   to kill
oreja   ear
orilla   bank
pata   foot (of an animal)
poco a poco   little by little
raíz *f*   root
regalar   to give (a present)
ruido   noise
seno   breast
sonido   sound
sueño   sleep
vestido   dress

Es que somos muy pobres[1]

JUAN RULFO nació en 1918, durante la Revolución Mexicana, y de niño vivió en el pueblo de San Gabriel, estado de Jalisco. En la época colonial San Gabriel había gozado de alguna prosperidad, pero después empezó a decaer. Este proceso, visible también en muchos pueblos de la misma región, se aceleró después de la revolución. Rulfo indica que la región en que está San Gabriel es árida y desolada. La mayoría de la gente de esa región ha emigrado y la que todavía vive en los pequeños pueblos es gente pobre que se ha quedado para acompañar a sus muertos.

Uno de los primeros recuerdos del niño fue una rebelión campesina (1926—1928) en la que murió su padre. Habían mandado al niño a Guadalajara para hacer sus estudios primarios. Seis años después, cuando murió su madre, fue enviado a un orfanato donde pasó varios años. Después de terminar sus estudios primarios, Rulfo estudió contabilidad, pero su progreso en esta carrera fue interrumpido por una huelga general que clausuró las escuelas. Entonces, Rulfo tuvo que trasladarse a México (en 1933) para continuar sus estudios. Los dos años siguientes fueron difíciles. Sin dinero y sin nadie que lo ayudara, Rulfo vivía en la pobreza. Manteniéndose lo mejor que podía, estudió jurisprudencia y literatura. Por fin, consiguió un empleo en el Departamento de Inmigración, puesto que ocupó hasta 1947, cuando pasó a la oficina de ventas de Goodrich Rubber. Después Rulfo trabajó para el gobierno, la televisión y el cine, hasta conseguir empleo en el Instituto Indigenista.

La obra literaria de Rulfo empezó en 1940, cuando escribió una novela extensa sobre la vida en la capital. El lenguaje retórico de la novela no le gustó y resolvió destruirla. Entonces se dedicó a crear un estilo simple, libre de afectación literaria. El resultado fue la colección de cuentos que publicó en 1953, *El llano en llamas*. El escenario de los cuentos es Jalisco, con todo su calor, su aridez y su soledad. Los personajes son la gente que recuerda Rulfo de su niñez, gente que conoció el sufrimiento, el amor, la violencia y la pobreza. Rulfo describe con profunda comprensión y simpatía su lucha perpetua contra la pobreza y la humillación.

* * *

Aquí todo va de mal en peor. La semana pasada se murió mi tía Jacinta, y el sábado, cuando ya la habíamos enterrado y comenzaba a bajársenos la tristeza, comenzó a llover como nunca. A mi

del mal en peor *from bad to worse*
enterrado *buried*
comenzaba . . .
tristeza *our sadness began to go away*

papá eso le dio coraje, porque toda la cosecha de cebada estaba asoleándose en el solar. Y el aguacero llegó de repente, en grandes olas de agua, sin darnos tiempo ni siquiera a esconder
5 aunque fuera un manojo; lo único que pudimos hacer, todos los de mi casa, fue estarnos arrimados debajo del tejabán, viendo cómo el agua fría que caía del cielo quemaba aquella cebada amarilla tan recién cortada.

10 Y apenas ayer, cuando mi hermana Tacha acababa de cumplir doce años, supimos que la vaca que mi papá le regaló para el día de su santo se la había llevado el río.

El río comenzó a crecer hace tres noches, a eso
15 de la madrugada. Yo estaba muy dormido y, sin embargo, el estruendo que traía el río al arrastrarse me hizo despertar en seguida y pegar el brinco de la cama con mi cobija en la mano, como si hubiera creído que se estaba derrum-
20 bando el techo de mi casa. Pero después me volví a dormir, porque reconocí el sonido del río y porque ese sonido se fue haciendo igual hasta traerme otra vez el sueño.

Cuando me levanté, la mañana estaba llena de
25 nublazones y parecía que había seguido lloviendo sin parar. Se notaba en que el ruido del río era más fuerte y se oía más cerca. Se olía, como se huele una quemazón, el olor a podrido del agua revuelta.

30 A la hora en que me fui a asomar, el río ya había perdido sus orillas. Iba subiendo poco a poco por la calle real, y estaba metiéndose a toda prisa en la casa de esa mujer que le dicen *la Tambora*. El chapaleo del agua se oía al entrar
35 por el corral y al salir en grandes chorros por la puerta. *La Tambora* iba y venía caminando por lo que era ya un pedazo de río, echando a la calle sus gallinas para que se fueran a esconder a algún lugar donde no les llegara la corriente.

40 Y por el otro lado, por donde está el recodo, el río se debía de haber llevado, quién sabe desde cuándo, el tamarindo que estaba en el solar de

---

le dio coraje *made him mad*
cebada *barley*
asoleándose en el solar *drying in the drying area*
aunque . . . manojo *even a handful*
estarnos arrimados *take shelter together*
tejabán *roof*

el día de su santo *patron saint's day*

crecer *rise*

estruendo *clamor*
al arrastrarse *as it dragged by*
pegar el brinco *jump, leap*
cobija *blanket*

nublazones *big, dark clouds*

quemazón *fire*
el olor a podrido *the rotten smell*
revuelta *stirred up*
asomar *take a look*
perdido sus orillas *overflowed its banks*
real *main*
a toda prisa *rapidly*
tambora *bass drum*
chapaleo *splashing, splattering*
chorros *streams*

recodo *bend*

tamarindo *tamarind tree*

mi tía Jacinta, porque ahora ya no se ve ningún
tamarindo. Era el único que había en el pueblo,
y por eso nomás la gente se da cuenta de que
la creciente esta que vemos es la más grande de
todas las que ha bajado el río en muchos años.

Mi hermana y yo volvimos a ir por la tarde a
mirar aquel amontonadero de agua que cada vez
se hace más espesa y oscura y que pasa ya muy
por encima de donde debe estar el puente. Allí
nos estuvimos horas y horas sin cansarnos viendo
la cosa aquella. Después nos subimos por la barranca, porque queríamos oír bien lo que decía
la gente, pues abajo, junto al río, hay un gran
ruidazal y sólo se ven las bocas de muchos que
se abren y se cierran y como que quieren decir
algo; pero no se oye nada. Por eso nos subimos
por la barranca, donde también hay gente mirando el río y contando los perjuicios que ha
hecho. Allí fue donde supimos que el río se había
llevado a *la Serpentina,* la vaca esa que era de
mi hermana Tacha porque mi papá se la regaló
para el día de su cumpleaños y que tenía una
oreja blanca y otra colorada y muy bonitos ojos.

No acabo de saber por qué se le ocurriría a *la
Serpentina* pasar el río este, cuando sabía que
no era el mismo río que ella conocía de a diario.
La Serpentina nunca fue tan atarantada. Lo más
seguro es que ha de haber venido dormida para
dejarse matar así nomás por nomás. A mí muchas
veces me tocó despertarla cuando le abría la
puerta del corral, porque si no, de su cuenta, allí
se hubiera estado el día entero con los ojos cerrados, bien quieta y suspirando, como se oye
suspirar a las vacas cuando duermen.

Y aquí ha de haber sucedido eso de que se
durmió. Tal vez se le occurió despertar al sentir
que el agua pesada le golpeaba las costillas. Tal
vez entonces se asustó y trató de regresar; pero
al volverse se encontró entreverada y acalambrada entre aquella agua negra y dura como tierra
corrediza. Tal vez bramó pidiendo que la ayu-
daran. Bramó como sólo Dios sabe cómo.

por eso nomás *from that alone*
la creciente esta *this flood*
amontonadero *enormous pile, hoard*
espesa *thick*
muy por encima de *high above*
barranca *ravine*
ruidazal *roaring*
perjuicios *damage*
no acabo de saber *I still don't know*
de a diario *from everyday life*
atarantada *silly*
así nomás por nomás *just like that*
me tocó *it was my lot, I had to*
de su cuenta *on her own*
quieta *still*
suspirando *sighing*
Y . . . durmió. *And what must have happened is that she fell asleep.*
costillas *ribs*
se asustó *she got scared*
entreverada y acalambrada *bogged down and with a cramp*
corrediza *moving*
bramó *(she) bellowed*

Yo le pregunté a un señor que vio cuando la arrastraba el río si no había visto también al becerrito que andaba con ella. Pero el hombre dijo que no sabía si lo había visto. Sólo dijo que la
5 vaca manchada pasó patas arriba muy cerquita de donde él estaba y que allí dio una voltereta y luego no volvió a ver ni los cuernos ni las patas ni ninguna señal de vaca. Por el río rodaban muchos troncos de árboles con todo y raíces y
10 él estaba muy ocupado en sacar leña, de modo que no podía fijarse si eran animales o troncos los que arrastraba.

Nomás por eso, no sabemos si el becerro está vivo, o si se fue detrás de su madre río abajo. Si
15 así fue, que Dios los ampare a los dos.

La apuración que tienen en mi casa es lo que pueda suceder el día de mañana, ahora que mi hermana Tacha se quedó sin nada. Porque mi papá con muchos trabajos había conseguido a
20 la Serpentina, desde que era una vaquilla, para dársela a mi hermana, con el fin de que ella tuviera un capitalito y no se fuera a ir de piruja como lo hicieron mis otras dos hermanas las más grandes.
25 Según mi papá, ellas se habían echado a perder porque éramos muy pobres en mi casa y ellas eran muy retobadas. Desde chiquillas ya eran rezongonas. Y tan luego que crecieron les dio por andar con hombres de lo peor, que les enseñaron
30 cosas malas. Ellas aprendieron pronto y entendían muy bien los chiflidos, cuando las llamaban a altas horas de la noche. Después salían hasta de día. Iban cada rato por agua al río y a veces, cuando uno menos se lo esperaba, allí
35 estaban en el corral, revolcándose en el suelo, todas encueradas y cada una con un hombre trepado encima.

Entonces mi papá las corrió a las dos. Primero les aguantó todo lo que pudo; pero más tarde ya
40 no pudo aguantarlas más y les dio carrera para la calle. Ellas se fueron para Ayutla o no sé para donde; pero andan de pirujas.

---

becerrito *little calf*

manchada *spotted*
patas arriba *legs up*
dio una voltereta *it turned over*
rodaban *rolled*
con todo y raíces *roots and all*
leña *firewood*

nomás por eso *just for that reason*

ampare *protect*
apuración *concern*

vaquilla *heifer*

capitalito *little bit of money*
ir de piruja *go out as a prostitute*

se . . . perder *they had become bad, were ruined*
retobadas *wild*
rezongonas *sassy*
les dio por andar *they took to going around*

chiflidos *whistles*
altas *late*

revolcándose *rolling*
encueradas *naked*
trepado encima *mounted on top*
las corrió *chased them away*
les . . . calle *he chased them down the street*
andan de *they are*

Por eso le entra la mortificación a mi papá, ahora por la Tacha, que no quiere vaya a resultar como sus otras dos hermanas, al sentir que se quedó muy pobre viendo la falta de su vaca,
5 viendo que ya no va a tener con qué entretenerse mientras le da por crecer y pueda casarse con un hombre bueno, que la pueda querer para siempre. Y eso ahora va a estar difícil. Con la vaca era distinto, pues no hubiera faltado quién se hiciera
10 el ánimo de casarse con ella, sólo por llevarse también aquella vaca tan bonita.

con . . . crecer *anything to occupy herself with while she grows up*

se . . . de *would be willing to*

La única esperanza que nos queda es que el becerro esté todavía vivo. Ojalá no se le haya ocurrido pasar el río detrás de su madre. Porque
15 si así fue, mi hermana Tacha está tantito así de retirado de hacerse piruja. Y mamá no quiere.

tantito . . . retirado *just this far away*

Mi mamá no sabe por qué Dios la ha castigado tanto al darle unas hijas de ese modo, cuando en su familia, desde su abuela para acá, nunca ha
20 habido gente mala. Todos fueron criados en el temor de Dios y eran muy obedientes y no le cometían irreverencias a nadie. Todos fueron por el estilo. Quién sabe de dónde les vendría a ese par de hijas suyas aquel mal ejemplo. Ella no se
25 acuerda. Le da vuelta a todos sus recuerdos y no ve claro dónde estuvo su mal o el pecado de nacerle una hija tras otra con la misma mala costumbre. No se acuerda. Y cada vez que piensa en ellas, llora y dice: «Que Dios las ampare a las
30 dos».

castigado *punished*

por el estilo *that way*

le da vuelta a *she turns over*

Pero mi papá alega que aquello ya no tiene remedio. La peligrosa es la que queda aquí, la Tacha, que va como palo de ocote crece y crece y que ya tiene unos comienzos de senos que
35 prometen ser como los de sus hermanas: puntiagudos y altos y medio alborotados para llamar la atención.

alega *affirms, maintains*

va . . . crece *keeps right on growing like a pine tree*
puntiagudos *pointed*
alborotados *stirred up*

—Sí—dice—, llenará los ojos a cualquiera donde quiera que la vean. Y acabará mal; como
40 que estoy viendo que acabará mal.

acabará *she'll wind up*

Ésa es la mortificación de mi papá.

Y Tacha llora al sentir que su vaca no volverá

porque se la ha matado el río. Está aquí, a mi
lado, con su vestido color de rosa, mirando el río
desde la barranca y sin dejar de llorar. Por su cara
corren chorretes de agua sucia como si el río se
5 hubiera metido dentro de ella.

chorretes   *little streams*
metido   *entered*

  Yo la abrazo tratando de consolarla, pero ella
no entiende. Llora con más ganas. De su boca
sale un ruido semejante al que se arrastra por las
orillas del río, que la hace temblar y sacudirse
10 todita, y, mientras, la creciente sigue subiendo.
El sabor a podrido que viene de allá salpica la
cara mojada de Tacha y los dos pechitos de ella
se mueven de arriba abajo, sin parar, como si de
repente comenzaran a hincharse para empezar
15 a trabajar por su perdición.²

semejante . . .
   arrastra   *similar to the*
   sound which drags
sacudirse   *tremble*
creciente   *flood*
sabor a podrido   *rotten*
   smell
salpica   *splashes*
mojada   *wet*
hincharse   *swell*

El llano en llamas, 1953

NOTAS CULTURALES

1. En las «culturas de la pobreza», como las que existen en México y otros
países, una de las posibles reacciones del pueblo es aceptar como inevitable lo que no pueden cambiar. Muchos mexicanos, ante una realidad que les parece poco flexible, adoptan una actitud fatalista. En este
cuento, la expresión «Es que . . .» del título sugiere cierto fatalismo:
parece decir que «Así es la vida. No hay nada que hacer». En los Estados
Unidos, tal vez por tradición cultural y especialmente por las mejores
condiciones económicas, no se nota tanto esta actitud. Históricamente
siempre se ha creído en el progreso y se ha expresado la creencia en
la eficacia del esfuerzo del individuo para superar sus circunstancias
económicas y sociales.

2. Es notable también en este cuento la relación que existe entre el individuo y las cosas, entre la persona y sus posesiones: el destino de Tacha
está tan unido a la vida de su vaca y su becerro que se puede decir que
está determinado por ellos. Inclusive los pechitos de Tacha la ame-
nazan, porque inexorablemente la conducirán a la prostitución. Su tragedia, que se vincula a las fuerzas ciegas de la naturaleza, parece
inevitable y Tacha no tendrá más remedio que resignarse a su destino.

EJERCICIOS

I. Preguntas

1. ¿Cuántos años tiene Tacha?   2. ¿Cómo llegó Tacha a recibir la vaca?   3. ¿Qué le ha pasado a la vaca?   4. ¿Qué olor tiene el agua del río?   5. ¿Adónde fueron el narrador y su hermana para mirar el río?   6. ¿Por qué no podían entender lo que decía la gente?   7. ¿Se sabe lo que le pasó al becerro?   8. ¿Qué dice el narrador al pensar en los dos animales muertos?   9. ¿Por qué le dio su padre la vaca a Tacha?   10. ¿Qué les había pasado a las dos hermanas mayores?   11. ¿Cuál fue la actitud del padre ante lo que habían hecho las dos hermanas?   12. ¿De qué tiene miedo el padre ahora que se ha perdido la vaca?   13. ¿Qué esperanza les queda?   14. ¿Entiende la madre por qué le han resultado tan malas las dos hijas?   15. ¿Qué dice al pensar en ellas?   16. ¿Por qué es peligroso para Tacha su propio cuerpo?   17. ¿Cuál es la reacción de Tacha al sentir que su vaca no volverá?   18. ¿Cómo se describen las lágrimas de ella?   19. ¿Qué tipo de ruido hace Tacha al llorar? 20. ¿Por qué menciona Rulfo los pechitos de Tacha al final?

II. Ejercicios analíticos

1. Con frecuencia, Rulfo, imitando el uso popular, coloca el adjetivo demostrativo después del sustantivo a que se refiere. Dice, por ejemplo, «la creciente esta» en vez de «esta creciente». Busque usted dos ejemplos más de ese uso.   2. En el primer párrafo, ¿qué importancia tiene la muerte de la tía Jacinta en comparación con otras pérdidas que ocurrieron esa misma semana?   3. Describa Ud. el río y el proceso de la inundación.   4. Al comentar la pérdida de la vaca y su becerro, dice el narrador: «Si así fue, que Dios los ampare a los dos». ¿Quién repite casi la misma frase?   5. Los animales son arrastrados por el río. ¿Qué arrastra a las hermanas?   6. Al final del cuento, ¿cómo se unen la descripción de Tacha y la de la naturaleza?   7. Aunque este cuento trata de una situación regionalista, ¿tiene aspectos o ideas universales? ¿Cuáles son?

III. Ejercicios de vocabulario

A. Elegir la palabra que no corresponde al grupo.

1. cabello, seno, pierna, pie, alfombra.
2. pensar, regalar, contemplar, darse cuenta, imaginar
3. despacio, de repente, rápidamente, poco a poco, aficionado
4. oreja, sueño, cama, dormir, sábana
5. gallina, vestido, caballo, vaca, becerro

B. Completar con la palabra apropiada.

orejas	patas	sueños	aguaceros
regalar	cumplir	casarse	vestido
abrazan	ruido	raíces	entretenerse
matar	orilla		

1. En la cabeza los caballos tienen dos _____ .
2. Un árbol no puede vivir si le cortan las _____ .
3. En Hispanoamérica los hombres se _____ en ciertas ocasiones.
4. Mañana es el día de su santo y Teresa va a _____ veinte años.
5. María va a una fiesta y quiere comprar un _____ nuevo.
6. A veces cuando nos dormimos vemos cosas extraordinarias en los _____ .
7. El padre de Laura no quiere que ella viva con Juan sin _____ .
8. Un trueno produce mucho _____ .
9. En la primavera con frecuencia hay _____ .
10. En la _____ del río había mucha gente.

C. Dar un antónimo.

1. poco a poco   4. divorciarse   7. pobreza
2. ruido   5. dormirse   8. campo
3. llevarse   6. pie

D. Usar en una frase original.

1. casarse   5. raíces   8. miseria
2. campesino   6. aguaceros   9. gallina
3. pobreza   7. campo   10. orejas
4. revolucionario

E. Describir el cuento como comentario sobre los efectos de la pobreza.

Diego Rivera

Diego Rivera (1887–1959) es uno de los más famosos artistas mexicanos de la época de la revolución de 1910. La revolución influyó mucho en los artistas de este tiempo y provocó un gran cambio en las artes. Los líderes de la revolución utilizaron el arte pictórico para ponerse en contacto con un pueblo que en su mayoría era analfabeto. De ese modo podían hablar con el pueblo, ofrecerles su ayuda en la lucha, indicarles sus metas y hacerlos conscientes de su valor como ciudadanos de una gran nación. Los temas del arte de esta época son sociales y revolucionarios: la pobreza, las condiciones de trabajo, la reforma agraria y los problemas de la gente común—el obrero, el indio y el campesino.

La expresión más típica de este arte se encuentra en las pinturas murales de los edificios públicos de México, pinturas grandes y, por lo general, realistas. La creación de estas obras ha sido apoyada desde 1922 por el gobierno. En ese año, David Alfaro Siqueiros, otro gran muralista mexicano, dijo que la misión de la pintura social en México era crear obras de gran tamaño y de un realismo absoluto, con nuevas técnicas para atraer la atención del pueblo.

Diego Rivera es tal vez el artista que mejor cumplió con la misión social de los muralistas. En su juventud, el entusiasmo de Rivera por la revolución le inspiró un profundo interés por conocer la historia de su pueblo. Viajó a todas partes, estudiando todos los aspectos de su patria: sus maravillosos monumentos y artefactos precolombinos; su historia; sus mitos, leyendas y tradiciones; su flora y fauna y, sobre todo, su gente. Rivera vio a sus compatriotas con los ojos de un humanista que quería dar expresión tanto al sufrimiento y dolor de entonces como a la grandeza del pasado prehispánico. También vivió en Europa, donde pasó unos quince años estudiando la larga tradición del arte europeo. El resultado de su ardua labor se manifestó en las grandes obras que produjo entre 1922 y 1959. Su obra maestra es una serie de pinturas murales en el Palacio Nacional de México, cuyo tema es el conflicto entre el indio y el español. Por primera vez en la historia del arte un artista buscó representar la épica mexicana, y al hacerlo Rivera dejó a la pintura posterior un estilo original, compuesto de lo mexicano y lo moderno, lo tradicional y lo experimental. No sólo logró comunicar el mensaje de la revolución, sino que estableció la importancia del muralismo mexicano en la historia del arte.

Instituto Nacional de Bellas Artes de México/EPA

LA TIERRA ENCADENADA

Entre 1923 y 1927 pintó Rivera una serie de pinturas murales para la Escuela Nacional de Agricultura, en Chapingo. «La tierra encadenada» pertenece a esa serie y es una alegoría, en la que la figura desnuda simboliza la tierra, que está rodeada de tres figuras que representan el capital, la Iglesia y el ejército. Es obvio que la tierra se siente cautiva de esas fuerzas. Al ver esta serie de pinturas por primera vez, ciertos segmentos de la población protestaron, tanto por el estilo «moderno» de las pinturas como por su temática.

¿Cómo describiría Ud. la representación de las tres instituciones que se ven en esta pintura?

Instituto Nacional de Bellas Artes de México/EPA

LA TIERRA INDUSTRIALIZADA

En la serie de pinturas murales pintadas por Rivera en el Ministerio de Educación en México, se presenta todo un programa revolucionario, inspirado por *los corridos*, canciones populares de los obreros y campesinos. «La tierra industrializada» es otra alegoría: las tres figuras a la izquierda representan la destrucción del feudalismo, del clericalismo y del militarismo, mientras las tres que se ven a la derecha representan la unidad del obrero, del soldado y del campesino. En el centro se presenta la figura simbólica de Centeotl, diosa del maíz.

¿Qué actividades económicas se presentan en la pintura? ¿Cómo interpretaría Ud. el «mensaje» de la pintura?

Rivera, Diego. *Open Air School.* 1932. Lithograph, printed in black. Comp: 12½ × 16⅜".
Collection, The Museum of Modern Art, New York. Gift of Abby Aldrich Rockefeller.

ESCUELA AL AIRE LIBRE

Una de las metas de la revolución era combatir la pobreza y el analfabetismo mediante la educación. Los primeros ejemplos del arte mural y
algunas de las mejores obras posteriores se hallan en instituciones educativas. Ya que la mayoría de la población de México no vivía en las ciudades, se reconocía la necesidad de llevar la educación al campo. En este
cuadro vemos a una de las maestras rurales que enseñaba a los campesinos
allí donde se encontraban: al aire libre, en el campo.

¿Quiénes son los alumnos de la escuela? ¿Cuántas generaciones se pueden observar en este cuadro?

PARA COMENTAR

1. Según lo que hemos visto en las pinturas de Rivera, ¿cuáles son algunos de los problemas que existen en el campo mexicano? ¿Qué soluciones ofrece el pintor?
2. ¿Cómo se puede comparar el tema de «Es que somos muy pobres» con la temática de una de las pinturas de Rivera?
3. Describa en sus propias palabras el uso de los elementos alegóricos en la literatura y el arte mexicanos.
4. En México, la sociedad influye muchísimo en el arte y la literatura. Comente esta observación, refiriéndose a las obras que ha estudiado.

8

Los movimientos revolucionarios del siglo XX

La pobreza, la injusticia y la desesperanza son condiciones que pueden producir conflictos y rebelión. Las grandes revoluciones hispanoamericanas del siglo XX—la de México en 1910, la boliviana en 1952 y la cubana de 1959—tuvieron una base popular, compuesta de gente que creía que el gobierno no representaba sus intereses. En la revolución mexicana de 1910, por ejemplo, Pancho Villa y Emiliano Zapata fueron apoyados por peones que buscaban escapar a la pobreza en que vivían. En nuestros días los líderes todavía necesitan el apoyo de la gente de las clases bajas si quieren producir verdaderos cambios revolucionarios.

Los medios de comunicación han llevado a la atención de las clases bajas la existencia de una enorme diferencia entre su nivel de vida y el de las clases media y alta. Han aumentado las expectativas tanto del obrero como del campesino. Puesto que pocos gobiernos han podido satisfacer estas expectativas, la posibilidad de una reacción violenta ha aumentado todavía más. Esta situación tiene su aspecto irónico, ya que los gobiernos han entendido bien la importancia de los medios de comunicación y los han utilizado para conseguir el apoyo o, por lo menos, la aceptación del pueblo.

La literatura ha ayudado a atacar las malas condiciones sociales y económicas y a describir la violencia que puede resultar de situaciones intolerables. Uno de los cuentos que mejor ejemplifica las posibilidades literarias de este tema es el que se ha incluido aquí: «Espuma y nada más», del escritor colombiano Hernando Téllez. A continuación, en la obra de los grandes pintores Orozco y Siqueiros, se verá cómo se desarrolla el mismo tema en la pintura mural de México.

VOCABULARIO ÚTIL

Estudiar estas palabras antes de leer «Espuma y nada más».

afeitar(se)   to shave (oneself)
asesino   murderer
barba   beard
barbero   barber
camisa   shirt
castigar   to punish
cinturón *m*   belt
cliente *m or f*   customer
corbata   tie
cuello   neck
cuerpo   body
enemigo   foe, enemy
espejo   mirror

huir   to flee, run away
jabón *m*   soap
mezclar   to mix
nuca   nape of the neck
pelo   hair (of the face or body)
peluquería   barbershop
piel *f*   skin
rebelde *m*   rebel
reloj *m*   watch, clock
revolver   to stir
sangre *f*   blood
silla   chair

Espuma y nada más[1]

HERNANDO TÉLLEZ nació en Bogotá en 1908. Inició su carrera de escritor muy joven, colaborando en la revista *Universidad*. Durante el resto de su vida no disminuyó su interés por el periodismo, aunque también participó en la política y la diplomacia de su país.

Téllez sobresale en el ensayo. En sus ensayos sobre literatura y estética analiza los diversos aspectos de la obra artística y ofrece juicios valiosos sobre la obra de sus compatriotas. De interés especial es su ensayo «La novela en Latinoamérica», en el que sugiere que los escritores abandonen el tema del conflicto entre el hombre y la naturaleza a favor de temas urbanos, en los que «el hombre aparezca enfrentado consigo mismo».

Este tema—el hombre que se enfrenta consigo mismo—es muy importante en la única obra narrativa de Téllez, *Cenizas para el viento y otras historias,* su colección de cuentos publicada en 1950. El mensaje literario de Téllez es profundamente pesimista. Para él, no son importantes los valores que diferencian a los hombres entre sí (la riqueza y la pobreza, la inteligencia y la estupidez, la violencia y la paz). Lo que sí es importante es el éxito que una persona puede alcanzar en cualquier momento de su vida. Esto no quiere decir que Téllez sea indiferente frente a la injusticia; al contrario, el profundo sentido social de Téllez es obvio, como lo es también su desprecio hacia los explotadores de los pobres campesinos de su país. Pero él distingue dos niveles de conflicto: el conflicto social, producto de la pobreza y la injusticia, y el conflicto psicológico, el que surge de la lucha del hombre que se enfrenta consigo mismo y logra conquistar sus debilidades o se deja vencer por ellas.

En el cuento que se incluye aquí, Téllez presenta uno de los mejores estudios que se han hecho del culto al coraje. El problema se dramatiza por medio de dos personajes que se encuentran en un momento de crisis y por medio del doble nivel del conflicto: el social y el psicológico.

* * *

No saludó al entrar. Yo estaba repasando sobre una badana la mejor de mis navajas. Y cuando lo reconocí me puse a temblar. Pero él no se dio cuenta. Para disimular continué repasando la
5 hoja. La probé luego sobre la yema del dedo gordo y volví a mirarla contra la luz. En ese ins-

badana	*leather strap*
navaja	*razor*
hoja	*blade*
yema	*fleshy tip*
dedo gordo	*thumb*

tante se quitaba el cinturón ribeteado de balas de donde pendía la funda de la pistola. Lo colgó de uno de los clavos del ropero y encima colocó el kepis. Volvió completamente el cuerpo para ha-
5 blarme y, deshaciendo el nudo de la corbata, me dijo: «Hace un calor de todos los demonios. Aféiteme.» Y se sentó en la silla. Le calculé cuatro días de barba. Los cuatro días de la última excursión en busca de los nuestros. El rostro apa-
10 recía quemado, curtido por el sol. Me puse a preparar minuciosamente el jabón. Corté unas rebanadas de la pasta, dejándolas caer en el recipiente, mezclé un poco de agua tibia y con la brocha empecé a revolver. Pronto subió la es-
15 puma. «Los muchachos de la tropa deben tener tanta barba como yo.» Seguí batiendo la espuma. «Pero nos fue bien, ¿sabe? Pescamos a los principales. Unos vienen muertos y otros todavía viven. Pero pronto estarán todos muertos.»
20 «¿Cuántos cogieron?» pregunté. «Catorce. Tuvimos que internarnos bastante para dar con ellos. Pero ya la están pagando. Y no se salvará ni uno, ni uno.» Se echó para atrás en la silla al verme con la brocha en la mano, rebosante de espuma.
25 Faltaba ponerle la sábana. Ciertamente yo estaba aturdido. Extraje del cajón una sábana y la anudé al cuello de mi cliente. Él no cesaba de hablar. Suponía que yo era uno de los partidarios del orden. «El pueblo habrá escarmentado con lo del
30 otro día,» dijo. «Sí,» repuse mientras concluía de hacer el nudo sobre la oscura nuca, olorosa a sudor. «Estuvo bueno, ¿verdad?» «Muy bueno,» contesté mientras regresaba a la brocha. El hombre cerró los ojos con un gesto de fatiga y
35 esperó así la fresca caricia del jabón. Jamás lo había tenido tan cerca de mí. El día en que ordenó que el pueblo desfilara por el patio de la Escuela para ver a los cuatro rebeldes allí colgados, me crucé con él un instante. Pero el es-
40 pectáculo de los cuerpos mutilados me impedía fijarme en el rostro del hombre que lo dirigía todo y que ahora iba a tomar en mis manos. No era un rostro desagradable, ciertamente. Y la barba,

ribeteado de balas *lined with bullets*
pendía la funda *hung the holster*
clavos del ropero *hooks of the clothesrack*
kepis *military cap*
nudo *knot*

los nuestros *our people*
quemado *burned*
curtido *tanned (like leather)*
minuciosamente *meticulously*
rebanadas de la pasta *slices of the paste*
recipiente *container*
tibia *lukewarm*
brocha *brush*
espuma *foam*
batiendo *beating, stirring*
pescamos *we caught (fished)*

internarnos bastante *go quite away in*
dar con *find, come across*
se echó para atrás *he leaned back*
rebosante *dripping*

aturdido *upset*
anudé *I tied*

partidarios *supporters*
escarmentado *learned a lesson*

olorosa a sudor *smelling like sweat*

fresca caricia *cool caress*

desfilara por *should file past, pass by*
colgados *hung*

me . . . en *prevented me from noticing*

envejeciéndolo un poco, no le caía mal. Se llamaba Torres. El capitán Torres. Un hombre con imaginación, porque ¿a quién se le había ocurrido antes colgar a los rebeldes desnudos y luego en-
5 sayar sobre determinados sitios del cuerpo una mutilación a bala? Empecé a extender la primera capa de jabón. Él seguía con los ojos cerrados. «De buena gana me iría a dormir un poco,» dijo, «pero esta tarde hay mucho que hacer.» Retiré
10 la brocha y pregunté con aire falsamente desinteresado: «¿Fusilamiento?» «Algo por el estilo, pero más lento,» respondió. «¿Todos?» «No. Unos cuantos apenas.» Reanudé de nuevo la tarea de enjabonarle la barba. Otra vez me temblaban las
15 manos. El hombre no podía darse cuenta de ello y ésa era mi ventaja. Pero yo hubiera querido que él no viniera. Probablemente muchos de los nuestros lo habrían visto entrar. Y el enemigo en la casa impone condiciones. Yo tendría que
20 afeitar esa barba como cualquiera otra, con cuidado, con esmero, como la de un buen parroquiano, cuidando de que ni por un solo poro fuese a brotar una gota de sangre. Cuidando de que la piel quedara limpia, templada, pulida, y
25 de que al pasar el dorso de mi mano por ella, sintiera la superficie sin un pelo. Sí. Yo era un revolucionario clandestino, pero era también un barbero de conciencia, orgulloso de la pulcritud en su oficio. Y esa barba de cuatro días se pres-
30 taba para una buena faena.

Tomé la navaja, levanté en ángulo oblicuo las dos cachas, dejé libre la hoja y empecé la tarea, de una de las patillas hacia abajo. La hoja respondía a la perfección. El pelo se presentaba
35 indócil y duro, no muy crecido, pero compacto. La piel iba apareciendo poco a poco. Sonaba la hoja con su ruido característico, y sobre ella crecían los grumos de jabón mezclados con trocitos de pelo. Hice una pausa para limpiarla, tomé
40 la badana de nuevo y me puse a asentar el acero, porque yo soy un barbero que hace bien sus cosas. El hombre que había mantenido los ojos cerrados, los abrió, sacó una de las manos por

---

envejeciéndolo un poco *making him look a little old*
no le caía mal *was not unattractive*
ensayar *try out, practice*

a bala *with bullets*

capa *layer*

de buena gana *gladly*

fusilamiento *shooting*

reanudé *I went back to*

ventaja *advantage*

con esmero *painstakingly*
parroquiano *customer*
cuidando de *being careful*
brotar una gota *come forth a drop*
templada *soft*
pulida *smooth*
dorso *back*
superficie *surface*

pulcritud *neatness, perfection*
se . . . faena *was suitable for doing a good job*

cachas *handles*
patillas *sideburns*

indócil *stubborn*
no muy crecido *not very long*

grumos *blobs*
trocitos *little bits*

asentar *sharpen*

encima de la sábana, se palpó la zona del rostro que empezaba a quedar libre de jabón, y me dijo: «Venga usted a las seis, esta tarde, a la Escuela.» «¿Lo mismo del otro día?» le pregunté horrori-
5 zado. «Puede que resulte mejor,» respondió. «Qué piensa usted hacer?» «No sé todavía. Pero nos divertiremos.» Otra vez se echó hacia atrás y cerró los ojos. Yo me acerqué con la navaja en alto. «¿Piensa castigarlos a todos?» aventuré
10 tímidamente. «A todos.» El jabón se secaba sobre la cara. Debía apresurarme. Por el espejo, miré hacia la calle. Lo mismo de siempre: la tienda de víveres y en ella dos o tres compradores. Luego miré el reloj: las dos y veinte de la tarde. La navaja
15 seguía descendiendo. Ahora de la otra patilla hacia abajo. Una barba azul, cerrada. Debía dejársela crecer como algunos poetas o como algunos sacerdotes. Le quedaría bien. Muchos no lo reconocerían. Y mejor para él, pensé, mientras trataba
20 de pulir suavemente todo el sector del cuello. Porque allí sí que debía manejar con habilidad la hoja, pues el pelo, aunque en agraz, se enredaba en pequeños remolinos. Una barba crespa. Los poros podían abrirse, diminutos, y soltar su
25 perla de sangre. Un buen barbero como yo finca su orgullo en que eso no ocurra a nungún cliente. Y éste era un cliente de calidad. ¿A cuántos de los nuestros había ordenado matar? ¿A cuántos de los nuestros había ordenado que los muti-
30 laran? . . . Mejor no pensarlo. Torres no sabía que yo era su enemigo. No lo sabía él ni lo sabían los demás. Se trataba de un secreto entre muy pocos, precisamente para que yo pudiese informar a los revolucionarios de lo que Torres estaba
35 haciendo en el pueblo y de lo que proyectaba hacer cada vez que emprendía una excursión para cazar revolucionarios. Iba a ser, pues, muy difícil explicar que yo lo tuve entre mis manos y lo dejé ir tranquilamente, vivo y afeitado.
40 La barba le había desaparecido casi completamente. Parecía más joven, con menos años de los que llevaba a cuestas cuando entró. Yo supongo que eso ocurre siempre con los hombres

---

se palpó *felt*

puede que *perhaps, it may be that*

en alto *held high*

víveres *foodstuffs*

cerrada *thick*
sacerdotes *priests*

pulir *scrape*

en agraz *quite short*
se . . . remolinos *was tangled in little swirls*

finca *rests, bases*

proyectaba *he was planning*
emprendía *he undertook*

con . . . cuestas *looking younger than he seemed to be*

que entran y salen de las peluquerías. Bajo el
golpe de mi navaja Torres rejuvenecía, sí, porque   golpe *stroke*
yo soy un buen barbero, el mejor de este pueblo,
lo digo sin vanidad. Un poco más de jabón, aquí,
5 bajo la barbilla, sobre la manzana, sobre esta gran   barbilla *chin*
vena. ¡Qué calor! Torres debe estar sudando   manzana *Adam's apple*
como yo. Pero él no tiene miedo. Es un hombre
sereno que ni siquiera piensa en lo que ha de
hacer esta tarde con los prisioneros. En cambio
10 yo, con esta navaja entre las manos, puliendo y
puliendo esta piel, evitando que brote sangre de
estos poros, cuidando todo golpe, no puedo pen-
sar serenamente. Maldita la hora en que vino,   maldita *cursed*
porque yo soy un revolucionario pero no soy un
15 asesino. Y tan fácil como resultaría matarlo. Y lo
merece. ¿Lo merece? No, ¡qué diablos! Nadie
merece que los demás hagan el sacrificio de convertirse en asesinos. ¿Qué se gana con ello? Pues
nada. Vienen otros y otros y los primeros matan
20 a los segundos y éstos a los terceros y siguen y
siguen hasta que todo es un mar de sangre. Yo
podría cortar este cuello, así, ¡zas!, ¡zas! No le
daría tiempo de quejarse y como tiene los ojos
cerrados no vería ni el brillo de la navaja ni el   brillo *gleam*
25 brillo de mis ojos. Pero estoy temblando como
un verdadero asesino. De ese cuello brotaría un
chorro de sangre sobre la sábana, sobre la silla,   chorro *gush, stream*
sobre mis manos, sobre el suelo. Tendría que
cerrar la puerta. Y la sangre seguiría corriendo
30 por el pilo, tibia, imborrable, incontenible, hasta   imborrable, incontenible
la calle, como un pequeño arroyo escarlata. Estoy   *indelible, unstoppable*
seguro de que un golpe fuerte, una honda inci-   honda *deep*
sión, le evitaría todo dolor. No sufriría. ¿Y qué   evitaría *would avoid*
hacer con el cuerpo? ¿Dónde ocultarlo? Yo
35 tendría que huir, dejar estas cosas, refugiarme
lejos, bien lejos. Pero me perseguirían hasta dar
conmigo. «El asesino del Capitán Torres. Lo de-   lo degolló *he slit his*
golló mientras le afeitaba la barba. Una cobardía.»   *throat*
Y por otro lado: «El vengador de los nuestros. Un
40 hombre para recordar (aquí mi nombre). Era el
barbero del pueblo. Nadie sabía que él defendía
nuestra causa . . .» ¿Y qué? ¿Asesino o héroe?
Del filo de esta navaja depende mi destino. Puedo

inclinar un poco más la mano, apoyar un poco
más la hoja, y hundirla. La piel cederá como la
seda, como el caucho, como la badana. No hay
nada más tierno que la piel del hombre y la sangre
5 siempre está ahí, lista a brotar. Una navaja como
ésta no traiciona. Es la mejor de mis navajas. Pero
yo no quiero ser un asesino, no señor. Usted vino
para que yo lo afeitara. Y yo cumplo honrada-
mente con mi trabajo . . . No quiero mancharme
10 de sangre. De espuma y nada más. Usted es un
verdugo y yo no soy más que un barbero. Y cada
cual en su puesto. Eso es. Cada cual en su puesto.
 La barba había quedado limpia, pulida y templada. El hombre se incorporó para mirarse en
15 el espejo. Se pasó las manos por la piel y la sintió
fresca y nuevecita.
 «Gracias,» dijo. Se dirigió al ropero en busca
del cinturón, de la pistola y del kepis. Yo debía
estar muy pálido y sentía la camisa empapada.
20 Torres concluyó de ajustar la hebilla, rectificó la
posición de la pistola en la funda y, luego de
alisarse maquinalmente los cabellos, se puso el
kepis. Del bolsillo del pantalón extrajo unas monedas para pagarme el importe del servicio. Y
25 empezó a caminar hacia la puerta. En el umbral
se detuvo un segundo y volviéndose me dijo:
 «Me habían dicho que usted me mataría. Vine
para comprobarlo. Pero matar no es fácil. Yo sé
por qué se lo digo.» Y siguió calle abajo.[2]

30 *Cenizas para el viento y otras historias,* 1950

apoyar	*press down*
hundirla	*sink it in*
seda	*silk*
caucho	*rubber*
lista	*ready*
traiciona	*betray*
mancharme	*stain myself*
puesto	*place*
nuevecita	*like new*
empapada	*soaked*
alisarse	*smooth*
importe	*cost*
umbral	*threshold, doorway*
comprobarlo	*find out*
por qué se lo digo	*what I'm talking about*

NOTAS CULTURALES

1. «Espuma y nada más» se publicó en 1950 en la colección de cuentos
Cenizas para el viento y otras historias. Dos años antes de publicarse
la colección, el jefe político Eliecer Gaitán fue asesinado en una de las
calles principales de Bogotá, acción que resultó en mucha violencia y
destrucción y en la imposición de la ley marcial en la capital. Los
colombianos se refieren a este episodio como el «Bogotazo.» Sin embargo, el Bogotazo fue sólo una manifestación de las guerras fratricidas

que han caracterizado las luchas entre liberales y conservadores en Colombia desde la década de 1940. «La Violencia,» como dicen los colombianos al referirse a esas guerras, ha tenido un efecto desastroso en todo el país, aún en los pueblos más pequeños, como vemos en este cuento de Téllez.

2. Al leer este cuento uno está tan preocupado por la actitud del narrador que sólo piensa en él, en cómo va a solucionar su «problema». Sin embargo, en lás últimas líneas del cuento se llega a saber que el otro, el capitán Torres, también ha pasado por una experiencia muy intensa, ya que le habían dicho que el barbero pensaba matarlo. El capitán, al desafiar al barbero dejando que le afeite, muestra un estoicismo y un machismo típicamente hispanos. Él ha reducido la contienda civil al nivel personal, entre dos hombres. ¿Cree Ud. que el hombre norteamericano sería capaz de reaccionar de la misma manera? ¿Tiene el norteamericano un concepto similar al machismo?

EJERCICIOS

I. Preguntas

1. ¿Cómo se sabe que el barbero ya conocía al hombre que entró en su peluquería? 2. ¿Qué pidió él que entró? 3. ¿Cuál era el oficio del cliente? 4. ¿Qué hizo el barbero antes de afeitar a su cliente? 5. ¿Qué había hecho el oficial con los cuatro rebeldes que había cogido el otro día? 6. ¿Cómo reaccionó el barbero cuando el otro le dijo que iba a fusilar esa tarde a algunos de los prisioneros? 7. Si el barbero también era revolucionario, ¿por qué creía que tenía que afeitarlo bien al capitán? 8. Según el capitán, ¿adónde debía ir el barbero esa tarde? ¿Por qué? 9. ¿Cuántas personas sabían que el barbero era revolucionario? 10. Como rebelde, ¿qué informes o noticias debía mandar el barbero a los otros revolucionarios? 11. ¿Por qué estaba sudando el barbero? 12. ¿Pensaba el barbero que el otro estaba tan nervioso como él? 13. ¿Por qué creía el barbero que no valía la pena convertirse en asesino? 14. ¿Qué imaginaba el barbero al pensar en lo fácil que sería matarle al otro? 15. Si lo mataba, ¿qué tendría que hacer después? 16. ¿Qué quería decir el barbero al pensar: «Cada cual en su puesto»? 17. Después de pagarle el importe del servicio, ¿qué le dijo Torres al barbero?

II. Ejercicios analíticos

1. ¿Qué clase de hombre era el barbero? ¿Era cobarde?   2. Mientras se deja afeitar, el capitán Torres provoca la ira del barbero al decirle varias cosas con intención de causarle enojo. Mencione Ud. algunas de esas cosas.   3. Describa usted el duelo entre los dos hombres. ¿Dónde tiene lugar? ¿Hay mucha acción exterior y visible?   4. En la narrativa urbana moderna de Hispanoamérica con frecuencia el hilo de la acción presenta el problema del hombre que se analiza a sí mismo. Comente el cuento de Téllez en términos de esa observación.   5. Comente el cuento como manifestación del efecto de «La Violencia» en la literatura colombiana.

III. Ejercicios de vocabulario

A.   Elegir la palabra que no corresponde al grupo.

1. cinturón, corbata, camisa, zapatos, espejo
2. barba, cabello, silla, cuello, pelo
3. rebelde, reloj, soldado, enemigo, revolucionario
4. correr, huir, andar, caminar, mezclar
5. banco, iglesia, tienda, jabón, peluquería

B.   Completar con la palabra apropiada.

barba	corbata	reloj	peluquería
asesino	nuca	jabón	castigar
sangre	cliente	espejo	mezclar
afeitarse	rebelde		

1. Para mirarme necesito un _____ .
2. El hombre que deja crecer su barba no tiene que _____ .
3. Una persona que mata a otra es un _____ .
4. Voy a la _____ para que me corten el cabello.
5. Si me corto el dedo, saldrá _____ .
6. Para lavarme la cara necesito _____ .
7. Juan miró su _____ para saber la hora.
8. Con un traje y una camisa, generalmente los hombres llevan una _____ .
9. ¿Cree Ud. que los padres deben _____ a sus hijos?
10. Normalmente las mujeres no tienen _____ .

C.   Mencionar cinco cosas que se asocian con las siguientes:

1. una peluquería   3. un revolucionario   5. la cara
2. el ejército   4. un asesino

D.   Contar el encuentro entre los dos hombres desde el punto de vista del capitán.

José Clemente Orozco y David Alfaro Siqueiros

Las cualidades que se asocian con la obra de José Clemente Orozco (1883–1949), uno de los tres grandes pintores del muralismo mexicano, son la austeridad, la soledad y la sobriedad. Presenta un mundo sombrío de drama y de luto, un mundo cruel y caótico. Orozco nació en Jalisco (como Juan Rulfo, autor cuya obra ya se ha visto), uno de los estados más pobres de México. Pasó sus años formativos en la ciudad de México. Durante los agitados años de la revolución Orozco creó una serie de caricaturas en las que criticaba varios aspectos de la revolución que él había observado personalmente cuando luchó en ella con las fuerzas de Carranza. En las décadas siguientes, Orozco se dedicó al muralismo, creando extraordinarias pinturas murales tanto en los Estados Unidos como en su país.

Hay ciertos temas que se repiten con frecuencia en la obra de Orozco: la desigualdad, la corrupción y la crueldad; la venalidad y la falsedad de muchos líderes del pueblo; la sumisión nada heroica de las masas que sufren o mueren por ideales que no comprenden y la ingratitud de la humanidad para su mesías, sea Cristo o Quetzalcóatl. Sin embargo, su visión no es totalmente pesimista. Así por ejemplo, el Prometeo de su pintura *Hombre en llamas* sugiere que algún día ha de nacer un hombre nuevo y puro que tal vez justifique la humanidad. Así es que se puede afirmar que Orozco añade al humanismo del muralismo mexicano un aspecto místico que da a su obra una cualidad única.

De los tres grandes pintores del muralismo mexicano, sólo David Alfaro Siqueiros (1898–1974) dedicó gran parte de su vida a las luchas políticas y económicas. Participó personalmente en los movimientos sindicales y luchó en favor de las fuerzas revolucionarias, en México y en España. Siendo estudiante de arte fue encarcelado por su participación en una huelga estudiantil violenta en 1910. En los años siguientes el pintor sufrió períodos de encarcelamiento o de destierro (voluntario o forzado) por su participación en actividades políticas controversiales. Se le ha criticado este aspecto de su vida, ya que no hay duda de que la cantidad, si no la calidad, de su producción artística sufrió como resultado. Pero los mismos móviles de las actividades políticas de Siqueiros—su energía, su dinamismo, su entusiasmo y su agresividad—también resultaron en las grandes innovaciones técnicas con que él contribuyó a la pintura mural. Éstas incluyen la proyección de las figuras hacia adelante, contornos que parecen querer salir de la pared; el énfasis en la acción, en el movimiento; el uso simultáneo de diferentes texturas; el uso de equipos de pintores que emplean aparatos y materiales modernos para trabajar, y el uso de colores y formas con vida propia. La temática de Siqueiros es siempre social: el sufrimiento de la clase obrera; el conflicto entre el socialismo y el capitalismo; el conflicto armado provocado por la desesperación del pueblo ante la corrupción y la decadencia de la sociedad burguesa. Para Siqueiros su arte era como un arma que podría utilizarse en favor del progreso de su pueblo y como un grito capaz de hacer rebelar a los que siempre habían sufrido la injusticia y la miseria.

Palacio Nacional de México

LA TRINCHERA (1923–1924)

En esta pintura, que es de la serie que pintó Orozco para la Escuela Preparatoria, el artista retrata la muerte de manera directa, sencilla y austera. Describa Ud. la pintura, indicando el tema y el uso de las formas geométricas que se encuentran en ella.

Palacio Nacional de México

HOMBRE EN LLAMAS (1938–1939)

Aunque el mundo que retrató Orozco en el Hospicio Cabañas de Guadalajara es aparentemente negativo—un mundo en el que triunfan la injusticia, la traición y la corrupción—en la cúpula del Hospicio representó el pintor una visión puramente espiritual, tremendista, de la creación en las llamas de un hombre nuevo y purificado que tal vez había de justificar la humanidad. El tema se vincula al concepto azteca del hombre que debe ser sacrificado para que siga brillando el sol sobre la humanidad. ¿Cómo describiría Ud. el movimiento de la pintura? ¿Qué relación hay entre la pintura y el edificio?

Siqueiros, David Alfaro, *The Sob*. 1939. Duco on composition board, 48½ × 24¾″. Collection, The Museum of Modern Art, New York. Given anonymously.

EL SOLLOZO

La angustia y el sufrimiento son temas que aparecen con frecuencia en las obras de Siqueiros. Aquí, el pintor logra captar la esencia de esos sentimientos. En la pintura, ¿qué parte del cuerpo se nota más? ¿Qué otro pintor sabía sugerir la tercera dimensión en sus pinturas?

PARA COMENTAR

1. ¿Cree Ud. que existe alguna relación entre el tema de una de las pinturas de Orozco y el cuento de Téllez? ¿Cuál es?
2. ¿Conoce Ud. la obra de otro artista que haya contribuido a la innovación técnica como lo hizo Siqueiros? ¿Quién es? ¿Cuál es una de sus innovaciones?
3. ¿Hay algunas pinturas murales en la ciudad donde vive Ud.? ¿Dónde se encuentran? ¿Cómo son?
4. Comente Ud. el uso de temas mitológicos en las diversas pinturas que ha estudiado.

La educación en el mundo hispánico

9

Aunque en España el concepto de la autonomía de la universidad tuvo raíces medievales, en la América colonial el estado y la iglesia ejercían un control riguroso sobre la educación. Sólo en el siglo XIX, después de la independencia, se estableció la idea de que la clave de una verdadera institución educativa superior consistía en su autonomía. En la universidad se había de tener libertad absoluta para investigar, enseñar y aprender sin interferencias de ninguna clase. Pero aunque los gobiernos se declaraban a favor de tal autonomía, existía la tendencia de intervenir la universidad o de suprimir su autonomía si los del gobierno no estaban de acuerdo con las decisiones del cuerpo directivo. Esta situación preparó el terreno para lo que se conoce en Hispanoamérica como Reforma Universitaria, un movimiento general que comenzó en 1918 en la Universidad de Córdoba, Argentina, y se extendió rápidamente a las otras universidades hispanoamericanas. El *Manifiesto de la Juventud Argentina de Córdoba a los Hombres Libres de Sudamérica,* del 15 de julio de 1918, se hizo muy famoso y fue muy copiado. Entre otras cosas, el manifiesto exigía autonomía política, docente y administrativa de la universidad, participación en su gobierno de profesores y alumnos, libertad de enseñanza e instrucción gratuita.

El mismo impulso que produjo el manifiesto se hizo evidente en México, cuyos líderes revolucionarios incluyeron en la Constitución de 1917 un artículo estableciendo la autonomía de la instrucción superior y de la investigación. Sin embargo, a pesar de que los ideales de la Reforma Universitaria se han realizado en gran parte en México, esto no ha impedido choques, a veces sangrientos y violentos, entre los estudiantes y el gobierno. Uno de esos choques, tal vez el de más repercusión nacional e internacional, es el que se conoce como «la noche de Tlatelolco», para referirse a los trágicos hechos del dos de octubre de 1968.

Varios acontecimientos, no muy relacionados entre sí, establecieron el ambiente en que habían de producirse los hechos de Tlatelolco. Fuera del país había el ejemplo de protestas y motines en varias capitales: Tokio, Praga, París, Roma, Santiago. Dentro del país las preparaciones para los Juegos Olímpicos hicieron que la prensa mundial se fijara en México. En julio de 1968 lo que había comenzado como querella callejera entre grupos rivales de estudiantes en la capital resultó en lo que los estudiantes consideraban ser el uso de la fuerza excesiva de la policía. Siguieron las demostraciones estudiantiles, algunas violentas, e intervinieron las fuerzas armadas, ocupando varios edificios de la UNAM (Universidad Nacional Autónoma de México) y deteniendo a muchos estudiantes. La reacción de los estudiantes no se hizo esperar: los estudiantes de la UNAM y del IPN (Instituto Politécnico Nacional) formaron el Consejo Nacional de Huelga y en las grandes demostraciones que organizaron había participación no sólo de los estudiantes, sino también de miles de obreros, campesinos y ciudadanos ordinarios. La situación era difícil, ya que los estudiantes eran intransigentes en su oposición a la abrogación de sus derechos civiles, y el gobierno, frente a la publicidad de la prensa mundial, no se atrevía a ceder. El resultado fue la masacre del dos de octubre que resultó en más de 350 muertos y en centenares de heridos y detenidos.

Una de las obras más importantes que se ha publicado sobre esta confrontación es *La noche de Tlatelolco,* de Elena Poniatowska, quien nos ofrece un *collage* de entrevistas, declaraciones, discursos, poesías y reportajes que en su conjunto representan la realidad objetiva y viva de un episodio horrendo.

En la sección sobre arte se presenta un ensayo sobre la Ciudad Universitaria, sitio de la UNAM, una de las universidades más espléndidas del mundo. La originalidad y belleza de su arquitectura y el valor artístico de sus numerosos murales son una afirmación de los valores nacionales y una inspiración para los jóvenes que allí se educan.

VOCABULARIO ÚTIL

Estudiar estas palabras antes de leer los trozos de *La noche de Tlatelolco.*

anuncio   announcement
cine *(m)*   movies, cinema
corresponsal *(m)*   correspondent
diario   newspaper
dolor *(m)*   grief, pain
edificio   building
ejército   army
estado   state, condition
grito   cry, scream
herida   wound
luz *(f)*   light
muerte *(f)*   death
noticia   news, announcement

obrero   worker (also used as adjective)
oscuridad *(f)*   darkness
papel *(m)*   role
periódico   newspaper
piso   floor
policía *(m)*   policeman
  policía *(f)*   police
recordar   to remember
relámpago   lightning, flash
soldado   soldier
suelo   ground, floor

Memorial de Tlatelolco

La inesperada muerte de **ROSARIO CASTELLANOS** en 1974 privó a México de la voz que tal vez mejor ha representado la conciencia de la mujer mexicana.

Nacida en la capital en 1925, pasó la autora su niñez y juventud en Chiapas y en Comitán. El sur de México había de ser el escenario de sus mejores novelas, *Balún-Canán y Oficio de tinieblas,* en las que se presenta la miseria atroz en que vive el indio. La sensibilidad que revela Castellanos en sus novelas también penetra sus poesías. En ellas hallamos, además de su preocupación por el indio, una nota íntima que nos deja comprender su visión de lo que es auténtico y eterno en la vida humana. El poema «Memorial de Tlatelolco», por Rosario Castellanos, fue publicado en el libro *La noche de Tlatelolco.*

*   *   *

La oscuridad engendra la violencia
y la violencia pide oscuridad
para cuajar el crimen.
Por eso el dos de octubre aguardó hasta la noche
5 para que nadie viera la mano que empuñaba
el arma, sino sólo su efecto de relámpago.

¿Y a esa luz, breve y lívida, quién? ¿Quién es el
que mata?
¿Quiénes los que agonizan, los que mueren?
10 ¿Los que huyen sin zapatos?
¿Los que van a caer al pozo de una cárcel?
¿Los que se pudren en el hospital?
¿Los que se quedan mudos, para siempre, de
espanto?

15 ¿Quién? ¿Quiénes? Nadie. Al día siguiente, nadie.
La plaza amaneció barrida; los periódicos
dieron como noticia principal
el estado del tiempo.

Glossary (margin):
- engendra *engenders, gives birth to*
- cuajar *(figuratively) to hide*
- empuñaba *gripped*
- a esa luz *by that light*
- agonizan *lie dying*
- pozo *well*
- se pudren *rot*
- espanto *fright, terror*
- barrida *swept*

Y en la televisión, en el radio, en el cine
no hubo ningún cambio de programa,
ningún anuncio intercalado ni un   intercalado *interpolated*
minuto de silencio en el banquete.
5 (Pues prosiguió el banquete.)

No busques lo que no hay: huellas, cadáveres   huellas *tracks, footprints*
que todo se le ha dado como ofrenda a una diosa,
a la Devoradora de Excrementos.[1]

No hurgues en los archivos pues nada consta en   hurgues *poke around*
10   actas.   consta en actas *is*
    recorded in official
    records
Mas he aquí que toco una llaga: es mi memoria.   he aquí que *now*
Duele, luego es verdad. Sangre con sangre   toco una llaga *I'm*
y si la llamo mía traiciono a todos.   *touching an open wound*
    duele *it hurts*

15 Recuerdo, recordamos.
Ésta es nuestra manera de ayudar a que amanezca
sobre tantas conciencias mancilladas,   mancilladas *blemished,*
sobre un texto iracundo, sobre una reja abierta,   *dirtied*
sobre el rostro amparado tras la máscara.   iracundo *angry*
    amparado *protected*
20 Recuerdo, recordemos
hasta que la justicia se siente entre nosotros.   se siente *is established*

La noche de Tlatelolco, 1971,
Elena Poniatowska, redactora.

La noche de Tlatelolco (trozo)

Nacida en París, ha vivido **ELENA PONIATOWSKA** en México, ciudad natal de su madre, desde los nueve años. Allí se ha asociado a la revista *Novedades* y ha publicado más de ocho libros, además de numerosos ensayos y artículos. Su novela *Hasta no verte Jesús mío* ganó el prestigioso premio de Mazatlán y ha merecido los encomios tanto de los críticos como del público.

La noche de Tlatelolco, que se basa en entrevistas y reportajes acumulados por la autora durante tres años de duro trabajo, le ha ganado fama mundial. Con fina sensibilidad ha sabido Poniatowska escuchar las voces de los que atestiguaron los hechos que culminaron en la tragedia del dos de octubre de 1968. Al leer su testimonio nosotros también escuchamos sus voces y sentimos su indignación. Ha dicho Poniatowska que, para ella, escribir es «un modo de relacionarse con los demás y quererlos.» La angustia que produjo *La noche de Tlatelolco* es otra expresión de ese querer.

*   *   *

En la primera parte de su reportaje describe la autora el origen de la masacre que tuvo lugar en la Plaza de las Tres Culturas en México el dos de octubre de 1968. Los universitarios de la UNAM (Universidad Nacional Autónoma de México) y
5 *de la IPN (Instituto Politécnico Nacional), apoyados por centenares de trabajadores y por hombres, mujeres, niños y viejos que simpatizaban con la causa de los universitarios, se reunieron en la plaza. Su intención fue protestar lo*
10 *que ellos creían ser actos represivos del gobierno federal. Contra ellos estaban las fuerzas armadas del gobierno—elementos del ejército y de la policía—que, alarmados por la demostración, habían rodeado la plaza. Repentinamente unas luces de*
15 *bengala aparecieron en el cielo y se desencadenó una balacera que convirtió el mitin en tragedia.*

luces de bengala *flares*
se . . . balacera *a volley of shots was unleashed*

El comentario y los reportajes citados por Po-
niatowska atestiguan la confusión y el horror que
resultaron a raíz del tiroteo inicial.

[. . .]A pesar de que los líderes del CNH desde
5 el tercer piso del edificio Chihuahua, gritaban por
el magnavoz: «¡No corran compañeros, no corran, son salvas! . . . ¡No se vayan, no se vayan,
calma!», la desbandada fue general. Todos huían
despavoridos y muchos caían en la plaza, en las
10 ruinas prehispánicas frente a la iglesia de Santiago
Tlatelolco. Se oía el fuego cerrado y el tableteo
de ametralladoras. A partir de ese momento, la
Plaza de las Tres Culturas se convirtió en un
infierno.
15 En su versión del jueves 3 de octubre de 1968
nos dice *Excélsior:* «Nadie observó de dónde salieron los primeros disparos. Pero la gran mayoría
de los manifestantes aseguraron que los soldados,
sin advertencia ni previo aviso comenzaron a dis-
20 parar. . . . Los disparos surgían por todos lados,
lo mismo de lo alto de un edificio de la Unidad
Tlatelolco que de la calle donde las fuerzas militares en tanques ligeros y vehículos blindados
lanzaban ráfagas de ametralladora casi ininte-
25 rrumpidamente . . .» *Novedades, El Universal, El*
Día, El Nacional, El Sol de México, El Heraldo,
La Prensa, La Afición, Ovaciones, nos dicen que
el ejército tuvo que repeler a tiros el fuego de
francotiradores apostados en las azoteas de los
30 edificios. Prueba de ello es que el general José
Hernández Toledo que dirigió la operación recibió un balazo en el tórax y declaró a los periodistas al salir de la intervención quirúrgica que se
le practicó: «Creo que si se quería derramamiento
35 de sangre ya es más que suficiente con la que yo
ya he derramado.» (*El Día,* 3 de octubre de
1968.)
Según *Excélsior* «se calcula que participaron
unos 5.000 soldados y muchos agentes policíacos,
40 la mayoría vestidos de civil. Tenían como contraseña un pañuelo envuelto en la mano derecha.

a raíz de   *immediately*
   following

CNH: Consejo Nacional de
   Huelga

magnavoz   *loudspeaker*

salvas   *safe*

desbandada   *hasty*
   withdrawal
despavoridos   *terrified*

fuego cerrado   *heavy fire*
tableteo   *rattling*
ametralladoras   *machine*
   guns

manifestantes   *demonstra-*
   tors
advertencia   *warning*
aviso   *announcement*

Unidad Tlatelolco
   a housing development

ligeros   *light*
blindados   *armored*
ráfagas   *bursts*

repeler a tiros   *repel by*
   firing
francotiradores   *sharp-*
   shooters
azoteas   *flat rooftops*

balazo   *bullet wound*

intervención quirúrgica
   surgical operation
derramamiento de
   sangre   *bloodshed*

vestidos de civil   *in plain*
   clothes
contraseña   *countersign*

Así se identificaban unos a otros, ya que casi ninguno llevaba credencial por protección frente a los estudiantes.

«El fuego intenso duró 29 minutos. Luego los
5 disparos decrecieron pero no acabaron.»

Los tiros salían de muchas direcciones y las ráfagas de las ametralladoras zumbaban en todas partes y, como afirman varios periodistas, no fue difícil que los soldados, además de los francoti-
10 radores, se mataran o hirieran entre sí. «Muchos soldados debieron lesionarse entre sí, pues al cerrar el círculo los proyectiles salieron por todas direcciones», dice el reportero Félix Fuentes en su relato del 3 de octubre en *La Prensa*. El ejército
15 tomó la Plaza de las Tres Culturas con un movimiento de pinzas, es decir llegó por los dos costados y 5 mil soldados avanzaron disparando armas automáticas contra los edificios, añade Félix Fuentes. «En el cuarto piso de un edificio,
20 desde donde tres oradores habían arengado a la multitud contra el gobierno, se vieron fogonazos. Al parecer, allí abrieron fuego agentes de la Dirección Federal de Seguridad y de la Policía Judicial del Distrito.

25 «La gente trató de huir por el costado oriente de la Plaza de Las Tres Culturas y mucha lo logró pero cientos de personas se encontraron con columnas de soldados que empuñaban sus armas a bayoneta calada y disparaban en todos senti-
30 dos. Ante esta alternativa las asustadas personas empezaron a refugiarse en los edificios pero las más corrieron por las callejuelas para salir a Paseo de la Reforma cerca del Monumento a Cuitláhuac.

«Quien esto escribe fue arrollado por la mul-
35 titud cerca del edificio de la Secretaría de Relaciones Exteriores. No muy lejos se desplomó una mujer, no se sabe si lesionada por algún proyectil o a causa de un desmayo. Algunos jóvenes trataron de auxiliarla pero los soldados lo impidieron.»
40 El general José Hernández Toledo declaró después que para impedir mayor derramamiento de sangre ordenó al ejército no utilizar las armas de alto calibre que llevaba (*El Día*, 3 de octubre de

---

zumbaban *buzzed, hummed*

hirieran (entre sí) *wound (each other)*
lesionarse entre sí *injure each other*

de pinzas *pinchers*
costados *sides*

arengado *harrangued*
fogonazos *flashes*

empuñaban *held, grasped*
a bayoneta calada *with bayonets fixed*
en todos sentidos *in all directions*

arrollado *trampled, run over*

se desplomó *fell down, collapsed*

desmayo *faint*

impedir *prevent*
derramamiento *shedding*

1968). (Hernández Toledo ya ha dirigido acciones contra la Universidad de Michoacán, la de Sonora y la Autónoma de México, y tiene a su mando hombres del cuerpo de paracaidistas ca-
5 lificados como las tropas de asalto mejor entrenadas del país.) Sin embargo, Jorge Avilés, redactor de *El Universal,* escribe el 3 de octubre: «Vimos al ejército en plena acción; utilizando toda clase de armamentos, las ametralladoras pesadas
10 empotradas en una veintena de yips, disparaban hacia todos los sectores controlados por los francotiradores.» *Excélsior* reitera: «Unos trescientos tanques, unidades de asalto, yips y transportes militares tenían rodeada toda la zona, desde In-
15 surgentes a Reforma, hasta Nonoalco y Manuel González. No permitían salir ni entrar a nadie, salvo rigurosa identificación.»(«Se Luchó a Balazos en Ciudad Tlatelolco, Hay un Número aún no Precisado del Muertos y Veintenas de Heri-
20 dos», *Excélsior,* jueves 3 de octubre de 1968.) Miguel Ángel Martínez Agis reporta: «Un capitán del Ejército usa el teléfono. Llama a la Secretaría de la Defensa. Informa de lo que está sucediendo: ‹Estamos contestando con todo lo que tenemos
25 . . .› Allí se veían ametralladoras, pistolas 45, calibre 38 y unas de 9 milímetros.» («Edificio Chihuahua, 18 hrs.», Miguel Ángel Martínez Agis, *Excélsior,* 3 de octubre de 1968).

El general Marcelino García Barragán, Secre-
30 tario de la Defensa Nacional, declaró: «Al aproximarse el ejército a la Plaza de las Tres Culturas fue recibido por francotiradores. Se generalizó un tiroteo que duró una hora aproximadamente. . .

«Hay muertos y heridos tanto del Ejército como
35 de los estudiantes: No puedo precisar en estos momentos el número de ellos.

«—¿Quién cree usted que sea la cabeza de este movimiento?

«—Ojalá y lo supiéramos.
40 [Indudablemente no tenía bases para inculpar a los estudiantes.]

«—¿Hay estudiantes heridos en el Hospital Central Militar?

a su mando *under his command*
cuerpo de paracaidistas *parachute corps*
mejor entrenadas *best trained*
redactor *editor*
plena *full*

empotradas . . . yips *mounted on some twenty jeeps*

rodeada *surrounded*

salvo *except after*

precisado *determined*
veintenas *scores*

tiroteo *exchange of fire*

ojalá y *I wish that*
inculpar *blame*

«Los hay en el Hospital Central Militar, en la
Cruz Verde, en la Cruz Roja. Todos ellos están
en calidad de detenidos y serán puestos a disposición del Procurador General de la República.

en ... detenidos
under arrest
Procurador General
Attorney General

5 También hay detenidos en el Campo Militar
número 1, los que mañana serán puestos a disposición del General Cueto, Jefe de la Policía
del DF.

DF   *Distrito Federal*

«—¿Quién es el comandante responsable de
10 la actuación del ejército?

actuación   *actions,
behavior*

«—El comandante responsable soy yo.» (Jesús
M. Lozano, *Excélsior,* 3 de octubre de 1968, «La
libertad seguirá imperando». El Secretario de Defensa hace un análisis de la situación.)

seguirá imperando   *will
continue to prevail*

15 Por otra parte el jefe de la policía metropolitana
negó que, como informó el Secretario de la Defensa, hubiera pedido la intervención militar en
Ciudad Tlatelolco. En conferencia de prensa esta
madrugada el general Luis Cueto Ramírez dijo

madrugada   *dawn*

20 textualmente: «La policía informó a la Defensa
Nacional en cuanto tuvo conocimiento de que se
escuchaban disparos en los edificios aledaños a

aledaños a   *bordering on*

la Secretaría de Relaciones Exteriores y de la
Vocacional 7 en donde tiene servicios perma-
25 nentes.» Explicó no tener conocimiento de la in-

explicó no tener   *he
explained that he had no*

gerencia de agentes extranjeros en el conflicto
estudiantil que aquí se desarrolla desde julio pa-

ingerencia   *interference,
intervention*

sado. La mayoría de las armas confiscadas por
la policía, son de fabricación europea y corres-

fabricación   *manufacture*

30 ponden a modelos de los usados en el bloque
socialista. Cueto negó saber que políticos mexicanos promuevan en forma alguna esta situación

promuevan   *promote*

y afirmó no tener conocimiento de que ciudadanos estadounidenses hayan sido aprehendi-
35 dos. «En cambio están prisioneros un guatemalteco, un alemán y otro que por el momento no
recuerdo.» (*El Universal, El Nacional,* 3 de octubre de 1968).

Los cuerpos de las víctimas que quedaron en
40 la Plaza de las Tres Culturas no pudieron ser fo-
tografiados debido a que los elementos del

debido a que   *due to the
fact that*

ejército lo impidieron («Hubo muchos muertos

y lesionados anoche», *La Prensa*, 3 octubre de 1968).

[*Poniatowska cita a continuación los varios cálculos del número de muertos, heridos y presos que*
5 *resultaron de la masacre. Menciona que el diario inglés* The Guardian, *tras una «investigación cuidadosa», indica que había 325 muertos. El número de heridos y detenidos sería mucho mayor aunque nunca fue posible establecer un*
10 *número exacto.*]

Posiblemente no sepamos nunca cuál fue el mecanismo interno que desencadenó la masacre de Tlatelolco. ¿El miedo? ¿La inseguridad? ¿La
15 cólera? ¿El terror a perder la fachada? ¿El despecho ante el joven que se empeña en no guardar las apariencias delante de las visitas? . . . Posiblemente nos interroguemos siempre junto con Abel Quezada. ¿Por qué? La noche triste de Tlate-
20 lolco—a pesar de todas sus voces y testimonios— sigue siendo incomprensible. ¿Por qué? Tlatelolco es incoherente, contradictorio. Pero la muerte no lo es. Ninguna crónica nos da una visión de conjunto. Todos—testigos y participantes—tu-
25 vieron que resguardarse de los balazos, muchos cayeron heridos. Nos lo dice el periodista José Luis Mejías («Mitin trágico», *Diario de la Tarde*, México, 5 de octubre de 1968): «Los individuos enguantados sacaron sus pistolas y empezaron
30 a disparar a boca de jarro e indiscriminadamente sobre mujeres, niños, estudiantes y granaderos . . . Simultáneamente, un helicóptero dio al ejército la orden de avanzar por medio de una luz de bengala . . . A los primeros disparos cayó el ge-
35 neral Hernández Toledo, comandante de los paracaidistas, y de ahí en adelante, con la embravecida tropa disparando sus armas largas y cazando a los francotiradores en el interior de los edificios, ya a nadie le fue posible obtener una
40 visión de conjunto de los sangrientos sucesos . . .» Pero la tragedia de Tlatelolco dañó a México mucho más profundamente de lo que lo lamenta

---

cólera *anger*
perder la fachada *to lose face*
despecho *annoyance*
se empeña en *insists on*
nos interroguemos *we will ask ourselves, we will wonder*

visión de conjunto *complete picture*
testigos *witnesses*
resguardarse de *protect themselves from*

enguantados *wearing gloves*
a . . . jarro *point-blank*

de . . . adelante *from then on*
embravecida *enraged*
cazando *hunting*

sucesos *events*
dañó *harmed*

El Heraldo, al señalar los graves perjuicios al país en su crónica («Sangriento encuentro en Tlatelolco», 3 de octubre de 1968): «Pocos minutos después de que se iniciaron los combates en la
5 zona de Nonoalco, los corresponsales extranjeros y los periodistas que vinieron aquí para cubrir los Juegos Olímpicos comenzaron a enviar notas a todo el mundo para informar sobre los sucesos. Sus informaciones—algunas de ellas abultadas—
10 contuvieron comentarios que ponen en grave riesgo el prestigio de México.»

al señalar *on pointing out*
perjuicios *injuries*

abultadas *lengthy*

    Todavía fresca la herida, todavía bajo la impresión del mazazo en la cabeza, los mexicanos se interrogan atónitos. La sangre pisoteada de
15 cientos de estudiantes, hombres, mujeres, niños, soldados y ancianos se ha secado en la tierra de Tlatelolco. Por ahora la sangre ha vuelto al lugar de su quietud. Más tarde brotarán las flores entre las ruinas y entre los sepulcros.

mazazo *blow (with club)*
atónitos *amazed,*
  dumbfounded
pisoteada *trampled*
  underfoot
se ha secado *has dried*

quietud *rest*
brotarán *will bud, emerge*
sepulcros *graves*

20   *La noche de Tlatelolco,* 1971

NOTA CULTURAL

1. *La Devoradora de Excrementos:* **La diosa azteca Tlazolteotl, diosa de la tierra y también de la procreación, del pecado carnal y de la confesión. La diosa recibía las confesiones, ya que Tlazolteotl «comía» pecados. Por combinar dicha divinidad, los conceptos de la procreación y del excremento—de lo vital y de lo asqueroso—Tlazolteotl inspira las últimas líneas de este reportaje, donde Elena Poniatowska sugiere que algún día brotarán flores de la sangre que se ha secado en la tierra de Tlatelolco.**

EJERCICIOS

I. Preguntas

    1. Según lo que dice Rosario Castellanos en su poema, ¿cuál es la relación entre la oscuridad y la violencia?   2. ¿Había al día

siguiente muchos indicios de lo que había pasado? 3. Según la poetisa, ¿hasta cuándo debemos recordar lo que pasó? 4. ¿Quiénes habían asistido al mitin estudiantil? 5. Según el *Excélsior,* ¿quiénes dispararon primero? 6. ¿Quiénes estaban en las azoteas de los edificios, según otros diarios? 7. ¿Cómo se identificaban los agentes policíacos? 8. ¿Cuánto tiempo duró el fuego? 9. ¿Qué hizo la multitud de gente asustada? 10. ¿Qué clase de armas y de vehículos empleaba el ejército? 11. Según el general Luis Cueto Ramírez, ¿se podía afirmar que políticos mexicanos habían promovido la violencia? 12. ¿Cuántas personas murieron, según *The Guardian?* 13. ¿Se sabe exactamente las razones de la masacre? 14. ¿Por qué se creía que la tragedia podría dañar a México? 15. ¿Qué ha de brotar, según Elena Poniatowska, de la sangre que se ha secado en la tierra de Tlatelolco?

II. Ejercicios analíticos

1. ¿Puede Vd. pensar en algún episodio de nuestra historia comparable con la tragedia de Tlatelolco? ¿Cuál? ¿Qué pasó? 2. En Hispanoamérica existe una unidad, a veces superficial, entre los sindicatos y los movimientos estudiantiles. ¿Existe tal tradición en los Estados Unidos? 3. ¿Cuál parece ser la actitud hacia el ejército y la policía en la narración de Poniatowska? ¿Siempre apoya Ud. las acciones de estas fuerzas? 4. ¿Cuál es la relación entre el sufrimiento humano producido por una tragedia como Tlatelolco y el reportaje que de ella leemos en los diarios? 5. Los aztecas siempre percibían una relación íntima entre la vida y la muerte, las cuales, para ellos, formaban un ciclo repetitivo. ¿Se ve reflejada esta actitud en el reportaje de Poniatowska? ¿Dónde?

III. Ejercicios de vocabulario

A. Elegir la palabra que no corresponde al grupo.

1. obrero, corresponsal, soldado, aguacero, dentista
2. butaca, correo, edificio, café, cine
3. sangre, piso, herida, violencia, dolor
4. luz, arena, amanecer, oscuridad, atardecer
5. granadero, huésped, ejército, policía, soldado

B. Completar con la palabra apropiada.

noticias	dolor	obreros	suelo
muerte	policía	morir	pisos
papel	estado	cine	televisión
relámpagos	oscuridad		

1. Parece que nunca se puede encontrar a un _____ cuando uno lo necesita.
2. A veces una herida muy pequeña puede producir un _____ muy grande.
3. De noche, muchos niños tienen miedo a la _____ .
4. María quiere que vayamos al _____ a las ocho para ver una película italiana.
5. ¿Quién hace el _____ de don Juan en el drama?
6. Ese edificio va a ser enorme: tendrá más de cien _____ .
7. En aquella fábrica trabajan centenares de _____ .
8. Muy pocos saben cuándo les va a llegar la _____ .
9. Anoche leí unas _____ muy interesantes en el diario.
10. No hicimos la excursión porque había muchas nubes oscuras y truenos y _____ .

C. Definir las palabras siguientes.

1. autonomía 3. oscuridad 5. obrero 7. herida
2. muerte 4. policía 6. universidad 8. papel

D. Escribir un párrafo, utilizando las palabras siguientes.

policía	muerte	oscuridad
estudiante	derechos civiles	corresponsal
herida	autonomía	diario
grito		

La Ciudad Universitaria

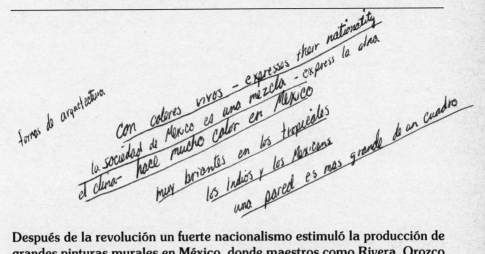

Después de la revolución un fuerte nacionalismo estimuló la producción de grandes pinturas murales en México, donde maestros como Rivera, Orozco y Siqueiros crearon un verdadero arte nacional y lograron comunicar al pueblo el mensaje revolucionario a través de sus pinturas en paredes interiores de numerosos edificios públicos. La segunda etapa de ese gran movimiento había de ser la pintura del exterior de edificios y la integración de ésta a la superficie de grandes masas estructurales. La oportunidad de explorar las posibilidades de esta integración de artes plásticas se presentó cuando en 1946 el gobierno donó un extenso terreno al sur de la capital para la construcción de la Ciudad Universitaria. Con la participación de más de 150 arquitectos, ingenieros y técnicos, la construcción de la parte básica de la Ciudad Universitaria se terminó en unos tres años. Entre los artistas que hicieron importantes contribuciones al proyecto se encontraban no sólo los ya establecidos—Rivera y Siqueiros—sino también otros como Juan O'Gorman y Francisco Eppens, que habían de ganar fama por sus trabajos artísticos en el proyecto universitario.

En su totalidad, la arquitectura de la Ciudad Universitaria es una mezcla curiosa de lo moderno y de lo antiguo, de lo experimental y de lo tradicional. Siguiendo la fuerte tradición barroca del arte hispánico, los creadores de la Ciudad Universitaria insistieron en la integración de las artes y se obsesionaron por la decoración. Otra tradición allí presente es la del arte precolombino, tanto en la impresión de solidez y en el uso de la forma piramidal truncada, como en los motivos ornamentales y en los temas predominantes.

La Ciudad Universitaria representa la culminación de la producción de pinturas murales en México y establece la pintura mural en paredes exteriores como técnica que había de continuarse en México. Como fin de un ciclo de arte y como expresión del concepto del arte al servicio de la nación, el complejo de edificios que componen la Ciudad Universitaria ha de considerarse como monumento en la historia del arte hispanoamericano.

Siqueiros

no hay diferencias
en las caras

Peter Adelberg

EL PUEBLO A LA UNIVERSIDAD—LA UNIVERSIDAD AL PUEBLO

Este mosaico, de David Alfaro Siqueiros, es un ejemplo interesante de la experimentación que tipifica el arte de la Ciudad Universitaria. ¿Cómo describiría Ud. esta pintura mural?

la culebra

Eppens

Peter Adelberg

Motezuma   Moctezuma

Huitzilipochtli

ALEGORÍA DE MÉXICO

En una enorme pared de la Facultad de Medicina, Cuidad Universitaria, Francisco Eppens pintó una *Alegoría de México*, que incluye una cabeza de tres caras—representativas del español, del mestizo y del indio—y varios símbolos de los dioses precolombinos. Las líneas verticales y horizontales de la pintura armonizan perfectamente con las del edificio.

¿Sabe Ud. identificar el símbolo de Quetzalcóatl? ¿de Tláloc?

gren bird

Cortez vino a México

Cortez vino a Tenochtitlan

Juan O'Gorman

LA BIBLIOTECA CENTRAL

Tal vez el edificio más famoso de la Universidad es la Biblioteca Central, una enorme estructura cúbica sin ventanas—sólo con pequeñas aberturas para la ventilación—y con enormes superficies planas. Éstas las decoró O'Gorman con centenares de figuras pequeñas referentes a varias épocas de la historia de México, desde los tiempos precolombinos hasta nuestros días. Consciente del efecto del sol mexicano, que había de convertir un mosaico compuesto de vidrios en un gigante reflector, O'Gorman optó por componer su obra con piedras de cincuenta colores, recogidas en todas partes del país. Así, este edificio sintetiza y combina las varias tendencias del muralismo mexicano: la forma misma del edificio es moderna; el uso de materiales, experimental; la decoración, barroca; y la temática, tradicional.

¿Cuántos símbolos y objetos puede Ud. identificar en el mosaico de O'Gorman?

PARA COMENTAR

1. Describa Ud. en sus propias palabras el edificio de la Biblioteca Central o la pintura mural de la Facultad de Medicina de la Ciudad Universitaria.

2. ¿Cómo se ha empleado el arte en la decoración de la escuela o universidad donde Ud. estudia? ¿Es una parte integral de la arquitectura? ¿Le gusta ese uso del arte?

3. ¿Cree Ud. que los estudiantes deben participar en la gobernación de las instituciones educativas? ¿Deben participar, por ejemplo, en el planeamiento de los nuevos edificios? ¿Por qué?

4. ¿Qué importancia tiene la decoración en los edificios públicos? ¿Se puede justificar el gasto de fondos públicos para tales cosas? ¿Por qué?

10

La ciudad
en el mundo
hispánico

Desde la época de los romanos, la historia de muchos países occidentales se ha vinculado estrechamente a la historia de sus grandes centros urbanos. En muchos países hispánicos se encuentra una gran concentración de poder y energía en la capital. Por ejemplo, casi un cuarto de la población total de la Argentina vive en Buenos Aires, y la capital controla el país. Similar es la situación de la ciudad de México y otras capitales hispanoamericanas.

Las grandes ciudades hispánicas tienen mucho en común con las otras metrópolis del mundo. Por ejemplo, en ellas se encuentra el capital necesario para pagar a los artistas y los escritores. Por eso, sea Nueva York, Chicago, Santiago de Chile o Madrid, la ciudad grande casi siempre se destaca por su contribución a las artes. En la literatura de nuestro siglo se ve reflejado otro aspecto de la metrópoli: la deshumanización producida por las grandes aglomeraciones y el aislamiento que siente el individuo dentro de la masa.

El cuento que se presenta a continuación, del chileno José Donoso, refleja el aislamiento existencial como rasgo general de la metrópoli. También se puede encontrar en la narración algunas actitudes que caracterizan al habitante de la ciudad (en este caso, Santiago de Chile), al cual le gusta pasearse por su ciudad para ver y ser visto por los demás, con un espíritu de comunidad que es muy típico del hispanoamericano.

El arte que se ha desarrollado en los centros urbanos en las últimas décadas refleja tanto la complejidad del hombre de la metrópoli como el interés del artista por la obra de sus colegas en otros países. Ejemplos de este arte son las pinturas de Joaquín Torres García, Roberto Antonio Sebastián Matta Echaurren y Alejandro Obregón: tres artistas hispanoamericanos modernos, que han contribuido mucho a la creación de una expresión urbana e internacional.

VOCABULARIO ÚTIL

Estudiar estas palabras antes de leer «Una señora».

abrigo   overcoat
aburrirse   to get bored
acera   sidewalk
agradar   to please

almuerzo   lunch (main meal in the Hispanic world)
asiento   seat, chair
asistir a   to attend

bajarse de   to get off, get out of

barrio   neighborhood

butaca   seat (armchair)

cambio   change, exchange; **en cambio**   on the other hand

compra   purchase; **hacer compras** to go shopping

equivocarse   to make a mistake

esquina   corner

habitante *m*   inhabitant

impermeable *m*   raincoat

mercado   market

mueble *m*   (piece of) furniture

negarse a   to refuse to

paraguas *m*   umbrella

pasear(se)   to ride; to take a stroll

pileta   swimming pool

tranvía *m*   street car

vidriera   shop window

Una señora

JOSÉ DONOSO nació en Santiago de Chile en 1924, de una familia de la alta burguesía. En su juventud viajó a la Argentina, donde trabajó de pastor en la pampa. Estudió en la Universidad de Chile y en Princeton University, donde terminó sus estudios universitarios en 1951. Ha sido periodista y catedrático en universidades de Chile y de los Estados Unidos, pero más que nada es escritor profesional. Hoy día vive en España. Además de varias colecciones de cuentos, Donoso ha publicado cuatro novelas: *Coronación* (1957), *Este domingo* (1966), *El lugar sin límites* (1966), y *El obsceno pájaro de la noche* (1970).

La obra de Donoso puede estudiarse en muchos niveles, pero predominan dos: el social y el psicológico. El aspecto social se encuentra especialmente en sus cuentos, donde el autor describe la vida cotidiana de la ciudad, la decadencia de las altas clases sociales y el aislamiento que impone la ciudad al individuo. En sus novelas Donoso profundiza el aspecto psicológico y presenta el mundo interior de sus personajes. Esa realidad subjetiva domina y transforma la realidad exterior.

Los dos aspectos mencionados de las ficciones de Donoso—la descripción de la realidad exterior de la ciudad grande y la presentación del mundo interior de sus personajes—pueden observarse en el cuento «Una señora». Su estilo y estructura son aparentemente directos y clásicos, pero debajo de la capa realista el autor presenta el retrato de un individuo de la metrópoli, cuyo aislamiento y deseo de comunicarse se manifiestan en sus acciones y en lo que escoge observar de la realidad que lo rodea.

* * *

No recuerdo con certeza cuándo fue la primera vez que me di cuenta de su existencia. Pero si no me equivoco, fue cierta tarde de invierno en un tranvía que atravesaba un barrio popular.

5   Cuando me aburro de mi pieza y de mis conversaciones habituales, suelo tomar algún tranvía, cuyo recorrido desconozco y pasear así por la ciudad. Esa tarde llevaba un libro por si se me antojara leer, pero no lo abría. Estaba lloviendo

10 esporádicamente y el tranvía avanzaba casi vacío.

certeza   *certainty*

atravesaba   *was crossing*

recorrido   *route*
desconozco   *I'm not familiar with*
se me antojara   *I should take a fancy, I should feel like*

Me senté junto a una ventana, limpiando un boquete en el vaho del vidrio para mirar las calles.

boquete *spot, space*
vaho *steam, vapor*

No recuerdo el momento exacto en que ella
se sentó a mi lado. Pero cuando el tranvía hizo

hizo alto *stopped*

5 alto en una esquina, me invadió aquella sensación tan corriente y, sin embargo, misteriosa, que

corriente *ordinary*

cuanto veía, el momento justo y sin importancia

el momento justo *that very moment*

como era, lo había vivido antes, o tal vez soñado.
La escena me pareció la reproducción exacta de
10 otra que me fuese conocida: delante de mí, un
cuello rollizo vertía sus pliegues sobre una camisa

rollizo *plump*
vertía sus pliegues *spilled its folds*

deshilachada; tres o cuatro personas dispersas

deshilachada *raveled, worn*

ocupaban los asientos del tranvía; en la esquina
había una botica de barrio con su letrero lumi-

letrero *sign*

15 noso, y un carabinero bostezó junto al buzón rojo,

carabinero *guard*
bostezó *yawned*

en la oscuridad que cayó en pocos minutos.
Además, vi una rodilla cubierta por un impermeable verde junto a mi rodilla.

Conocía la sensación, y más que turbarme me

turbarme *bothering me, upsetting me*

20 agradaba. Así, no me molesté en indagar dentro

indagar *to inquire*

de mi mente dónde y cómo sucediera todo esto

sucediera *had happened*

antes. Despaché la sensación con una irónica sonrisa interior, limitándome a volver la mirada para
ver lo que seguía de esa rodilla cubierta con un

lo . . . de *what followed, was attached to*

25 impermeable verde.

Era una señora. Una señora que llevaba un
paraguas mojado en la mano y un sombrero funcional en la cabeza. Una de esas señoras cin-
cuentonas, de las que hay por miles en esta ciu-
30 dad: ni hermosa ni fea, ni pobre ni rica. Sus
facciones regulares mostraban los restos de una

facciones *features*
restos *remains, remnants*

belleza banal. Sus cejas se juntaban más de lo
corriente sobre el arco de la nariz, lo que era el

más . . . corriente *more than usual*

rasgo más distintivo de su rostro.

35 Hago esta descripción a la luz de hechos posteriores, porque fue poco lo que de la señora
observé entonces. Sonó el timbre, el tranvía par-

timbre *bell*

tió haciendo desvanecerse la escena conocida, y

desvanecerse *disappear*

volví a mirar la calle por el boquete que limpiara

limpiara *I had cleaned*

40 en el vidrio. Los faroles se encendieron. Un chi-

faroles *street lights*

quillo salió de un despacho con dos zanahorias

despacho *store*
zanahorias *carrots*

y un pan en la mano. La hilera de casas bajas se

hilera *row*

prolongaba a lo largo de la acera: ventana,

puerta, ventana, puerta, dos ventanas, mientras
los zapateros, gasfíteres y verduleros cerraban sus
comercios exiguos.

gasfíteres *plumbers*
verduleros *greengrocers*
exiguos *small*

Iba tan distraído que no noté el momento en
5 que mi compañera de asiento se bajó del tranvía.
¿Cómo había de notarlo si después del instante
en que la miré ya no volví a pensar en ella?

distraído *distracted*

No volví a pensar en ella hasta la noche
siguiente.

10 Mi casa está situada en un barrio muy distinto
a aquél por donde me llevara el tranvía la tarde
anterior. Hay árboles en las aceras y las casas se
ocultan a medias detrás de rejas y matorrales. Era
bastante tarde, y yo estaba cansado, ya que pa-
15 sara gran parte de la noche charlando con amigos
ante cervezas y tazas de café. Caminaba a mi casa
con el cuello del abrigo muy subido. Antes de
atravesar una calle divisé una figura que se me
antojó familiar, alejándose bajo la oscuridad de
20 las ramas. Me detuve, observándola un instante.
Sí, era la mujer que iba junto a mí en el tranvía
la tarde anterior. Cuando pasó bajo un farol reconocí inmediatamente su impermeable verde.
Hay miles de impermeables verdes en esta ciu-
25 dad, sin embargo no dudé de que se trataba del
suyo, recordándola a pesar de haberla visto sólo
unos segundos en que nada de ella me impresionó. Crucé a la otra acera. Esa noche me dormí
sin pensar en la figura que se alejaba bajo los
30 árboles por la calle solitaria.

distinto a *different from*

se . . . medias *are half
hidden*
rejas *railings*
matorrales *thickets,
shrubbery*
pasara *I had spent*

cuello *collar*

ramas *branches*

Una mañana de sol, dos días después, vi a la
señora en una calle céntrica. El movimiento de
las doce estaba en su apogeo. Las mujeres se
detenían en las vidrieras para discutir la posible
35 adquisición de un vestido o de una tela. Los
hombres salían de sus oficinas con documentos
bajo el brazo. La reconocí de nuevo al verla pasar
mezclada con todo esto, aunque no iba vestida
como en las veces anteriores. Me cruzó una ligera
40 extrañeza de por qué su identidad no se había
borrado de mi mente, confundiéndola con el
resto de los habitantes de la ciudad.

céntrica *downtown (adj.)*
movimiento *rush hour*
en su apogeo *at its height*

tela *piece of material*

mezclada con *mixed
in with*

extrañeza *sense of
surprise*
no . . . de *had not been
erased from*

En adelante comencé a ver a la señora bastante

seguido. La encontraba en todas partes y a toda hora. Pero a veces pasaba una semana o más sin que la viera. Me asaltó la idea melodramática de que quizás se ocupara en seguirme. Pero la de-
5 seché al constatar que ella, al contrario que yo, no me identificaba en medio de la multitud. A mí, en cambio, me gustaba percibir su identidad entre tanto rostro desconocido. Me sentaba en un parque y ella lo cruzaba llevando un bolsón
10 con verduras. Me detenía a comprar cigarrillos y estaba ella pagando los suyos. Iba al cine, y allí estaba la señora, dos butacas más allá. No me miraba, pero yo me entretenía observándola. Tenía la boca más bien gruesa. Usaba un anillo
15 grande, bastante vulgar.

Poco a poco la comencé a buscar. El día no me parecía completo sin verla. Leyendo un libro, por ejemplo, me sorprendía haciendo conjeturas acerca de la señora en vez de concentrarme en
20 lo escrito. La colocaba en situaciones imaginarias, en medio de objetos que yo desconocía. Principié a reunir datos acerca de su persona, todos ca- rentes de importancia y significación. Le gustaba el color verde. Fumaba sólo cierta clase de ci-
25 garrillos. Ella hacía las compras para las comidas de su casa.

A veces sentía tal necesidad de verla, que abandonaba cuanto me tenía atareado para salir en su busca. Y en algunas ocasiones la encon-
30 traba. Otras no, y volvía malhumorado a ence- rrarme en mi cuarto, no pudiendo pensar en otra cosa durante el resto de la noche.

Una tarde salí a caminar. Antes de volver a casa, cuando oscureció, me senté en el banco de
35 una plaza. Sólo en esta ciudad existen plazas así. Pequeña y nueva, parecía un accidente en ese barrio utilitario, ni próspero ni miserable. Los árboles eran raquíticos, como si se hubieran ne- gado a crecer, ofendidos al ser plantados en te-
40 rreno tan pobre, en un sector tan opaco y ano- dino. En una esquina, una fuente de soda aclaraba las figuras de tres muchachos que char- laban en medio del charco de luz. Dentro de una

---

seguido *frequently*

la deseché *I rejected it*
constatar *ascertain*

bolsón *large shopping bag*
verduras *vegetables*

gruesa *large, coarse*

colocaba *placed*
principié *I began*
carentes *lacking*

cuanto . . .
  atareado *whatever I
  was busy with*
en su busca *in search of
  her*

oscureció *it got dark*

raquíticos *feeble*

opaco *colorless, opaque*
anodino *anodyne, insipid,
  inoffensive*
aclaraba *lit up, shed light
  on*
charco *puddle*

pileta seca, que al parecer nunca se terminó de construir, había ladrillos trizados, cáscaras de fruta, papeles. Las parejas apenas conversaban en los bancos, como si la fealdad de la plaza no 5 propiciara mayor intimidad.

Por uno de los senderos vi avanzar a la señora, del brazo de otra mujer. Hablaban con animación, caminado lentamente. Al pasar frente a mí, oí que la señora decía con tono acongojado:
10 —¡Imposible!

La otra mujer pasó el brazo en torno a los hombros de la señora para consolarla. Circundando la pileta inconclusa se alejaron por otro sendero.

15 Inquieto, me puse de pie y eché a andar con la esperanza de encontrarlas, para preguntar a la señora qué había sucedido. Pero desaparecieron por las calles en que unas cuantas personas transitaban en pos de los últimos menesteres del día.

20 No tuve paz la semana que siguió de este encuentro. Paseaba por la ciudad con la esperanza de que la señora se cruzara en mi camino, pero no la vi. Parecía haberse extinguido, y abandoné todos mis quehaceres, porque ya no poseía la 25 menor facultad de concentración. Necesitaba verla pasar, nada más, para saber si el dolor de aquella tarde en la plaza continuaba. Frecuenté los sitios en que soliera divisarla, pensando detener a algunas personas que se me antojaban 30 sus parientes o amigos para preguntarles por la señora. Pero no hubiera sabido por quién preguntar y los dejaba seguir. No la vi en toda esa semana.

Las semanas siguientes fueron peores. Llegué 35 a pretextar una enfermedad para quedarme en cama y así olvidar esa presencia que llenaba mis ideas. Quizás al cabo de varios días sin salir la encontrara de pronto el primer día y cuando menos lo esperara. Pero no logré resistirme, y salí 40 después de dos días en que la señora habitó mi cuarto en todo momento. Al levantarme, me sentí débil, físicamente mal. Aun así tomé tranvías, fui al cine, recorrí el mercado y asistí a una función

ladrillos trizados *broken bricks*
cáscaras *peels*

propiciara *promote*

acongojado *sorrowful*

en torno a *around*
circundando *circling*
inconclusa *unfinished*

transitaban *walked*
en pos de *in pursuit of*
menesteres *duties*

quehaceres *tasks*

soliera divisarla *I had grown accustomed to seeing her*
detener *stop*

al cabo de *at the end of, after*

de un circo de extramuros. La señora no apareció por parte alguna.

Pero después de algún tiempo la volví a ver. Me había inclinado para atar un cordón de mis
5 zapatos y la vi pasar por la soleada acera de enfrente, llevando una gran sonrisa en la boca y un ramo de aromo en la mano, los primeros de la estación que comenzaba. Quise seguirla, pero se perdió en la confusión de las calles.
10 Su imagen se desvaneció de mi mente después de perderle el rastro en aquella ocasión. Volví a mis amigos, conocí gente y paseé solo o acompañado por las calles. No es que la olvidara. Su presencia, más bien, parecía haberse fundido con
15 el resto de las personas que habitan la ciudad.

Una mañana, tiempo después, desperté con la certeza de que la señora se estaba muriendo. Era domingo, y después del almuerzo salí a caminar bajo los árboles de mi barrio. En un balcón una
20 anciana tomaba el sol con sus rodillas cubiertas por un chal peludo. Una muchacha, en un prado, pintaba de rojo los muebles de jardín, alistándolos para el verano. Había poca gente, y los objetos y los ruidos se dibujaban con precisión en el aire
25 nítido. Pero en alguna parte de la misma ciudad por la que yo caminaba, la señora iba a morir.

Regresé a casa y me instalé en mi cuarto a esperar.

Desde mi ventana vi cimbrarse en la brisa los
30 alambres del alumbrado. La tarde fue madurando lentamente más allá de los techos, y más allá del cerro, la luz fue gastándose más y más. Los alambres seguían vibrando, respirando. En el jardín alguien regaba el pasto con una manguera.
35 Los pájaros se aprontaban para la noche, colmando de ruido y movimiento las copas de todos los árboles que veía desde mi ventana. Rió un niño en el jardín vecino. Un perro ladró.

Instantáneamente después, cesaron todos los
40 ruidos al mismo tiempo y se abrió un pozo de silencio en la tarde apacible. Los alambres no vibraban ya. En un barrio desconocido, la señora

---

de extramuros *from outside*

atar *tie*
cordón *string*
soleada *sunny*

aromo *myrrh*

la olvidara *I had forgotten her*
fundido *fused*

peludo *shaggy*
prado *lawn*
alistándolos *getting them ready*

nítido *clear*

cimbrarse *sway, vibrate*
alambres del alumbrado *power lines*
fue madurando *was growing late*
gastándose *growing dim*

regaba *watered*
manguera *hose*
se aprontaban *were preparing themselves*
colmando *filling up*
copas *tops*

pozo *well*
apacible *peaceful*

había muerto. Cierta casa entornaría su puerta
esa noche, y arderían cirios en una habitación
llena de voces quedas y de consuelos. La tarde
se deslizó hacia un final imperceptible, apagándose
5 todos mis pensamientos acerca de la señora. Después me debo de haber dormido, porque no recuerdo más de esa tarde.

entornaría *would set ajar*
cirios *candles*
quedas *soft*
consuelos *consolations*
se deslizó *slipped*
apagándose *extinguishing themselves*

Al día siguiente vi en el diario que los deudos
de doña Ester de Arancibia anunciaban su muerte,
10 dando la hora de los funerales. ¿Podría ser? . . .
Sí. Sin duda era ella.

deudos *relatives*

Asistí al cementerio, siguiendo el cortejo lentamente por las avenidas largas, entre personas
silenciosas que conocían los rasgos y la voz de
15 la mujer por quien sentían dolor. Después caminé
un rato bajo los árboles oscuros, porque esa tarde
asoleada me trajo una tranquilidad especial.

cortejo *procession*

rasgos *qualities*

Ahora pienso en la señora sólo muy de tarde
en tarde.

muy . . . tarde *very rarely*

20 A veces me asalta la idea, en una esquina por
ejemplo, que la escena presente no es más que
reproducción de otra, vivida anteriormente. En
esas ocasiones se me ocurre que voy a ver pasar
a la señora, cejijunta y de impermeable verde.
25 Pero me da un poco de risa, porque yo mismo
vi depositar su ataúd en el nicho, en una pared
con centenares de nichos todos iguales.

cejijunta *with her eyebrows meeting*

ataúd *coffin*

Los mejores cuentos de José Donoso, 1965

NOTA CULTURAL

El aislamiento y el concepto de la vida anónima del habitante de la gran
ciudad son temas que aparecen con frecuencia en la literatura occidental
de las últimas décadas y están muy presentes en este cuento de Donoso.
Pero hay otras características de los centros urbanos hispánicos que los
distinguen de la mayoría de los de los Estados Unidos. En las ciudades
principales de España y de Hispanoamérica se utilizan más que en este país
los medios de transporte público, no sólo para ir a la oficina o a la fábrica,

sino también para pasearse o divertirse, como lo hace el narrador de este cuento. Además, el individuo se identifica más con su ciudad y tiene un profundo sentido de comunidad. Para él, la ciudad es una extensión de su casa y por eso utiliza extensivamente todos sus recursos. El resultado es la gran cantidad de personas que uno puede ver a todas horas del día, paseándose por las aceras, visitando los muchos restaurantes, museos, cines y teatros, o divirtiéndose en los hermosos parques. Así, paradójicamente, van unidos, en estas ciudades, el sentido de comunidad y el aislamiento existencial que caracterizan al habitante moderno de la metrópoli.

EJERCICIOS

I. Preguntas

1. ¿Qué suele hacer el narrador al sentirse aburrido? 2. ¿Qué tiempo hacía el día que él vio a la señora por primera vez? 3. ¿Qué impresión le produjo la escena del tranvía? 4. ¿Qué es lo primero que le llamó la atención, en cuanto a la señora? 5. ¿Cómo era la señora? 6. ¿Observó el narrador todos los detalles de la apariencia de la señora la primera vez que la vio? 7. ¿Qué vio el narrador por el boquete que había limpiado en la ventana? 8. ¿Qué observó a la noche siguiente? ¿Cómo sabía que era la señora? 9. Describa Ud. la escena de la calle céntrica, dos días después. 10. ¿Vio a la señora pocas o varias veces después de verla en la calle céntrica? Describa Ud. algunas de las ocasiones en que la vio. 11. En estas ocasiones, ¿le impresionó ella físicamente como una persona elegante o más bien ordinaria? 12. Describa Ud. cómo empieza a influir la señora en los procesos mentales del narrador. 13. ¿Cómo sabemos que el hombre llega a sentirse obsesionado por ella? 14. Describa Ud. la plaza en que se encontró con la señora. 15. ¿Por qué se sentía inquieto por la conducta de la señora en la plaza? 16. ¿Qué pasó después del encuentro en la plaza? 17. ¿Cuándo desapareció su imagen de la mente del narrador? ¿La olvidó? 18. ¿Cómo supo que la señora se estaba muriendo? ¿Qué hizo? 19. ¿Qué vio en el diario al día siguiente? ¿Qué llegó a saber de ella por el diario? 20. ¿Cuál es ahora su reacción frente a los recuerdos de la señora?

II. Ejercicios analíticos

1. En varios cuentos y novelas modernos los autores utilizan la lluvia en sentido metafórico. Puede sugerir la idea de que es difícil ver dentro de otra persona, de que siempre nos hallamos separados de los demás. En este sentido, la lluvia puede representar o evocar la impresión del aislamiento existencial. ¿Qué impresión produce la lluvia en este cuento de Donoso?   2. En la siguiente descripción: *La hilera de casas bajas se prolongaba a lo largo de la acera: ventana, puerta, ventana, puerta, dos ventanas . . .*, ¿cuál parece ser el propósito del autor?   3. ¿Qué llegamos a saber del narrador del cuento? ¿De la señora? ¿Por qué no nos presenta Donoso más hechos concretos sobre ellos?   4. ¿Qué importancia tiene la imaginación en el cuento?   5. En cierto sentido la repetición niega la individualidad. Frecuentemente en la ciudad nos fijamos en tipos—el policía, la vieja, el niño, etc.—y no en el individuo, que pierde su cualidad de ser único, de individuo. ¿Nos revela Donoso algo de esto en su cuento? ¿Dónde?   6. Los hispanoamericanos suelen usar el transporte público para divertirse, además de emplearlo para llegar a su trabajo. Comente Ud. lo que parece significar el tranvía para el narrador y cómo percibe éste su ciudad.

III. Ejercicios de vocabulario

A.   Elegir la palabra que no corresponde al grupo.

1. ramas, árboles, tela, matorrales, jardín
2. saltar, correr, alejarse, pasearse, negarse
3. silla, butaca, mueble, alfombra, huelga
4. compra, empleado, mercado, trueno, cliente
5. abrigo, vestido, sábana, impermeable, corbata

B.   Completar con la palabra apropiada.

almuerzo	paraguas	butaca	mercado
abrigo	parientes	pileta	tranvía
esquinas	desayuno	muebles	me aburra

1. Cuando hace frío en el invierno llevo el _____ .
2. Todos los días vamos al _____ para comprar comestibles.
3. Donde se cruzan dos caminos hay cuatro _____ .
4. Las sillas, las lámparas y los sofás son _____ .
5. Se puede nadar en un río, en un lago, en un océano o en una _____ .

6. La comida que se come al mediodía es el _____ .
7. Mis tíos, mis primos y mis abuelos son _____ míos.
8. Para protegerse de la lluvia, la señora tiene un _____ en la mano.
9. Si la película es mala y ya la he visto antes, es muy probable que _____ .
10. Para viajar dentro de una ciudad hispanoamericana se puede tomar un _____ en vez de un automóvil.

C. Definir las palabras siguientes.

1. impermeable   4. negarse   7. barrio
2. equivocarse   5. desayuno   8. pileta
3. pariente   6. butaca

D. Escribir un párrafo, utilizando las palabras siguientes.

lluvia   tranvía   asiento   mercado
impermeable   barrio   pasearse   vidriera
esquina   acera

El arte internacional de la metrópoli

Se desarrolla en el siglo XX un arte metropolitano, abierto a las nuevas promociones europeas, enterado tanto de los temas autóctonos como de los internacionales, y consciente de las actitudes y preocupaciones del habitante de los grandes centros urbanos occidentales. Es un arte que cruza las fronteras, y los artistas viajan mucho, llegando a conocerse y a intercambiar ideas y conceptos, siempre en busca de una expresión propia. Aquí presentamos tres figuras que se destacan en ese arte cosmopolita: Joaquín Torres García (1874–1949); Roberto Antonio Sebastián Matta Echaurren (1912—); y Alejandro Obregón (1920—).

Aunque nació y murió en Montevideo, Uruguay, Torres García pasó muchos años en el extranjero. En su juventud se mudó con su familia a un pueblo pequeño cerca de Barcelona, y, en los años siguientes, pintó muchos cuadros y murales al estilo neoclásico catalán. En 1920 viajó a Nueva York, donde pensaba fabricar juguetes—trenes, barcos, edificios—de madera. Al fallar esa empresa, volvió a viajar, primero a Italia y luego a París, donde, influenciado por Picasso y Mondrian, desarrolló el estilo que le daría fama mundial. El artista se refería a su estilo como a uno de «constructivismo universal». Para él, decir estructura era también decir abstracción: geometría, ritmo, proporción, líneas, planos, la idea del objeto. Las formas geométricas—el círculo, el triángulo, el cuadrado—sugieren orden, la unidad perfecta, el mundo de la razón. La sencillez de sus obras refleja la consciencia del artista de la escultura primitiva, de los diseños de los tejidos peruanos o de las líneas de las antiguas murallas incaicas. También se puede notar en sus pinturas la relación que tienen con los juguetes de madera que había fabricado cuando estuvo en Nueva York y la que tienen con la tipografía y la arquitectura, artes que influyen mucho en este tipo de pintura. Aclamado como maestro al regresar a Montevideo en 1934, propuso Torres García la creación de un nuevo arte americano, primitivo, fuerte y concreto, pero basado en principios abstractos. Sin embargo, los signos o símbolos de tal arte habían de ser tangibles y específicos, reconocibles por todos. Aplicando estos criterios a la obra del artista uruguayo, podemos apreciar la fusión de estilo moderno y símbolos concretos pero universales que caracteriza su obra.

La vida interior del hombre—el reino de la subsconsciencia—recibe su máxima expresión pictórica en la obra de Roberto Sebastián Antonio Matta Echaurren, conocido pintor surrealista. Nacido en Santiago de Chile, Matta estudió arquitectura en la Universidad Nacional de Chile antes de viajar a París en 1934 para trabajar con el famoso arquitecto Le Corbusier. Pero como siempre le había interesado más la pintura, pronto abandonó la arquitectura y se dedicó al arte pictórico. En París y en Nueva York llegó a conocer a los surrealistas más famosos—Breton, Dalí, Duchamp, Tanguy— y desarrolló un estilo de tipo surrealista aunque muy personal. En general, sus pinturas de esa época son metafísicas y herméticas. Al observarlas, se nota la preocupación de Matta por el espacio—un espacio interno, personal, sin horizonte fijo—y por ciertos símbolos obscuros que parecen flotar en ese ambiente misterioso. En 1948 Matta abandonó Nueva York y volvió a Europa, donde vive desde entonces. La gran época del surrealismo había llegado a su fin y aunque su influencia todavía puede percibirse en las últimas obras del artista, su estilo es más objetivo y hay más preocupación por el «mensaje» de la pintura. Es un tipo de «sociología surrealista», menos abstracto, con formas más reconocibles. Aunque la vida y la obra de Matta son típicas del artista internacionalista, también personifican al nuevo hispanoamericano urbano, cuyos gustos e intereses cosmopolitas traspasan las fronteras de su patria.

La generación siguiente a la de Matta produce un arte en el que se alcanza la unión, ya buscada por Torres García, de temas y propósitos autóctonos y métodos internacionales. El que da ímpetu y forma al nuevo arte es el pintor colombiano Alejandro Obregón. Nacido en Barcelona, de padre colombiano y madre española, estudió Obregón en la Escuela de Bellas Artes de Boston y también en París. La mayor parte de su vida, sin embargo, la ha pasado en Colombia, donde su influencia ha sido enorme en la creación de un ambiente artístico abierto a todos los aspectos de la realidad contemporánea y a todos los métodos del modernismo internacional. Logra Obregón resucitar el interés por el escenario americano, percibido ahora de un modo nuevo y poético. Los valores expresados en su obra son más míticos que históricos, simbólicos en vez de «tropicales». A partir de 1957, el pintor se expresa en ciclos temáticos que resumen los problemas y los valores del hispanoamericano moderno: los cóndores; los estudiantes u otras víctimas que murieron en actos heroicos o defendiendo una causa social; los volcanes; la vegetación de los Andes y de las zonas tropicales de la costa; la violencia; la vida marina; Ícaro; paisajes para ángeles; sortilegios. También se percibe en su obra la influencia de la luz de Barranquilla (adonde se mudó con su familia cuando él tenía seis años), donde el sol, el mar, la montaña y los animales se hacen sentir con gran fuerza. «Recuerdo de Venecia» es una obra típica de su producción anterior a 1959, en la que siempre se encuentra una base cubista y un vocabulario de formas y símbolos escogidos con mucho cuidado: flechas, gallos, palomas, peces y águilas.

Torres García, Joaquín. *The Port*. 1942. Oil on cardboard, 31⅜ × 39⅞″. Collection, The Museum of Modern Art, New York. Inter-American Fund.

EL PUERTO

El puerto es una obra típica de Torres García, tanto por su abstracción como por la universalidad de sus símbolos. ¿Cuántas formas geométricas pueden identificarse en el cuadro? ¿Cuántos objetos puede Ud. nombrar? ¿Son antiguos algunos de los símbolos? ¿Cuáles? ¿Qué puede significar el sol con cara de hombre? ¿Cómo se refleja aquí el interés del pintor por los juguetes?

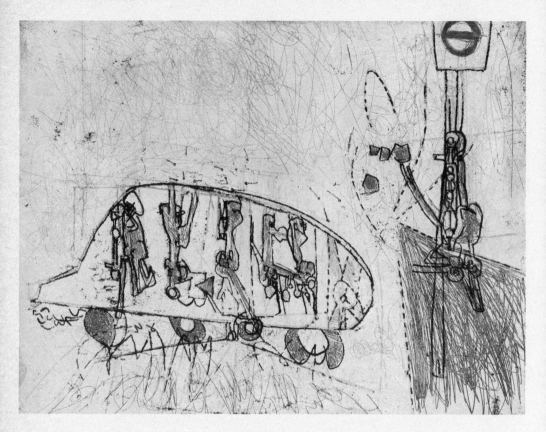

Matta (Sebastián Antonio Matta Echaurren). *The Bus,* from the portfolio *Scènes familières.* (1962). Etching, printed in color. Plate: $12^{15}/_{16} \times 17''$. Sheet: $19^{3}/_{4} \times 25^{5}/_{8}''$. Collection, The Museum of Modern Art, New York. Inter-American Fund.

EL AUTOBÚS

El autobús, tema de esta aguafuerte de Matta, tipifica la vida de la metrópoli. Las regulaciones del tráfico rigen el movimiento del hombre, que también se halla encerrado dentro del espacio limitado del vehículo. Aunque las formas son reconocibles, todavía se percibe cierta cualidad de sueño, ambiente preferido por los surrealistas.

Obregón, Alejandro. *Souvenir of Venice.* (1953) Oil on canvas, 51¼ × 38⅛″. Collection, The Museum of Modern Art, New York. Inter-American Fund.

RECUERDO DE VENECIA

En Venecia, como en Barranquilla, se siente la presencia del mar, hecho que puede explicar el interés del pintor por la antigua ciudad europea. ¿Qué formas geométricas aparecen en el cuadro? ¿Qué clase de pájaros se encuentran en el primer plano? ¿Pertenecen ellos a este hemisferio?

PARA COMENTAR

1. ¿Cuál representa mejor la vida del hombre en la metrópoli: el cuento de Donoso o el aguafuerte de Matta? ¿Por qué?
2. ¿Cómo influyen la memoria y la subconsciencia en las obras de arte que hemos estudiado en esta unidad?
3. Compare Ud. el vocabulario de formas y símbolos de «El puerto» de Torres García con los de «Recuerdo de Venecia» de Obregón.
4. Comente Ud. la descripción de la vida urbana que se ha presentado en esta unidad.

UNIDAD

11

Los Estados Unidos y lo hispánico

En 1978 aproximadamente 7.151.000 de los 12.000.000 de hispanos en los Estados Unidos eran de origen mexicano. 1.823.000 eran de origen puertorriqueño y alrededor de 689.000 eran cubanos. Los demás se dividían entre los de origen centro o sudamericano y los de otros países hispánicos. Aunque mucho menos que los de origen mexicano, el número de puertorriqueños y cubanos en los Estados Unidos indica la relación especial entre los Estados Unidos y Puerto Rico y Cuba. Mientras Puerto Rico, establecido en 1952 como Estado Libre Asociado, está hoy día íntimamente asociado con los Estados Unidos, Cuba, por el contrario, se ha desasociado totalmente de este país a partir de 1959, con el triunfo de la revolución cubana.

En las últimas décadas, por razones económicas o políticas, muchos puertorriqueños y cubanos han inmigrado a los Estados Unidos. Los puertorriqueños se concentraron especialmente en Nueva York donde, a pesar de sus esperanzas de mejorar económicamente, muchos siguen en medio de la pobreza. Por el contrario, la mayoría de los cubanos que han dejado Cuba después de 1959, por provenir generalmente de la clase media y tener una educación relativamente buena, han sabido aprovechar las oportunidades que se les han presentado. Aunque se les encuentra hoy día en todas partes de los Estados Unidos, una gran mayoría vive en Miami, donde sus muchas contribuciones han trasformado la ciudad.

Las obras literarias y pictóricas escogidas para esta unidad representan sólo unos pocos momentos de la rica y fecunda historia cultural de las dos islas. La situación del puertorriqueño en Nueva York—su pobreza y su nostalgia por su isla tropical—es tema muy desarrollado en novelas y cuentos de varios escritores puertorriqueños. Entre ellos se destaca Pedro Juan Soto, autor de *Spiks,* colección de cuentos que reflejan la miseria y soledad que han caracterizado la vida en los barrios pobres. Nostalgia similar se encuentra en las poesías del gran héroe cubano, José Martí, que a fines del siglo XIX pasó muchos años de destierro en los Estados Unidos. En la última parte de la unidad se presentan algunos trabajos de tres pintores cubanos—Amelia Peláez, Wilfredo Lam y Mario Carreño—cuyas obras ejemplifican la síntesis de lo cosmopolita y lo autóctono que caracteriza al arte cubano moderno.

VOCABULARIO ÚTIL

Estudiar estas palabras antes de leer *Versos sencillos* y «Garabatos».

al cabo de   after, at the end of

alma   soul

almohada   pillow

alrededor de   around

amenazar   to threaten

cocina   kitchen

colcha   bedspread

cuarto de baño   bathroom

dar vueltas   to circle

dormitorio   bedroom

estrella   star

habitación   room

hacer caso de   to pay attention to

jamás   never

Navidad   Christmas

Nochebuena   Christmas Eve

pelota   ball

quitarse   to take off, remove

ramo   bough, branch

rayo   beam, flash of light

sótano   basement

ventana   window

Versos sencillos

JOSÉ MARTÍ nació en La Habana en 1853. Dos pasiones dominaron su vida: su vocación literaria y el amor por su patria. Participó en el movimiento de independencia cuando todavía era muy joven. Más tarde, por cuestiones políticas, fue condenado a seis años de prisión, condena que fue reducida al destierro después de ocho meses. Fue el joven Martí a España, donde escribió artículos en contra del gobierno colonial. Después vivió en México y Guatemala, donde se dedicó al periodismo. En 1878 el gobierno español le permitió regresar a Cuba, pero luego fue acusado de actividades subversivas y tuvo que salir otra vez. Martí pasó los últimos años de su vida en los Estados Unidos, donde organizó el partido revolucionario cubano. En 1895 volvió a Cuba para participar en la liberación de su patria y allí murió en una batalla del mismo año. Hoy día está considerado como el héroe más grande que ha producido Cuba.

Como cronista, orador, ensayista y poeta, Martí hizo de la literatura una parte íntima de su vida. Se le recuerda especialmente como gran patriota y poeta. Los dos poemas que se han escogido para esta antología son de *Versos sencillos* (1891). En ellos Martí nos presenta una serie de símbolos por los que llegamos a conocer la parte más íntima y profunda del poeta.

* * *

I

Yo soy un hombre sincero
De donde crece la palma,
Y antes de morirme quiero
Echar mis versos del alma.

echar to pour out, release

5   Yo vengo de todas partes,
Y hacia todas partes voy.
Arte soy entre las artes,
En los montes, monte soy.[1]

Yo sé los nombres extraños
10 De las yerbas y las flores,
Y de mortales engaños,
Y de sublimes dolores.

yerbas herbs, grasses

Yo he visto en la noche oscura
Llover sobre mi cabeza
Los rayos de lumbre pura   lumbre *light*
De la divina belleza.

5   Alas nacer vi en los hombros   alas *wings*
De las mujeres hermosas,
Y salir de los escombros,   escombros *ashes*
Volando las mariposas.

He visto vivir a un hombre
10 Con el puñal al costado,   puñal *knife, knife wound*
Sin decir jamás el nombre   costado *side*
De aquélla que lo ha matado.

Rápida como un reflejo,   reflejo *reflection*
Dos veces vi el alma, dos:
15 Cuando murió el pobre viejo,
Cuando ella me dijo adiós.

Temblé una vez—en la reja,   en la reja *at the grating,*
A la entrada de la viña,—   *grill work*
Cuando la bárbara abeja   abeja *bee*
20 Picó en la frente a mi niña.   picó *stung*

Gocé una vez, de tal suerte   gocé *I rejoiced*
Que gocé cual nunca:[2]—cuando
La sentencia de mi muerte
Leyó el alcaide llorando.   alcaide *jailer, warden*

25 Oigo un suspiro a través   suspiro *sigh*
De las tierras y la mar,
Y no es un suspiro,—es
Que mi hijo va a despertar.

Si dicen que del joyero
30 Tome la joya mejor,
Tomo a un amigo sincero
Y pongo a un lado el amor.

Yo he visto al águila herida
Volar al azul sereno,
35 Y morir en su guarida   guarida *hiding place, den*
La víbora del veneno.   víbora *viper*
                                  veneno *poison*

Yo sé bien que cuando el mundo
Cede, lívido, al descanso,   cede *yields*
                                  lívido *livid, bruised*

Sobre el silencio profundo
Murmura el arroyo manso.

    Yo he puesto la mano osada,
De horror y júbilo yerta,
5 Sobre la estrella apagada
Que cayó frente a mi puerta.

    Oculto en mi pecho bravo
La pena que me lo hiere:
El hijo de un pueblo esclavo[3]
10 Vive por él, calla y muere.

    Todo es hermoso y constante,
Todo es música y razón,
Y todo, como el diamante,
Antes que luz es carbón.

15   Yo sé que el necio se entierra
Con gran lujo y con gran llanto,
Y que no hay fruta en la tierra
Como la del camposanto.

    Callo, y entiendo, y me quito
20 La pompa del rimador:
Cuelgo de un árbol marchito
Mi muceta de doctor.

XXV

    Yo pienso, cuando me alegro
25 Como un escolar sencillo,
En el canario amarillo,—
Que tiene el ojo tan negro.

    Yo quiero, cuando me muera,
Sin patria, pero sin amo,
30 Tener en mi losa un ramo
De flores,—y una bandera.

manso *meek, gentle*

osada *bold*
yerta *rigid, stiff*
apagada *extinguished, dead*

oculto *I hide*
hiere *wounds*

el necio se entierra *the fool buries himself*
llanto *mourning, weeping*

pompa del rimador *pomp of the rhyme-maker*
cuelgo *I hang*
muceta de doctor *doctor's hood*

losa *grave, gravestone*

Garabatos

PEDRO JUAN SOTO (1928—) es de una generación de escritores puertorriqueños cuyas obras se caracterizan por la protesta social. Se preocupan por la condición económica y política tanto de los puertorriqueños que viven en la isla como de los que se han radicado en Nueva York, donde hay más de un millón de puertorriqueños. Sus obras reflejan el descontento que existe en Puerto Rico como resultado de la pobreza y del estado legal de la isla como Estado Libre Asociado. Los temas principales de esta generación incluyen: la vida en la isla bajo el dominio de los Estados Unidos, la imposición del inglés en las escuelas, las experiencias en la guerra de Corea y la vida del puertorriqueño en Nueva York, una vida caracterizada por el crimen, la violencia, la soledad y la desesperanza.

Soto ha compartido muchas de las experiencias de su generación. Vino a Nueva York de Puerto Rico para cursar estudios universitarios y conocer el ambiente en que vivían más de un millón de puertorriqueños. Al graduarse de la universidad, hizo su servicio militar en el ejército de los Estados Unidos en Corea, experiencia que incorporaría—junto con su vida en Nueva York—como tema principal o lateral en sus cuentos y novelas. Además de ser escritor profesional, Soto es también educador (ha enseñado en la Universidad de Puerto Rico).

El cuento de Soto aquí incluido, «Garabatos», forma parte de su antología *Spiks*. De ese cuento dice el escritor:

. . . *La idea me vino, muy a medias, mientras escuchaba a un querido amigo—pintor reconocido ahora, estudiante de pintura en octubre de 1953—quejarse de la aparente insensibilidad de su esposa frente a sus creaciones artísticas. Sus cuitas eran similares a las mías, puesto que más de un pariente me consideraba ocupado en «cosas de vago» cada vez que me sorprendía escribiendo. Después de cinco semanas de trabajo intenso, me di por satisfecho en cuanto a «Garabatos». La simbología escogida me parece obvia ahora, sin embargo. El estrato económico del puertorriqueñoneoyorquino está obviamente ilustrado por ese sótano donde malviven los personajes. Y dentro de ese sótano, la ubicación posible del arte es el cuarto de baño. Visión pesimista, dirá alguien. No la creo pesimista, sino realista.*

* * *

1

El reloj marcaba las siete y él despertó por un instante. Ni su mujer estaba en la cama, ni sus hijos en el camastro. Sepultó la cabeza bajo la almohada para ensordecer el escándalo que
5 venía desde la cocina. No volvió a abrir los ojos hasta las diez, obligado ahora por las sacudidas de Graciela.

Aclaró la vista estregando los ojos chicos y removiendo las lagañas, sólo para distinguir el
10 cuerpo ancho de su mujer plantado frente a la cama, en aquella actitud desafiante. Oyó la voz estentórea de ella, que parecía brotar directamente del ombligo.

—¡Qué! ¿Tú piensah seguil echao toa tu vida?
15 Parece que la mala barriga te ha dao a ti. Sin embalgo, yo calgo el muchacho.[1]

Todavía él no la miraba a la cara. Fijaba la vista en el vientre hinchado, en la pelota de carne que crecía diariamente y que amenazaba romper el
20 cinturón de la bata.

—¡Acaba de levantalte, condenao! ¿O quiereh que te eche agua?

Él vociferó a las piernas abiertas y a los brazos en jarras, al vientre amenazante, al rostro enojado:
25 —¡Me levanto cuando me salga di adentro y no cuando uhté mande! ¡Adiós! ¿Qué se cree uhté?

Retornó la cabeza a las sábanas, oliendo las manchas de brillantina en la almohada y el sudor
30 pasmado de la colcha.

A ella le dominó la masa inerte del hombre: la amenaza latente en los brazos quietos, la semejanza del cuerpo al de un lagartijo enorme.

Ahogó los reproches en un morder de labios
35 y caminó de nuevo hacia la cocina, dejando atrás la habitación donde chisporroteaba, sobre el ropero, la vela ofrecida a San Lázaro. Dejando atrás la palma bendita del último Domingo de Ramos y las estampas religiosas que colgaban de la
40 pared.

Era un sótano donde vivían. Pero aunque lo

camastro	*cot*
sepultó	*he buried*
ensordecer	*close out, muffle*
escándalo	*racket, noise*
las . . . Graciela	*Graciela's shaking*
aclaró	*he cleared*
estregando	*rubbing*
lagañas	*blearedness*
desafiante	*defiant*
estentórea	*loud*
brotar	*burst, originate*
ombligo	*navel*
barriga	*belly*
calgo (cargo)	*carry*
vientre	*stomach, womb*
bata	*bathrobe*
vociferó	*shouted*
en jarras	*akimbo*
enojado	*angry*
manchas	*stains*
el sudor pasmado	*the stale sweat*
semejanza	*similarity*
lagartijo	*lizard*
morder	*biting*
chisporroteaba	*was sputtering*
ropero	*dresser*
vela	*candle*
Domingo de Ramos	*Palm Sunday*
estampas	*prints*

sostuviera la miseria, era un techo sobre sus ca-
bezas. Aunque sobre ese techo patearan y ba-
rrieran otros inquilinos, aunque por las rendijas
lloviera basura, ella agradecía a sus santos tener
5 donde vivir. Pero Rosendo seguía sin empleo. Ni
los santos lograban emplearlo. Siempre en las
nubes, atento más a su propio desvarío que a su
familia.

Sintió que iba a llorar. Ahora lloraba con tanta
10 facilidad. Pensando: *Dios Santo si yo no hago
más que parir y parir como una perra y este
hombre no se preocupa por buscar trabajo porque prefiere que el gobierno nos mantenga por
correo mientras él se la pasa por ahí mirando a
15 los cuatro vientos como Juan Bobo y diciendo
que quiere ser pintor.*

Detuvo el llanto apretando los dientes, ce-
rrando la salida de las quejas que pugnaban por
hacerse grito. Devolviendo llanto y quejas al pozo
20 de los nervios, donde aguardarían a que la histeria les abriera cauce y les transformara en insulto
para el marido, o nalgada para los hijos, o plegaria
para la Virgen del Socorro.

Se sentó a la mesa, viendo a sus hijos correr
25 por la cocina. Pensando en el árbol de Navidad
que no tendrían y los juguetes que mañana
habrían de envidiarles a los demás niños. *Porque
esta noche es Nochebuena y mañana es Navidad.*

—¡Ahora yo te dihparo y tú te caeh muelto!
30 Los niños jugaban bajo la mesa.

—Neneh, no hagan tanto ruido, bendito . . .

—¡Yo soy Chen Otry!—dijo el mayor.

—¡Y yo Palón Casidi!

—Neneh, que tengo dolol de cabeza, por Dioh
35 . . .

—¡Tú no ereh Palón na! ¡Tú ereh el pillo y yo
te mato.

—¡No! ¡Maaamiii!

Graciela torció el cuerpo y metió la cabeza bajo
40 la mesa para verlos forcejear.

—¡Muchachos, salgan de ahí! ¡Maldita sea mi
vida! ¡ROSENDO ACABA DE LEVANTALTE!

---

sostuviera *supported*
patearan . . . inquilinos
  *other tenants stamped
  and swept*
rendijas *cracks*
basura *garbage*

desvarío *madness, whim*

parir *give birth*

se la pasa *spends his time*
Juan Bobo *Crazy John*

apretando *clenching,
  gritting*
quejas *complaints*
pugnaban *struggled*
grito *scream*
pozo *well*
aguardarían *they would
  wait*
les abriera cauce *would
  open a path for them*
nalgada *spanking*
plegaria *supplication*

juguetes *toys*

te dihparo (te disparo) *I'll
  shoot you*

Chen Otry *Gene Autry*
Palón Casidi *Hopalong
  Cassidy*

pillo *bad guy*

torció *twisted*
metío *put*
forcejear *fighting*
acaba de levantalte *hurry
  and get up*

Los chiquillos corrían nuevamente por la habitación; gritando y riendo uno, llorando otro.
—¡ROSENDO!

2

Rosendo bebía el café sin hacer caso de los
5 insultos de la mujer.
—¿Qué piensah hacer hoy, buhcal trabajo o
seguil por ahí, de bodega en bodega y de bar en
bar, dibujando a to esoh vagoh?

bodega *store*
dibujando *sketching*
vagoh *bums*

Él bebía el café del desayuno, mordiéndose los
10 labios distraídamente, fumando entre sorbo y
sorbo su último cigarrillo. Ella daba vueltas alrededor de la mesa, pasándose la mano por encima del vientre para detener los movimientos del
feto.

distraídamente
distractedly
sorbo y sorbo *one sip and another*

15 —Seguramente iráh a la teltulia de loh caricortaoh a jugar alguna peseta prehtá, creyéndote
que el maná va a cael del cielo hoy.
—Déjame quieto, mujer . . .
—¡Sí, siempre eh lo mihmo: ¡déjame quieto!
20 Mañana eh Crihmah y esoh muchachoh se van
a quedal sin jugueteh.
—El día de Reyeh en enero . . .[2]
—A Niu Yol no vienen loh Reyeh. ¡A Niu Yol
viene Santa Cloh!
25 —Bueno, cuando venga el que sea, ya veremoh.
—¡Ave María Purísima, qué padre, ¡Dioh mío!
¡No te preocupan na máh que tuh garabatoh!
¡El altihta! ¡Un hombre viejo como tú!
Se levantó de la mesa y fue al dormitorio, hastiado de oír a la mujer. Miró por la única ventana.

teltulia (tertulia) *party, gathering*
caricortaoh (caricortados)
good-for-nothings
prehtá (prestada)
borrowed
maná *manna*
déjame quieto *let me alone*

Niu Yol *New York*
Santa Cloh *Santa Claus*

garabatos *scribblings*

hastiado *tired*

30 Toda la nieve caída tres días antes estaba sucia.
Los automóviles habían aplastado y ennegrecido
la del asfalto. La de las aceras había sido hollada
y orinada por hombres y perros. Los días eran
35 más fríos ahora porque la nieve estaba allí, hostilmente presente, envilecida, acomodada en la
miseria. Desprovista de toda la inocencia que
trajo el primer día.

aplastado *flattened*
ennegrecido *blackened*
asfalto *pavement*
hollada *trampled*
orinada *urinated on*

envilecida *vilified*
acomodada en *at home with*
desprovista de *stripped of*

Era una calle lóbrega, bajo un aire pesado, en un día grandiosamente opaco.

Rosendo se acercó al ropero para sacar de una gaveta un envoltorio de papeles. Sentándose en
5 el alféizar, comenzó a examinarlos. Allí estaban todas las bolsas del papel que él había recogido para romperlas y dibujar. Dibujaba de noche, mientras la mujer y los hijos dormían. Dibujaba de memoria los rostros borrachos, los rostros an-
10 gustiados de la gente de Harlem: todo lo visto y compartido en sus andanzas del día.

Graciela decía que él estaba en la segunda infancia. Si él se ausentaba de la mujer quejumbrosa y de los niños llorosos, explorando en la
15 Babia imprecisa de sus trazos a lápiz, la mujer rezongaba y se mofaba.

Mañana era Navidad y ella se preocupaba porque los niños no tendrían juguetes. No sabía que esta tarde él cobraría diez dólares por un rótulo
20 hecho ayer para el bar de la esquina. Él guardaba esa sorpresa para Graciela. Como también guardaba la sorpresa del regalo de ella.

Para Graciela él pintaría un cuadro. Un cuadro que resumiría aquel vivir juntos, en medio de
25 carencias y frustraciones. Un cuadro con un parecido melancólico a aquellas fotografías tomadas en las fiestas patronales de Bayamón. Las fotografías del tiempo del noviazgo, que formaban parte del álbum de recuerdos de la familia. En
30 ellas, ambos aparecían recostados contra un taburete alto, en cuyo frente se leía «Nuestro Amor» o «Siempre Juntos». Detrás estaba el telón con las palmeras y el mar y una luna de papel dorado.

A Graciela le agradaría, seguramente, saber
35 que en la memoria de él no había muerto nada. Quizás después no se mofaría más de sus esfuerzos.

Por falta de materiales, tendría que hacerlo en una pared y con carbón. Pero sería suyo, de sus manos, hecho para ella.

40 **3**

A la caldera del edificio iba a parar toda la madera vieja e inservible que el superintendente traía

---

Glosas (margen derecho):

lóbrega *gloomy, murky*

gaveta *drawer*
envoltorio *bundle*
alféizar *window sill*
bolsas *bags*

compartido *shared*
andanzas *wanderings*

quejumbrosa *grumbling*

Babia *absent-mindedness*
trazos a lápiz *pencil drawings*
rezongaba *grumbled*
se mofaba *sneered*

cobraría *would collect*
rótulo *sign*
guardaba *was saving*

resumiría *would summarize*
carencias *deprivations*
parecido *similarity*
fiestas patronales *saint's days parties*
noviazgo *engagement*

recostados *leaning*
taburete *stool*
en cuyo frente *in front of which*
telón *backdrop*
dorado *golden*

carbón *charcoal*

caldera *boiler*
iba a parar *wound up*

de todos los pisos. De allí sacó Rosendo el carbón
que necesitaba. Luego anduvo por el sótano buscando una pared. En el dormitorio no podía ser.
Graciela no permitiría que él descolgara sus es-   descolgara *take down*
5 tampas y sus ramos.

La cocina estaba demasiado resquebrajada y   resquebrajada *cracked*
mugrienta.   mugrienta *grimy, filthy*

—Si necesitan ir al cuarto de baño—dijo a su
mujer—, aguántesen o usen la ehcupidera. Tengo   aguántesen
10 que arreglar unoh tuboh.   (aguántense) *hold it*
tuboh (tubos) *pipes*

Cerró la puerta y limpió la pared de clavos y   clavos *nails*
telarañas. Bosquejó su idea: un hombre a caballo,   telarañas *cobwebs*
bosquejó *he sketched*
desnudo y musculoso, que se inclinaba para   se inclinaba *leaned down*
abrazar a una mujer desnuda también, envuelta
15 en una melena negra que servía de origen a la   melena *mane*
noche.

Meticulosamente, pacientemente, retocó, repetidas veces los rasgos que no le satisfacían. Al
cabo de unas horas, decidió salir a la calle a cobrar
20 sus diez dólares, a comprar un árbol de Navidad
y juguetes para sus hijos. De paso, traería tizas   de paso *on the way*
de colores del «candy store». Este cuadro tendría   tizas *chalk*
mar y palmeras y luna. Y colores, muchos colores.
Mañana era Navidad.

25 Graciela iba y venía por el sótano, corrigiendo
a los hijos, guardando ropa lavada, atendiendo   guardando *putting away*
a las hornillas encendidas.   hornillas *lighted burners*
(*of a stove*)
Él vistió su abrigo remendado.   remendado *patched*

—Voy a buhcal un árbol pa loh muchachoh.
30 Don Pedro me debe dieh pesoh.

Ella le sonrió, dando gracias a los santos por
el milagro de los diez dólares.

4

Regresó de noche al sótano, oloroso a whisky   oloroso a *smelling of*
35 y a cerveza. Los niños se habían dormido ya.
Acomodó el árbol en un rincón de la cocina y
rodeó el tronco con juguetes.

Comió el arroz con frituras, sin tener hambre,   frituras *fritters*
pendiente más de lo que haría luego. De rato en   pendiente *absorbed*
40 rato, miraba a Graciela, buscando en los labios   de . . . rato *from time to*
de ella la sonrisa que no llegaba.   *time*

Retiró la taza quebrada que contuvo el café, puso las tizas sobre la mesa, y buscó en los bolsillos el cigarrillo que no tenía.

—Esoh muñecoh loh borré.

5 Él olvidó el cigarrillo.

—¿Ahora te dio por pintal suciedadeh?

El dejó caer la sonrisa en el abismo de su realidad.

—Ya ni velgüenza tieneh . . .

10 Su sangre se hizo agua fría.

—. . . obligando a tus hijoh a fijalse en porqueríah, en indecenciah . . . Loh borré y si acabó y no quiero que vuelva sucedel.

Quiso abofetearla pero los deseos se le pa-
15 ralizaron en algún punto del organismo, sin llegar a los brazos, sin hacerse furia descontrolada en los puños.

Al incorporarse de la silla, sintió que todo él se vaciaba por los pies. Todo él había sido estrujado
20 por un trapo de piso y las manos de ella le habían exprimido fuera del mundo.

Fue al cuarto de baño. No quedaba nada suyo. Sólo los clavos, torcidos y mohosos, devueltos a su lugar. Sólo las arañas vueltas a hilar.

25 Aquella pared no era más que la lápida ancha y clara de sus sueños.

Spiks, 1956

Glosas (columna derecha):

retiró *removed*
quebrada *chipped*

muñecoh (muñecos) *drawings*

suciedadeh (suciedades) *filth*

velgüenza (vergüenza) *shame*

vuelva sucedel (vuelva a suceder) *happen again*
abofetearla *strike her*

puños *fists*

al incorporarse *upon rising*
se vaciaba *was draining out*
estrujado *wrung out, wiped out*
trapo de piso *rag for washing the floor*
exprimido *squeezed*
torcidos *twisted*
mohosos *rusty*
arañas . . . hilar *spiders, spinning again*
lápida *gravestone*

NOTAS CULTURALES

Versos sencillos

1. *Arte soy entre las artes, / En los montes, monte soy.* Estos versos pueden interpretarse libremente así: «Entre la gente astuta, soy astuto; entre la gente sincera, soy sincero.»

2. *. . . de tal suerte / Que gocé cual nunca.* Significa: «Como nunca he gozado antes.»

3. *Hijo de un pueblo esclavo:* Referencia al hecho de que en aquella época Cuba estaba en poder de España.

«Garabatos»

1. Soto, en los diálogos del cuento, imita el lenguaje popular de los puertorriqueños. La mayoría de los cambios fonéticos son cambios del valor de las consonantes:

A. La s al final de una sílaba o de una palabra tiende a desaparecer:

piensah *piensas*		Cloh *Clos*	
quiereh *quieres*		veremoh *veremos*	
uhté *usted*		máh *más*	
dihparo *disparo*		tuh *tus*	
caeh *caes*		garabatoh *garabatos*	
neneh *nenes*		altihta *artista*	
Dioh *Dios*		ehcupidera *escupidera*	
ereh *eres*		unoh *unos*	
buhcal *buscar*		tuboh *tubos*	
esoh *esos*		buhcal *buscar*	
vagoh *vagos*		dieh *diez*	
iráh *irás*		pesoh *pesos*	
loh *los*		muñecoh *muñecos*	
eh *es*		suciedadeh *suciedades*	
mihmo *mismo*		tieneh *tienes*	
Crihmah *Crismas*		hijoh *hijos*	
muchachoh *muchachos*		porqueríah *porquerías*	
jugueteh *juguetes*		indecenciah *indecencias*	
Reyeh *Reyes*			

B. Se sustituye a veces la r por la l:

seguil *seguir*	dolol *dolor*	pintal *pintar*
embalgo *embargo*	teltulia *tertulia*	velgüenza *vergüenza*
calgo *cargo*	cael *caer*	fijalse *fijarse*
levantalte *levantarte*	quedal *quedar*	sucedel *suceder*
muelto *muerto*	Niu Yol *Niu Yor*	

C. La d final y la d intervocálica desaparecen:

echao *echado*	condenao *condenado*	caricortaoh *caricortados*
toa *toda*	na *nada*	prehtá *prestada*
dao *dado*	to *todos*	

D. Otros cambios son menos frecuentes en el texto:

di *de*	pa *para*
aguántesen *aguántense*	si *se*

2. Aunque es costumbre en los Estados Unidos presentar los regalos el 25 de diciembre, en los países hispánicos se dan los regalos tradicionalmente el seis de enero, Día de los Reyes Magos.

EJERCICIOS

I. Preguntas

Versos sencillos

1. ¿Qué idea tiene el poeta al escribir estos versos? 2. ¿Qué experiencias ha tenido que le hicieron sufrir? 3. ¿Cuál es la mejor joya que ofrece la vida? 4. ¿Cómo sabemos que Cuba todavía no gozaba de la independencia cuando se escribió este poema? 5. En el verso que comienza «Yo pienso, cuando me alegro», ¿qué representan las cosas que el poeta quiere tener en su losa?

«Garabatos»

6. ¿Cómo despertó Graciela a su marido? 7. ¿Se despertó él en seguida? 8. ¿En qué condiciones físicas estaba Graciela? 9. ¿Qué cosas religiosas había en el dormitorio? 10. ¿En qué parte del edificio vivían? 11. ¿Cómo era su apartamento? 12. ¿Qué empleo tenía Rosendo? 13. ¿Cómo se mantenían ellos? 14. ¿Cómo se manifestaban de vez en cuando las preocupaciones de Graciela? 15. ¿En qué día tuvo lugar la acción del cuento? 16. Según Graciela, ¿cómo pasaría Rosendo el día? 17. ¿Qué es lo que podía verse desde la ventana? 18. ¿Qué hacía Rosendo de noche, mientras los otros dormían? 19. ¿Qué es lo que no sabía Graciela? 20. ¿Qué cuadro pintó Rosendo? 21. ¿Por qué pensaba Rosendo que el cuadro le gustaría a Graciela? 22. ¿Dónde pintó el cuadro? ¿Por qué? 23. ¿Cómo reaccionó Graciela frente al regalo de Rosendo? 24. ¿Qué emociones sentía Rosendo al escuchar lo que le dijo su mujer? 25. ¿Qué significó para Rosendo la destrucción de su cuadro?

II. Ejercicios analíticos

1. Describir la casa de Rosendo y las condiciones en que vive la familia. 2. ¿Se puede decir que lo que se ve por la ventana de la casa tiene un valor simbólico, además de ser una realidad? Comentar. 3. ¿Cómo son los recuerdos que tiene Rosendo de Puerto Rico? 4. ¿En qué sentido puede decirse que este cuento nos presenta el desencuentro de dos personas? 5. Comparar las actitudes de Rosendo con las de Martí en sus *Versos sencillos*. ¿Qué semejanzas hay?

III. Ejercicos de vocabulario

A. Elegir la palabra que no corresponde al grupo.

1. luna, sol, estrella, cielo, pelota
2. sótano, colcha, dormitorio, cocina, cuarto de baño
3. odiar, atacar, amenazar, quitarse, mofar
4. santo, ventana, Dios, alma, cura
5. nadie, ninguno, nube, jamás, nunca

B. Completar con la palabra apropiada.

prestarle atención	dedos	al cabo de
alma	ramas	debajo de
sótano	una pelota	una estrella
la Navidad	la cocina	amenazarlo
alrededor de	la ventana	

1. Para llegar adonde estaba el Niño Jesús, los Reyes siguieron
   _____ .
2. Normalmente preparamos la comida en _____ .
3. Para ver lo que pasaba fuera de la casa, Juan se acercó a
   _____ .
4. Muchas casas modernas no tienen _____ .
5. Para entender lo que dice el profesor, hay que _____ .
6. Muchos ateos no creen en la existencia del _____ .
7. Un árbol no tiene brazos; tiene _____ .
8. _____ la casa había un jardín muy hermoso.
9. _____ cinco años todavía no había terminado sus
   estudios.
10. Muchas familias se hacen regalos en _____ .

C. Usar en una frase original.

1. alma
2. cocina
3. debajo de
4. alrededor de
5. almohada
6. estrella
7. dar vueltas
8. habitación
9. Nochebuena
10. rayo

D. En el cuento de Soto, vemos el desencuentro de dos personas.
En este caso, es la mujer que, abrumada por la situación en
que se encuentra, parece haber perdido sus ilusiones.

Claro es que la situación podría resultar al revés: frecuentemente, la mujer es la que defiende sus aspiraciones frente a
la incomprensión o la indiferencia de su marido o de la
sociedad.

Prepare Ud. un diálogo en el que se presenta ese problema
de la mujer, y preséntelo a la clase.

El arte moderno cubano

A principios del siglo XX, el arte cubano fue de poca originalidad y de marcada tendencia tradicionalista; sin embargo, en la década del 20 aparecieron algunos innovadores que buscaron liberarse de los temas y estilos de la generación previa. Incorporaron al arte cubano los más variados estilos europeos: el surrealismo, el cubismo, el expresionismo, etc. En el caso del arte representativo, muchos motivos son netamente cubanos: el gallo, los animales campestres, el paisaje tropical y especialmente el tema afrocubano. Dentro de este esquema general se encuentra un individualismo muy hispánico, como se puede observar en la obra de los tres artistas que se incluyen aquí: Amelia Peláez (1897–1968), Wilfredo Lam (1902–   ) y Mario Carreño (1913–   ).

Amelia Peláez inició sus estudios de arte en la Academia de San Alejandro en La Habana, pero el deseo de conocer mejor las nuevas técnicas del arte moderno la llevó primero a Nueva York y después a Francia, donde pasó siete años estudiando y buscando una expresión propia. Al volver a Cuba Peláez presentó una exposición de su obra. Luego se dedicó a pintar objetos domésticos y es aquí donde descubrió su propio estilo. Los motivos decorativos que se mezclan en sus cuadros—plantas, rejas, vidrios de colores, etc.—prestan un aspecto barroco a sus pinturas, vinculándola a una tradición muy arraigada en la cultura hispánica. Aunque también se ha interesado por el arte abstracto, lo que caracteriza su obra y la ha llevado a los mejores museos del mundo es su expresión de la tradición criolla de los pueblos provincianos.

Wilfredo Lam, hijo de un chino y de una negra, nació en un pueblo interior de Cuba. Su padre, hombre culto y amante de la educación, lo alentó siempre en su carrera de pintor. De su madre aprendió los bailes, canciones y ritos afrocubanos que llegarían a tener una influencia enorme en su obra futura. Lam fue becado por su ciudad natal y fue a Madrid, donde había de pasar unos quince años y llegaría a familiarizarse con la tradición artística europea de la época. Pero sólo años más tarde llegaría a interesarse seriamente por lo que él llamó la *cosa negra*. En unas máscaras y esculturas negras que vio por primera vez en Madrid, descubrió Lam otra tradición, suya por derecho de la sangre, y este encuentro le dio mayor conciencia de su persona, de los medios que eran suyos. Al estallar la Guerra Civil Española en 1936 Lam fue primero a Barcelona y después a París, donde intimó con Picasso y con los surrealistas, y absorbió técnicas e ideas que habían de influir mucho en su evolución posterior. Picasso se interesó mucho por el cubano, y compartió su entusiasmo por el arte africano. Con la llegada de la Segunda Guerra Mundial a Francia, volvió Lam a Cuba, donde en la década del 40 pintó obras de inspiración afrocubana. Tal vez la más importante de esas pinturas es *La Manigua (La Jungla),* obra neoprimitiva de enorme vitalidad. En ésta el pintor nos presenta las fuerzas irracionales de la subsconsciencia por medio de imágenes surrealistas en las que se mezclan formas semi-humanas con las de una vegetación exuberante.

Como Peláez y Lam, Mario Carreño también estudió en la Academia de San Alejandro antes de viajar a Europa. Como Lam, vivió primero en Madrid (1932–1935) y después en París, con una breve estadía en México. Al estallar la Segunda Guerra Mundial, Carreño volvió a Cuba, y después estuvo en los Estados Unidos, como profesor de pintura en la New School for Social Research en Nueva York. Hoy día sigue viviendo en el extranjero. La obra de Carreño se divide entre obras representativas de puro tema cubano y obras abstractas. En el cuadro *Tornado* capta Carreño la violencia de los desastres naturales en un estilo caracterizado por la energía y la vitalidad.

En las obras de Peláez, Lam y Carreño vemos una síntesis de lo moderno y lo tradicional, de lo cosmopolita y lo autóctono y de las varias tradiciones culturales donde se halla el genio del artista hispanoamericano contemporáneo.

Mario Carreño, *Tornado.* 1941. Oil on canvas, 31″ × 41″. Collection, The Museum of Modern Art, New York. Inter-American Fund.

TORNADO

¿Cuántos objetos puede Ud. identificar en este cuadro? ¿En qué sentido es realista la pintura? ¿Se podría interpretarla también como pintura surrealista? ¿Hay elementos abstractos? ¿Cuáles son?

Peláez del Casal, Amelia. *Fishes.* 1943. Oil on canvas, 45½ × 35⅛″. Collection, The Museum of Modern Art, New York. Inter-American Fund.

PESCADOS

Además de los pescados, ¿qué otros objetos puede Ud. identificar en el cuadro? ¿Hay elementos barrocos en «Pescados»? ¿Cómo es la perspectiva en la pintura?   *lo geométricos*

Lam, Wilfredo. *The Jungle.* 1943. Gouache on paper mounted on canvas, 7'10¼" × 7'6½". Collection, The Museum of Modern Art, New York. Inter-American Fund.

LA MANIGUA (LA JUNGLA)

Las leyes de la perspectiva indican que los objetos alejados se ven más pequeños que los cercanos y que las líneas paralelas parecen converger hacia un punto situado en el infinito (punto de fuga). En *La Manigua,* de Wilfredo Lam, el pintor parece rechazar ese concepto de la composición; cada parte del cuadro tiene tanta importancia como las otras. En las formas humanas del cuadro no es difícil distinguir tanto la influencia de las máscaras africanas como la de Picasso en su época de *Guernica.* El cuadro en su totalidad puede interpretarse por lo menos en dos niveles: como representación de las danzas negras (del culto de vudú), presenciadas por el artista, o como representación de las fuerzas poderosas de la subconsciencia del hombre moderno.

PARA COMENTAR

1. ¿Cuáles son los principales motivos tropicales representados en los cuadros que hemos visto?
2. Específicamente, ¿qué técnicas modernas han utilizado los pintores en estos cuadros?
3. ¿Cuál es la mejor pintura, para Ud? ¿Por qué?
4. Comente Ud. el simbolismo usado en una de las obras literarias y en una de las pinturas estudiadas en esta unidad.
5. Compare Ud. las preocupaciones del cubano y del puertorriqueño con las que Ud. ya se ha familiarizado como resultado de haber estudiado estos ejemplos de literatura y arte.

ART
___

talento

dibujar

magnacion

La presencia hispánica en los Estados Unidos

UNIDAD

12

Hoy día el 5,5 por ciento de la población de los Estados Unidos, más de doce millones de habitantes, habla español. En algunas regiones este porcentaje es mucho más grande: en el Suroeste, por ejemplo, llega al diez por ciento y en las ciudades de Nueva York y Miami el porcentaje de puertorriqueños y cubanos, respectivamente, es bastante alto.

Como son diversas las razones por las cuales estos inmigrantes o descendientes de inmigrantes hispanos viven hoy en los Estados Unidos, también es diversa la actitud que adoptan frente a la cultura norteamericana. Algunos, como los cubanos que buscaron refugio en este país después de la revolución de 1959, aceptan la cultura estadounidense. Otros, que se ven incorporados a la fuerza, la rechazan y tienden a defender su cultura original. Tal es el caso de muchos descendientes de puertorriqueños y mexicanos. La actitud de estos últimos, especialmente la de muchos jóvenes de hoy, es el resultado lógico de un proceso histórico que se basó más en la fuerza que en la elección y que produjo y sigue produciendo antagonismos entre hispanos y anglosajones.

Existen hoy movimientos para mejorar la condición del hispano en el Suroeste y están íntimamente vinculados con otros movimientos de bienestar social y económico que surgieron después de la Segunda Guerra Mundial. Sin embargo, había poca actividad organizada entre los hispanos hasta 1965 cuando, bajo la dirección práctica y espiritual de César Estrada Chávez, se proclamó el Plan de Delano en California. El Plan, que reflejaba la solidaridad espiritual e idealista de los campesinos y que se llamó La Causa, rápidamente ganó el apoyo de los habitantes urbanos. Además de Chávez, surgieron otros líderes carismáticos como Reies López Tijerina en Nuevo México y Rodolfo (Corky) Gonzales en Colorado. Tijerina se dedicó a tratar de recobrar las tierras confiscadas a los hispanos por los anglosajones después de 1848, fecha del Tratado de Guadalupe Hidalgo. Fundó la Alianza Federal de los Pueblos Libres, movimiento que ya no existe hoy, pero cuyo ejemplo ha inspirado a varios abogados que siguen trabajando a favor de los derechos de los habitantes de la región. En la metrópoli, la actividad de Corky Gonzales ha sido extraordinaria, tanto en la política como en sus esfuerzos para mejorar la condición de los pobres urbanos. Fundó La Raza Unida, partido político que fomenta los intereses de los chicanos y creó La Crusada para la Justicia con el fin de preservar su cultura.

Toda esta actividad de carácter político, económico y social ha sido acompañada por un renacimiento en las artes hispanas. Ha surgido un arte pictórico y una literatura que reflejan los anhelos, los ideales y las preocupaciones del hispano moderno. Tal vez la obra más conocida de esta nueva literatura es el poema de Corky Gonzales, *Yo soy Joaquín,* del cual se incluye aquí un trozo. También hay un gran interés por el pasado, por las raíces de la cultura hispana. Resultado de ese interés es el reconocimiento del valor de una rica tradición de artes populares, especialmente la que se puede apreciar en el arte de los pueblos pequeños de Nuevo México. Se presenta aquí la manifestación más tradicional de ese arte: el arte de los santeros de Nuevo México.

VOCABULARIO ÚTIL

Estudiar estas palabras antes de leer *Yo soy Joaquín*.

adinerado   rich, wealthy
alegría   joy
beneficio   welfare (office)
campesino   peasant, farm
  worker
cárcel *f*   jail
dueño   owner, master
enfrente   before
espalda   back
extranjero   foreigner
hondo   deep
lágrima   tear
lucha   struggle, fight
mariachi *m*   street singer
  (Mexico)

moreno   brown
mortaja   shroud
parado   standing
pared *f*   wall
patria   country, fatherland
pelear   to struggle, fight, fight
  one's way
pesar *m*   grief
porquería   filth, muck
rebozo   shawl
seso   brain
sonar   to sound, ring
terreno   farmland

Yo soy Joaquín

RODOLFO GONZALES, el fundador de La Raza Unida, nació en Denver en 1928. Su padre era un inmigrante mexicano que trabajó en el campo y en las minas en el sur de Colorado. En su niñez el muchacho trabajaba al lado de su padre en los campos de betabel en el verano y durante el otoño y el invierno vivía en los barrios bajos de la ciudad, donde asistía a la escuela y se ganaba la vida trabajando de noche y los fines de semana en un matadero. Como su familia se mudaba frecuentemente, asistió a unas siete escuelas antes de graduarse de la escuela superior a los dieciséis años. Luego se hizo boxeador profesional y su fama le ganó la simpatía de muchos jóvenes chicanos y la atención de políticos y comerciantes. Así, antes de cumplir los treinta años ya se había establecido como Agente General de la Summit Fidelity and Surety Company of Colorado y como funcionario del Partido Demócrata en Denver. Participó en las elecciones presidenciales de 1960 y fue muy activo en las agencias locales y nacionales que se dedicaban a mejorar la condición de los pobres. Sin embargo, la inactividad de la burocracia y la hipocresía de los políticos lo desilusionaron. Por eso, en 1965 estableció La Crusada para la Justicia, un movimiento independiente dedicado a la tarea de fomentar los intereses del chicano. Su meta es lograr la igualdad política y la dignidad humana para el chicano. En un viejo edificio de Denver, donde se sitúa La Crusada, se ha creado un centro verdaderamente único, en el que hay, hoy día, entre otros servicios, una gran variedad de actividades: escuelas para niños y jóvenes, un gimnasio, una galería de arte, un restaurante, una sala de baile y varias tiendas donde se venden productos mexicanos. La Crusada es, por sus objetivos y realizaciones, una empresa muy ambiciosa y probablemente sin igual en los Estados Unidos.

Yo soy Joaquín refleja el penoso proceso de búsqueda de identidad por el que ha pasado su autor y es, sin duda alguna, la obra más famosa de la nueva literatura chicana. Se han vendido o regalado más de cien mil ejemplares desde su publicación por La Crusada en 1967. También hay una versión teatral que se ha presentado repetidas veces en los Estados Unidos y en México, y una película producida por el Teatro Campesino del United Farm Workers Organizing Committee.

El poema empieza con la descripción de Joaquín, solo y confuso en un mundo deshumanizado:

Yo soy Joaquín,
perdido en un mundo de confusión,
enganchado en el remolino de una
 sociedad gringa,
confundido por las reglas,
despreciado por las actitudes,
y destrozado por la sociedad moderna.

En los versos siguientes, Gonzales nos ofrece una síntesis de la historia cultural del chicano, hasta llegar, en el trozo que aquí se presenta, a la época actual, en la que ha de triunfar el espíritu indomable de los de La Raza.

* * *

Yo soy Joaquín,[1]
que sangra en muchos modos.
Los altares de Moctezuma
 yo manché sanguíneo.[2]
5 Mi espalda de esclavitud india
fue despojada color encarnado
de los azotes de patrones
que perderían su sangre tan pura
cuando revolución los hizo pagar,[3]
10 parados enfrente de las paredes de
retribución.
 Sangre
 he derramado de
 mí
15 en cada campo de batalla
 entre
campesino, hacendado,
 esclavo y dueño
 y
20   revolución.
Yo brinqué de la torre de Chapultepec
 dentro del mar de fama—
la bandera de mi patria
 mi sudario—
25 con Los Niños,
 cuyo orgullo y valor
no pudieron entregar
 con indignidad
 la bandera de su patria
30 a estranjeros . . . en su tierra.[4]

manché sanguíneo
 stained blood-red
esclavitud *slavery*
despojada color
 encarnado *stripped*
 crimson
azotes *whips*

derramado *shed*

hacendado *landowner*

brinqué *leaped, jumped*

sudario *shroud*

entregar *surrender*

Ahora
    me desangro en una celda hedionda
de garrote
    o pistola
5   o tiranía.
Me desangro mientras los guantes viciosos de
    hambre parten mi cara, mis ojos,
mientras peleo desde barrios corrompidos
    al encanto del cuadrilátero
10   y luces de fama
    o mutilantes pesares.[5]
Mi sangre cursa pura en los cerros
escarchados de las isletas de Alaska,
en la playa derramada de cuerpos en
15 Normandía, la tierra ajena de Corea
    y ahora
        Vietnam.
Aquí estoy parado
    enfrente la corte de justicia,
20   culpable
por toda la gloria de mi Raza
    a ser sentenciado a desesperación.
Aquí estoy parado,
    pobre en dinero,
25   arrogante con orgullo,
    valiente con machismo,
    rico en valor
      y
    adinerado de espíritu y fe.
30 Mis rodillas están costradas con barro.
Mis manos ampolladas del azadón.
Yo he hecho al gringo rico,
    aún
    igualdad es solamente una palabra—
35   el Tratado de Hidalgo ha sido roto[6]
    y es solamente otra promesa traicionera.
Mi tierra está perdida
    y robada,
Mi cultura ha sido desflorada.
40   Alargo
    la fila en la puerta del beneficio
    y lleno las cárceles con crimen.

Glosario

me desangro   *I bleed*
hedionda   *stinking*

guantes   *gloves*

encanto   *glamour*
cuadrilátero   *ring*

cursa   *runs*

escarchados   *frozen, frosty*
isletas   *isles*
derramada de   *strewn with*
ajena   *foreign (belonging to someone else)*

culpable   *guilty*

orgullo   *pride*

costradas con barro   *caked with mud*
ampolladas del azadón   *calloused from the hoe*
aún   *yet*

traicionera   *treacherous*

desflorada   *raped*
Alargo   *I lengthen*
fila   *line*

Estos son
pues los regalos
    que esta sociedad tiene
para hijos de jefes
5   y reyes
    y revolucionarios sanguinosos,   sanguinosos *bloody*
quienes
dieron a gente ajena
    todas sus habilidades y ingeniosidad   habilidades *skills*
                                                  ingeniosidad *ingenuity*
10 para adoquinar la vía con sesos y sangre   adoquinar la vía *pave the*
para   *way*
esas hordas de extranjeros hambrientos
        por oro,
quienes
15 cambiaron nuestro idioma
y plagiaron nuestros hechos   plagiaron *plagiarized*
    como acciones de valor
    de ellos mismos.
Desaprobaron de nuestro modo de vivir   desaprobaron *they*
20   y tomaron lo que podían usar.   *disapproved*
    Nuestro arte,
    nuestra literatura,
    nuestra música, ignoraron—
así dejaron las cosas de valor verdadero   valor *worth*
25 y arrebataron a su misma destrucción   arrebataron *grabbed at*
    con su gula y avaricia.   gula *greed*
Disimularon aquella fontana purificadora   disimularon *they*
    de naturaleza y hermandad   *overlooked*
la cual es Joaquín.   fontana *fountain*
30   El arte de nuestros señores excelentes,
    Diego Rivera,
    Siqueiros,
    Orozco, es solamente
otro acto de revolución para
35   la salvación del género humano.   género humano *mankind*
    Música de mariachi, el
    corazón y el alma
    de la gente de la tierra,
    la vida de niño
40   y la alegría del amor.
    Los corridos dicen los cuentos   corridos *popular songs,*
    de vida y muerte,   *ballads*

de tradición,
    leyendas viejas y nuevas,
de alegría
    de pasión y pesar
5 de la gente—que soy yo.
Yo estoy en los ojos de la mujer,
    amparados debajo   amparados *sheltered*
su rebozo negro
    ojos hondos y
10   dolorosos   dolorosos *sorrowful*
que llevan el pesar de hijos enterrados
    o agonizantes,   agonizantes *dying*
    muertos
en batalla o en el alambre de púas   alambre de púas *barbed*
15   de lucha social.   *wire*
Su rosario lo reza y lo pulsa   reza *prays*
infinitamente   pulsa *fingers*
    como la familia
trabajando una hilera de betabel   hilera de betabel *row of*
20   a dar vuelta   *beets*
    y trabajar
    y trabajar.⁷
    No hay ningún fin.
Sus ojos un espejo de todo el calor   espejo *mirror*
25   y todo el amor para mí,
y yo soy ella
y ella es yo.
        Juntos afrontamos la vida con   afrontamos *we confront,*
        pesar, coraje, alegría, fe y   *face*
30   pensamientos deseosos.   deseosos *wishful*
Lloro lágrimas de angustia
cuando veo a mis hijos desaparecer
detrás de la mortaja de mediocridad,
para jamás reflexionar o acordarse de mí.
35 Yo soy Joaquín.
    Debo pelear
    y ganar la lucha
    para mis hijos, y ellos
    deben saber de mí,
40   quien soy yo.
Parte de la sangre que corre hondo en mí
no pudo ser vencida por los moros.

Los derroté después de quinientos años,
y yo perduré.
La parte de sangre que es mía
ha obrado infinitamente cuatrocientos
5 años debajo el talón de europeos
lujuriosos.
      ¡Yo todavía estoy aquí!
He perdurado en las montañas escarpadas
de nuestro país.
10 He sobrevivido los trabajos y esclavitud
de los campos.
      Yo he existido
en los barrios de la ciudad
en los suburbios de intolerancia
15 en las minas de snobismo social
en las prisiones de desaliento
en la porquería de explotación
y
en el calor feroz de odio racial.
20 Y ahora suena la trompeta,
la música de la gente incita la
      revolución.
Como un gigantón soñoliento lentamente
alza su cabeza
25 al sonido de
      patulladas
      voces clamorosas
      tañido de mariachis
      explosiones ardientes de tequila
30   el aroma de chile verde y
ojos morenos, esperanzosos de una
      vida mejor.
Y en todos los terrenos fértiles,
      los llanos áridos,
35 los pueblos montañeros,
ciudades ahumadas,
      empezamos a AVANZAR.
      ¡La Raza!
      ¡Mejicano!
40   ¡Español!
      ¡Latino!
      ¡Hispano!

Glosas:

perduré *endured*

obrado *labored, worked*
talón *heel*
lujuriosos *lustful*

escarpadas *rugged, steep*

desaliento *dejection*

incita *stirs*

gigantón soñoliento
  sleeping giant
alza *raises*

patulladas *tramping feet*

tañido *playing*
ardientes *fiery*

esperanzosos *hoping for*

montañeros *mountain*
ahumadas *smoke-filled*

                    ¡Chicano!
        o lo que me llame yo,
                yo parezco lo mismo   parezco *look*
                yo siento lo mismo
    5   yo lloro
                y
                canto lo mismo.
        Yo soy el bulto de mi gente y   bulto *body, image*
        yo renuncio ser absorbido.   renuncio *refuse*
    10   Yo soy Joaquín.
        Las desigualdades son grandes
        pero mi espíritu es firme,
                mi fe impenetrable,   impenetrable *unbreakable*
                mi sangre pura.
    15 Soy príncipe azteca y Cristo cristiano.   príncipe *prince*
                ¡YO PERDURARÉ!
                ¡YO PERDURARÉ!

NOTAS CULTURALES

1. Al emplear el nombre *Joaquín,* Gonzales alude a un famoso guerrillero del siglo pasado, Joaquín Murieta (o Murrieta), minero que en California se rebeló contra las condiciones de los mineros y que buscó vengar la violación de su mujer por unos mineros anglosajones. Murieta llega a representar la resistencia del pueblo frente a la opresión, así como el Joaquín de este poema representa al chicano frente a un mundo deshumanizado en el que también sufre la opresión. Según el famoso poeta chileno Pablo Neruda, Murieta era chileno, y poco antes de su muerte Neruda escribió un drama sobre el héroe.

2. *Los altares de Moctezuma:* Referencia a la costumbre del sacrificio humano entre los aztecas.

3. La revolución a que se refiere es la famosa Revolución Mexicana de 1910.

4. *Los Niños de Chapultepec:* En septiembre de 1847 el general Winfield Scott y el ejército norteamericano entraron en la capital de México. Santa Anna se había retirado de la ciudad y sólo un pequeño grupo de cadetes defendió el Castillo de Chapultepec de los invasores. Sin embargo, los cadetes lucharon valientemente por tres días. Cuando ya no podían defenderlo, algunos, envolviéndose en la bandera de su patria, se tiraron de los altos riscos con el grito de «¡*Viva México!*» Todos los años, el 15 de septiembre conmemoran el heroísmo de esos valientes cadetes. En estos versos Gonzales compara la condición del chicano—que también tiene «extranjeros en su tierra»—con la de *Los Niños*.

5. Sin duda estos versos son autobiográficos, ya que Gonzales era un boxeador muy conocido en una época de su vida y conocía todos los placeres—y las desilusiones—del cuadrilátero.

6. Los artículos VIII y IX del Tratado de Guadalupe Hidalgo (1848) prometían respetar la propiedad de los mexicanos que escogían quedarse en los territorios que se cedieron a los Estados Unidos, y también se les prometió la libertad, tanto civil como religiosa. Fue, como indica el poema, una promesa traicionera, ya que la tierra de los hispanos fue robada y su cultura fue «desflorada».

7. En una brillante imagen, Gonzales compara a la mujer que pulsa infinitamente su rosario con la familia de braceros que trabajan infinitamente en los campos.

EJERCICIOS

I. Preguntas

1. ¿Qué quiere decir Joaquín cuando dice que «Los altares de Moctezuma / yo manché sanguíneo»?   2. ¿Qué opinión tiene él de los patrones?   3. ¿Por qué se identifica Joaquín con los Niños de Chapultepec?   4. ¿Qué representa el boxeo para el joven pobre?   5. ¿Qué contraste hay entre lo que hace el hispano en la guerra y lo que le pasa dentro de su país?   6. Según Joaquín, ¿cuáles son las cualidades del espíritu del hispano?   7. ¿Cuál es el ejemplo que se cita para indicar que «igualdad es solamente una palabra»?   8. ¿Qué hicieron los hispanos por los extranjeros y qué recibieron de ellos?   9. Con referencia a la cultura hispana, ¿qué ignoraron los anglosajones?   10. ¿Qué representa el arte de Rivera, Orozco y Siqueiros?   11. ¿Qué es lo que se refleja en la música del mariachi?   12. ¿De qué hablan los corridos? 13. ¿Qué experiencias han hecho sufrir a la mujer del rebozo negro?   14. ¿Cómo es la vida de los campesinos que trabajan las tierras de otros dueños?   15. ¿Cuándo llora Joaquín? 16. ¿Qué quiere hacer por sus hijos?   17. ¿Cómo describe Joaquín la parte de su sangre que es española?   18. ¿Cómo describe su sangre india?   19. ¿Qué es lo que ha de venir ahora? 20. ¿Desea Joaquín dejarse absorber, como lo han hecho otros, por la cultura anglosajona?

II. Ejercicios analíticos

1. Parte de la sangre de Joaquín es europea y parte es india. Indique los versos que sólo parecen referirse a la parte india. 2. Joaquín dice que es: *arrogante con orgullo, / valiente con machismo, / rico en valor / y / adinerado de espíritu y fe.* En el poema nos da ejemplos de cada una de estas cualidades. Mencione Ud. un ejemplo de cada cualidad. 3. ¿Cuál parece ser la actitud de Joaquín hacia los anglosajones? ¿Cómo son, según él? 4. Mencione Ud. algunos términos que se emplean como sinónimos de *hispano*. 5. Al comienzo del trozo del poema que se presenta aquí, Joaquín habla de su pasado. ¿De qué habla al final del poema? ¿Cómo cambia el tono entre ambas partes?

III. Ejercicios de vocabulario

A. Elegir la palabra que no corresponde al grupo.

1. canción, música, mortaja, mariachi, guitarra
2. zapato, corbata, seso, cinturón, rebozo
3. amigo, extranjero, conocido, compañero, pariente
4. esclavo, sirviente, dueño, criado, empleado
5. boca, pie, cabeza, espalda, baldosa

B. Completar con la palabra apropiada.

pesar	patria	rubios	lágrimas
pelean	corren	cárcel	espaldas
morenos	beneficio	extranjera	adinerado
estar parados	paredes		

1. Su padre es un hombre _____ ; dicen que tiene más de dos millones de dólares.
2. Si no hay asientos, vamos a tener que _____ .
3. Cuando me dijeron que él se había muerto, sentí un _____ enorme.
4. La mayoría de los mexicanos son _____ .
5. Para mí, toda persona que no es de mi país es _____ .
6. Si una persona no tiene empleo, es posible que pida que le ayuden con algún _____ .
7. Carlos vive ahora en México, pero su _____ es España.
8. A veces cuando los niños están muy cansados no juegan sino _____ .
9. En algunas islas tropicales las casas no tienen _____ .
10. No hay nada más triste que las _____ de los niños.

C. Usar en una frase original.

1. lágrimas   4. adinerado   7. extranjero
2. paredes   5. patria   8. dueño
3. mariachi   6. estar parado

D. Describir en sus propias palabras la actitud de Joaquín hacia
    los anglosajones y las causas o razones por su actitud.

Santos y santeros

Durante los siglos XVIII y XIX, la religión era muy importante para los pueblos del norte de Nuevo México y del sur de Colorado, como lo demostraron las artes populares de la región. No sólo las iglesias, sino muchas casas particulares tenían santos patrones, y muchos ríos, montañas y sierras recibieron nombres religiosos. Se crearon muchas obras artísticas en honor de santos, representándolos en forma realista, siguiendo una larga tradición española. Así lo divino se representaba por medio de lo real, y lo simbólico era comprensible cuando se le dio expresión física.

A causa de la falta de sacerdotes, debido en parte a la escasa población, a comienzos del siglo XIX se formaron en esta parte del país confraternidades religiosas, como, por ejemplo, la Sociedad de Nuestro Padre Jesús Nazareno (luego llamada Los Hermanos Penitentes de la Tercera Orden de San Francisco). Era función de los *penitentes* mantener la fe, ayudar a los necesitados—a las viudas y a los huérfanos, por ejemplo—confortar a los moribundos y enterrarlos después de muertos. En cada pueblo se estableció una *morada* o casa en la que se reunía la confraternidad para servicios religiosos. Allí se guardaban los objetos que se empleaban en los servicios y procesiones de la confraternidad. Entre los objetos creados por los artistas y artesanos del pueblo para la morada siempre había pinturas o esculturas de imágenes religiosas que los creyentes llamaban *santos*. La creación de tales imágenes no era original de estas regiones sino que continuaba una costumbre tradicional española. Las funciones de los santos también eran tradicionales: algunos servían de santo patrón a un pueblo; otros satisfacían necesidades especiales del creyente. Para el pueblo, el término *santo* incluía pinturas y esculturas de imágenes religiosas. Para referirse solamente a las esculturas, que frecuentemente eran talladas en madera, se empleaba la palabra *bulto*. Los bultos más comunes eran los que se usaban durante las procesiones y ceremonias de Semana Santa: representaciones de la Pasión de Cristo, la figura de la Dolorosa y varias figuras de la Muerte.

Como obras de arte, los bultos son la expresión más extraordinaria del arte popular que se ha producido dentro de las fronteras de los Estados Unidos. Técnicamente es impresionante la ingeniosidad del santero, que los fabricaba del material que tenía a mano en su pueblo aislado. Con frecuencia, él mismo cortaba los árboles para sus bultos y preparaba muchos de sus colores con los minerales y las plantas de la región. Aunque el tamaño de los bultos variaba mucho, los que representaban a Cristo y que frecuentemente se empleaban en la Semana Santa eran del tamaño de un hombre y tenían los brazos movibles, para poder ser usados en la representación de varios momentos de la Pasión.

Después de 1900 los santos fueron reemplazados por las esculturas y pinturas que se fabricaban en el este de los Estados Unidos y que se hicieron populares en aquella época. Sin embargo, la tradición no desapareció totalmente. Los santeros modernos de Nuevo México, como George López (1900–   ), de Córdova, y Patrocinio Barela (1908–1964), de Taos, ya no pintan sus bultos ni los crean exclusivamente para el uso de la morada o iglesia de su pueblo. Pero todavía se siente en sus obras la devoción y el ascetismo que irradian los bultos antiguos y que caracterizaban a la gente que los creó.

Courtesy of the Denver Art Museum, Denver, Colorado

ADÁN Y EVA

Esta obra, de George López (1900–   ), se compone de tres partes: las figuras de Adán y Eva, el Diablo en forma de culebra en el árbol y el cerco con su follaje. A López se le debe el nuevo renacer del arte del santero, arte al que se dedicaban sus antepasados y por el que también se interesan sus parientes, muchos de los cuales continúan la tradición hoy día. ¿Qué es lo que Eva le ofrece a Adán?

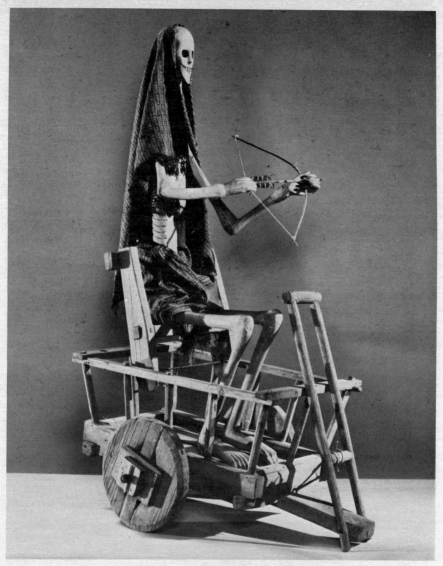

CARRETA DE LA MUERTE

Tallada por José Inez Herrera en El Rito, Nuevo México, a fines del siglo XIX, la figura de doña Sebastiana (la Muerte) mira maliciosamente al espectador. El arco y la flecha sustituyen a la guadaña que se ha utilizado mucho en las representaciones europeas de la muerte, y reflejan la amenaza constante de las tribus de indios. La carreta de la muerte simbolizaba el triunfo de la muerte después de la Crucifixión y antes de la Resurrección y también sugería la vanidad de todas las cosas mundanas, concepto este muy medieval. ¿Qué impresión produce esta figura en el espectador? ¿En qué sentido es realista la figura?

CRISTO ATADO A LA COLUMNA

Esta escultura de Cristo por un santero anónimo del siglo XIX representa el sufrimiento de Cristo de una manera directa y realista. El bulto es articulado, de modo que es posible moverle los hombros y los codos. Se ha realzado el realismo al utilizar el tronco de un pino para la columna. La elongación de la figura, rasgo típico de los bultos, le da mayor dignidad y majestuosidad. ¿Qué pintor español también elongaba las figuras que pintó?

PARA COMENTAR

1. ¿Qué es lo que uno debe saber para apreciar el arte de los santeros?
2. Con frecuencia el revolucionario moderno percibe a Cristo como persona revolucionaria, actitud que parece reflejar las preocupaciones y sentimientos de ese tipo de persona. ¿Cómo lo percibió El Greco? ¿Cuál fue la percepción de los santeros de Nuevo México?
3. ¿Cómo reflejan la literatura y el arte la manera en que los hispanos del Suroeste fueron incorporados a los Estados Unidos?
4. ¿Cómo reflejan el poema de Corky González y la obra de los santeros el interés por las raíces de la cultura hispana entre los hispanos del Suroeste?

Vocabulario

This vocabulary does not include Spanish words that are exact or close cognates of English ones; also omitted are articles, possessive adjectives, pronouns, and adjectives that have the same form as the past participles of infinitives whose meaning is given. The gender of nouns is listed except for masculine nouns ending in **-o** and feminine nouns ending in **-a, -dad, -tad, -tud,** or **-ión.** Adverbs ending in **-mente** are not listed if the adjectives from which they are derived are included.

Abbreviations

adj	adjective	*m*	masculine
adv	adverb	*n*	noun
f	feminine	*pl*	plural
fig	figurative	*prep*	preposition

___ A ___

abajo below, down; bottom
abandonar to abandon
abeja bee
abertura opening
abierto,-a open; opened
abismo abyss, gulf, chasm
abofetear to slap; to insult
abogado,-a lawyer
abrasivo *n* abrasive
abrazado,-a embracing, hugging
abrazar to embrace
abrigo overcoat
abril *m* April
abrir to open; **abrir cauce** to open
  a path
abrumado,-a crushed, overwhelmed
absorber to absorb
abstracción abstraction
abuelo,-a grandfather, grandmother
abultado,-a bulky, massive, big;
  lengthy
abundancia abundance
abundar to abound; **abundar en** to
  be full of
aburrido,-a bored
aburrir to bore; **aburrirse** to
  become bored, to get bored
abuso abuse
acá here
acabar to end, finish; **acabar de** to
  have just; **acabar por** to end by,
  to finally . . . ; **acabarse** to run
  out, to be exhausted
academia academy
acalambrado,-a with cramps
acariciar to caress
acaso perhaps
acatado,-a respected, revered,
  obeyed
acceder to acceed, give in
acción action
aceitunado,-a olive-colored
acelerada *fig* "speed" trip
acelerar to speed up, accelerate
aceptación acceptation, acceptance
aceptar to accept
acera sidewalk
acerbo,-a harsh, acid

acerca (de) about, regarding
acercarse (a) to draw near,
  approach
acero steel, blade
acertar (a) to succeed in; to be able
  to decide
aclamar to acclaim
aclarar to clarify; to dawn; to reveal
acomodado,-a comfortable, well-to-
  do; *fig* at home with
acomodar to place, put
acompañar to accompany, go along
acongojado,-a grieved, afflicted
aconsejar to advise
acontecer to happen
acontecimiento event
acordarse (de) to remember
acordeón *m* accordion
acostarse to lie down, go to bed
acribillar to pierce, perforate
acta *m* legal document, declaration
actitud attitude
actividad activity
actuación action, behavior
actual current, present,
  contemporary
actuar to act
acudir to go, come, come up; to
  have recourse, seek help from
acueducto aqueduct
acuerdo agreement; **de acuerdo
  con** in agreement with; **estar de
  acuerdo** to agree
acumulación accumulation
acusado,-a accused
achaque *m* failing; tribulation
Adán Adam
adelante ahead; **de ahí en
  adelante** from then on
adelanto advancement, progress
además moreover, besides; **además
  de** in addition to
adentrarse to enter
adentro within, inside
adinerado,-a wealthy
adiós goodbye
adivinación divination
adivinar to foretell, divine
adivinasus (adivinanzas)
  prophecies, fortune tellings
adivino soothsayer, fortune teller

adjetivo adjective
administrador,-ra administrator
admiración admiration
admirador,-ra admirer
admirar to admire; to cause surprise
adoctrinar to indoctrinate
adolescente *adj* adolescent
adoquinar to pave
adorador,-ra worshiper
adorar to adore, worship
adorno adornment, decoration
adquisición acquisition
adverbio adverb
advertencia warning, notice
afectación affectation
afeitar to shave
afición fondness, inclination
aficionado,-a fond of
afirmación affirmation
afirmar to affirm
afligidísimo,-a very afflicted, very upset
aforrar to line
afortunado,-a fortunate
africano,-a African
afrocubano,-a Afro-Cuban
afrontar to confront, face
afuera outside
agacharse to stoop, squat, bend over
agencia agency
agente *m or f* agent
agitado,-a agitated; exciting, stirring
agitar to wave
aglomeración agglomeration
agónico,-a agony; agonizing
agonizante *adj* dying
agonizar to be dying
agosto August
agradable pleasant
agradar to please, be pleasing to
agradecer to thank for, be grateful for
agrario,-a agrarian
agraz: en agraz quite short
agresividad aggressiveness
agrícola agricultural
agricultor,-ra agriculturist, farmer
agricultura agriculture
agua water
aguacero heavy shower
aguafuerte *f* etching

aguantar to endure, "stand"
aguardar to wait for
agudo,-a sharp, penetrating
águila eagle
ahí there; **de ahí en adelante** from then on; **por ahí** over there
ahito,-a stuffed, full; disgusted
ahogado,-a drowned
ahogar to smother; to quench
ahumado,-a smoky, smoke-filled
aindiado,-a Indian-looking
aire *m* air; **al aire libre** open air
aislamiento isolation
aislar to isolate
ajeno,-a another's, foreign
ajustar to adjust; to fit
ala wing
alabar to praise
alambrado wire fence
alambre *m* wire; **alambre de alumbrado** power line
alargar to lengthen, increase
alarmar to alarm
alba dawn
alborotado,-a turbulent, excited, stirred up
alcahueta procurer, go-between
alcaide *m* jailor, warden
alcanzar to achieve, overtake, reach
aledaño,-a (a) bordering, adjacent to
alegar to allege, affirm
alegoría allegory
alegrarse (de) to be glad (of)
alegre happy, joyous
alegría joy, gaiety
alejado,-a distant
alejar to remove to a distance; to go (far) away
alejarse to move away, recede
alemán,-na German
Alemania Germany
alentar to encourage
alféizar *m* window sill
alfombra carpet
algo something; somewhat
alguien someone
alguno,-a some, any
alianza alliance
alimentación nutrition
alimentar to feed, nourish

alimento food
alisarse to smooth
alistar to prepare
aliviar to alleviate, relieve
alivio alleviation, mitigation
alma soul
almacén *m* store, grocery store; bar
almohada pillow
almuerzo lunch
alrededor (de) around
alternativa alternative
altihta (artista) *m or f* artist
altiplano plateau, tableland
alto,-a high, tall; **en voz alta**
aloud; **las altas horas** the late
hours; **en alto** on high; **pasar por
alto** to overlook; **hacer alto** to
stop
altura height
alucinógeno,-a hallucinogenic
aludir to allude, refer
alumbrado light, power
alusión allusion
alzar to raise
allá there; **más allá** further over;
más allá de beyond
allí there
ama mistress of the house; **ama de
casa** housewife
amable likeable, amiable, nice
amainado,-a lessened, subsided
amanecer to dawn; *m n* dawn
amaneramiento mannerism
amar to love
amarillo,-a yellow
ambición ambition
ambicioso,-a ambitious
ambiente *m* atmosphere;
environment
ambos,-as both
ambulante ambulant; **vendedor
ambulante** travelling salesman
amenaza threat
amenazante threatening
amenazar to threaten
ametralladora machine gun
amistad friendship
amo master
amontonadero enormous pile, hoard
amontonado,-a piled up

amor *m* love; **amores** love affair
amoroso,-a *adj* love
amparado,-a sheltered, protected
amparar to protect
amparo protection, shelter; support
ampollado,-a blistered
analfabetismo illiteracy
analfabeto,-a illiterate
análisis *m* analysis
analítico,-a analytical
analizar to analyze
anciano,-a old
ancho,-a broad, wide
andaluz,-za Andalusian
andanza wandering; event
andar to go; go around; to walk; to
be; **¡anda!** come on now! **andar a
caballo** to ride horseback
anécdota anecdote
anegado,-a drowned, flooded
anglo,-a Anglo (-Saxon)
anglosajón,-na Anglo-Saxon
ángulo angle
angustia anguish
angustiado,-a sorrowful
anhelar to desire, wish
anhelo desire, wish
anillo ring
ánima soul
animación animation
animado,-a lively, animated
ánimo spirit; **hacerse el ánimo
de** to be willing to
aniquilado,-a annihilated
anoche last night
anodino,-a anodyne
anónimo,-a anonymous
ansia desire, anxiety
ante before; to; confronted with, in
the presence of
antebrazo forearm
antecedente *m* antecedent
antepasado ancestor
anterior previous; before
antes before, first
anticipar to anticipate
antigüedad antiquity
antiguo,-a ancient, old
antojarse to fancy, take a notion to;
to occur to one

antología anthology
antropología anthropology
antropomorfo,-a anthropomorphic
anudar to tie, knot
anular to annul, make void, cancel
anunciar to announce
anuncio announcement
añadir to add
añejo,-a old, aged, stale
año year; **cumplir . . . años** to reach one's . . . birthday; **tener . . . años** to be . . . years old; **hace años** years ago
apacible peaceful
apagado,-a extinguished, dead
apagarse to become mute, become silent
aparato apparatus
aparecer to appear, show up
aparente apparent
aparición appearance
apariencia appearance
apartado,-a out-of-the-way, distant, remote
apedrear to stone
apegado,-a attached
apellido surname, family name
apenas scarcely, hardly, only
aperitivo apéritif, drink
aplastar to crush, smash
aplaudir to applaud
aplauso applause
aplicado,-a hard-working, industrious
aplicarse to be applied
apogeo apogee, height
aposento room
apostado,-a posted
apostrofar to apostrophize
apoyado,-a supported, leaning
apoyar to support; to lean down; **apoyarse** to lean; to support oneself
apoyo support
apreciación appreciation, to hold in esteem
apreciar to appreciate
aprehendido,-a apprehended
aprender to learn; **aprender de memoria** to memorize

aprendiz *m* apprentice
aprendizaje *m* apprenticeship
apresurarse to hurry
apretar to press down, weigh heavily; to be oppressive; to clench; **apretarse** to press oneself
aprisa fast
aprobar to approve
aprontarse to get ready
apropiado,-a appropriate
aprovechar to take advantage of
aproximadamente approximately
aproximarse to approach, move near
apto,-a fit
apuración worry, trouble, misfortune
aquel,-lla that; **aquél, aquélla** the former; **aquello** that (neuter)
aquiescencia acquiescence
árabe Arab, Arabian
aragonés,-esa Aragonese
araña spider
árbol *m* tree
arca *m* ark
arcángel *m* archangel
arco bow; bridge (of the nose); arch
archivo archive
arder to burn
ardiente ardent
arduo,-a arduous
arena sand
arengar to harangue
argentino,-a Argentine
aridez *f* drought; aridity, barrenness
árido,-a arid, dry
aristocracia aristocracy
arma arm, weapon
armado,-a armed
armamento armament
armonía harmony
armonioso,-a harmonious
armonizar to harmonize
aromo myrrh
aro ring, plug
arpa harp
arqueólogo archeologist
arquitecto architect
arquitectónico,-a architectural
arquitectura architecture
arraigado,-a rooted

arrancar to pull out
arrastrar to drag, drag away
arrebatar to carry off, snatch
arreglar to arrange
arriba up, upward; top
arribar to arrive
arrimado,-a sheltered
arrogante arrogant, proud
arrojar to throw
arrollar to sweep away, carry along; to trample
arroyo brook, small stream
arroz *m* rice
arrugar to wrinkle
arruinar to ruin
artefacto artifact
arteria artery
artesano artisan
articulado,-a articulated
artículo article
artista *m or f* artist
asado,-a roasted
asaltar to assault, to occur
asalto assault
ascetismo asceticism
asegurar to assure, maintain; to make fast; to assert
asentar to sharpen, whet
asentarse to seat oneself
asesinar to murder, kill
asesinato murder
asesino murderer
asfalto asphalt
así so, thus, therefore
asiento seat
asimétrico,-a asymmetrical
asimilación assimilation
asistir to attend
asociar to associate
asoleado,-a sunny
asolearse to dry in the sun
asomadita peep; **darse una asomadita** to take a peep
asomar to peep, take a look
asombrado,-a surprised
asombrar to surprise, astonish; **asombrarse** to be astonished at
asombro astonishment, surprise
asombroso,-a astonishing
áspero,-a rough
asqueroso,-a filthy, dirty, vile

astro star
astrología astrology
astronomía astronomy
astrónomo astronomer
astucia cunning, wit
astuto,-a cunning
asustado,-a frightened
asustarse to get frightened, become frightened
atacar to attack
ataque *m* attack
atar to tie
atarantado,-a foolish, dumbfounded
atardecer *m* dusk
atareado,-a busy
ataúd *m* coffin, casket
atención attention; **prestar atención** to pay attention
atender to attend
ateneo athenaeum
atento,-a attentive
ateo,-a atheist
atestiguar to bear witness
atónito,-a astonished, amazed
atorarse to choke, be choked
atormentado,-a tormented
atracción attraction
atractivo,-a attractive
atraer to attract
atrás behind
atravesar to cross
atreverse (a) to dare to
atrevido,-a bold, daring
atribuir to attribute
atributo attribute
aturdido,-a rattled, confused
aumentar to increase
aun even
aún yet, still
aunque although, though; even if
aurora dawn
ausentarse to absent oneself
ausente absent
austeridad austerity
austero,-a austere
autobiográfico,-a autobiographic
autobús *m* bus
autóctono,-a autochthonous, aboriginal, native
automóvil *m* automobile
autonomía autonomy

autónomo,-a autonomous
autor,-ra author, authoress
autoridad authority
autosuficiente self-sufficient
auxiliar to help
auxilio help
avanzado,-a advanced
avanzar to advance
avaricia avarice
ave *f* bird
avenida avenue
aventura adventure
aventurar to venture
averiguar to inquire about
avión *m* airplane
aviso warning
ayer yesterday
ayuda help, assistance
ayudante assistant, aide
ayudar to help, assist
ayuntamiento municipal government
ayuntarse to join together
azadón *m* hoe
azar *m* risk, chance, hazard, probability of chance
azote whip
azotea flat roof
azteca Aztec
azúcar *m* sugar
azul blue
azulejo tile

B

Babia absent-mindedness
badana dressed sheepskin, leather strap
bailar to dance
bailarina ballerina
baile *m* dance
bajar to lower, go down; to become less; **bajarse** to get off
bajel *m* ship, vessel
bajo,-a low, soft; *prep* beneath, under; **en voz baja** in a whisper
bajorrelieve *m* bas-relief
bala bullet
balacera volley
balazo bullet wound, shot
balcón *m* balcony

baldosa tile
banco bank; bench
bandera flag
baño bath
barba beard
bárbaro,-a barbarous
barbero barber
barbilla point of the chin
barco ship
barra rod, bar
barraca hut, cabin
barranca ravine, gorge
barrer to sweep
barrido,-a swept up
barriga belly
barrio district of a city, quarter
barro mud, clay
barroco,-a baroque
basarse (en) to be based (on)
base *f* basis
bastante enough, quite
bastar to be enough, to be adequate
bastón *m* cane, staff
basura garbage
bata dressing gown, robe
batalla battle
batir to beat, whip
baúl *m* chest, trunk
bayoneta bayonet
beber to drink
bebida drink
becado,-a granted a scholarship
becerro calf
béisbol *m* baseball
belleza beauty
bello,-a beautiful
bellota acorn
bendición blessing
bendito,-a blessed
beneficio welfare office
benévolo benevolent
bengala: luz de bengala *f* flare
besar to kiss
beso kiss
betabel *f* beet
Biblia Bible
bíblico,-a Biblical
biblioteca library
bien well; very; **más bien** rather
bienestar *m* well-being
bienvenido welcome

billete *m* ticket; banknote
blando,-a soft
blindado,-a armored
bloque *m* block
bobo fool
boca mouth; **a boca de**
 jarro point-blank
bodega wine cellar; liquor store
boicot *m* boycott
bola ball
boliviano,-a Bolivian
bolsa bag
bolsillo pocket
bolsón *m* shopping bag
bonachón,-na good-natured, kind
bonaerense *adj* of Buenos Aires
bondad goodness
bonito,-a pretty
boquera corner of the mouth
boquete *m* opening; spot
borracho,-a drunken
borrar to erase
borrosamente vaguely, murkily
bosque *m* woods
bosquejar to sketch
bostezar to yawn
bota boot, shoe
bote *m* can, jar
botica drugstore, pharmacy
boxeador *m* boxer
boxeo boxing
bracero field hand, day laborer
bramar to bellow
bravo,-a brave, manly; ill-tempered,
 ferocious
brazo arm
breve short, brief
bribón *m* rascal, scoundrel
brigada brigade
brillantina brillantine
brillar to shine
brillo brilliance, brightness, lustre
brincar to leap
brinco leap; **pegar el brinco** to
 leap
brisa breeze
británica British
brocha brush
brotar to gush, issue, produce; to
 germinate, bud

bruja witch
brujería witchcraft
brujo wizard, sorcerer
buey *m* ox
buhcal (buscar) to look for
buho owl
bulto bulk; statue
burgués,-a bourgeois
burguesía bourgeoisie
burlador *m* trickster, mocker
burlarse (de) to make fun (of), mock
burocracia bureaucracy
buscar to seek, look for
búsqueda search
butaca armchair, seat
buzón *m* letter box, letter drop

── C ──

caballero gentleman
caballo horse; **a caballo** on
 horseback
cabaña hut, cottage, cabin
cabello hair
caber to fit; **no me cabe duda** I
 have no doubt; **caber en**
 suerte to fall to the lot of
cabeza head
cabo extremity, tip; **al cabo de**
 after; **llevar a cabo** to carry out
cacha leaf of the blade of a razor;
 handle
cada each, every; **cada cual** each,
 every one, everybody
cadáver *m* corpse, cadaver
cadete *m* cadet
caeh (caes) (you) fall
cael (caer) to fall
caer to fall; **caerle mal** to be
 unbecoming
café *m* café; coffee
caja box
cajón *m* box, chest
calado,-a fixed
calavera skull
calceta stocking; **hacer calceta** to
 knit
calcular to calculate
caldera boiler

calendario calendar
calgo (cargo) (I) carry
calibre *m* caliber
calidad quality
caliente hot
calificado,-a qualified
calmar to calm
calor *m* heat; **hacer calor** to be hot
calvinista *n and adj* Calvinist(ic)
callado,-a quiet
callar to silence, be silent; **callarse** to be silent, shut up
calle *f* street; **calle abajo** down the street
callejero,-a street *adj*
callejuela small street, lane
cama bed
cámara chamber, camera
camastro cot, miserable bed
cambiar to change
cambio change; **en cambio** on the other hand
caminar to walk; to travel; to go
camino road, path; **camino de** on the way to, in the direction of
camisa shirt
campamento encampment, camp
campanilla bell
campesino peasant
campestre rural, rustic
campo country, countryside, field
camposanto cemetery
canario canary
canción song
cansado,-a tired
cansarse to get tired, tire oneself
cantar to sing
cantera quarry
cantidad quantity
canturrear to hum
caña sugar cane
caos *m* chaos
caótico,-a chaotic
capa cape; layer, level
capacidad capacity
capataz *m* overseer, foreman
capaz capable
capilla chapel
capitalito small amount of money

capitán *m* captain
capítulo chapter
capricho caprice, whim
captar to capture
cara face
carabela caravel, sailing vessel
carabinero carabineer, guard
carácter *m* character
característica characteristic
característico,-a characteristic
caracterizar to characterize
carbón *m* coal, carbon, charcoal
cárcel *f* jail
carecer to lack
carencia lack, deprivation
carente (de) lacking (in)
cargo position, post
carguero pack horse
caricatura caricature
caricia caress
caricortaoh (caricortados) "tough guys"
cariño affection
carismático,-a charismatic
carne *f* meat, flesh
carrera career; **dar carrera** to drive; to chase
carreta cart, wagon
carro cart
carta letter
cartel *m* sign, placard
cartero mailman
cartón *m* pasteboard, cardboard
cartucho roll
casamiento marriage
casar to marry; **casarse** to get married
cascabel *m* bell
cáscara peel
cascarrabias irritable
casco shell; main house
casi almost
Cásidi Cassidy
caso case; **hacer caso de** to pay attention to
castellano Castilian, Spanish
castigar to punish
castigo punishment
Castilla Castile
castillo castle

casualidad coincidence
casuarina Australian pine
catear to search
catedral *f* cathedral
catedrático,-a professor
catolicismo Catholicism
católico,-a Catholic
cauce *m* bed of a river; **abrir cauce** to open a path
caucho rubber
causa cause; **a causa de** because of
causar to cause
cautelosamente cautiously
cavador *m* digger
caverna cavern
cavidad cavity
cayado shepherd's crook
caza hunting
cazador *m* hunter
cazar to hunt
cebada barley, fodder
cebolla onion
ceder to cede, yield
ceja eyebrow
cejar to slacken, let up
cejijunto,-a having eyebrows that meet
celda cell
celebrar to celebrate, hold
celeste sky-blue, celestial
cementerio cemetery
cena supper
ceniza ash
centavo cent
centenar hundred
céntrico,-a downtown, central
cepillo hairbrush
cerámica ceramic
cerca (de) near; about
cerca *n* fence; wall
cercado,-a surrounded
cercano,-a near
cerco fence, wall
ceremonia ceremony
cero zero
cerrado,-a thick, closed
cerrar to close; **cerrar con llave** to lock; **fuego cerrado** heavy fire
cerro hill
certeza certainty

cerveza beer; **fabricador de cerveza** brewer
cesar to cease
césped *m* grass
cicatrizar to heal
ciclo cycle
ciego,-a blind
cielo sky, heaven
ciencia science
cien(to) hundred; **por ciento** per cent
científico,-a scientific; *n m or f* scientist
cierto,-a certain, a certain; **por cierto** to be sure
ciervo stag
cifra number, figure
cigarrillo cigarette
cigarro cigar
cimbrarse to vibrate, shake, tremble
cimiento foundation
cincel *m* chisel
cincuentona "fifty-ish"
cine *m* movies, movie theater
cinta ribbon
cintura waist
cinturón *m* belt
circo circus
círculo circle
circundar to surround, circle
circunstancia circumstance
circunvecino,-a surrounding
cirio candle
citar to quote, cite
ciudad *f* city
ciudadanía citizenship
ciudadano,-a citizen
civilización civilization
civilizado,-a civilized
civilizador,-ra civilizing
clamoroso,-a clamorous, noisy
clandestino,-a clandestine
claridad clarity
claro,-a clear
clase *f* class, kind
clásico,-a classic
clasificar to classify
clausurar to close
clavar to nail; to fix
clave *f* key
clavo nail, hook

cliente *m or f* client, customer
clima *m* climate
Cloh (Clos) Klaus
CNH (Consejo Nacional de Huelga) National Strike Council
cobarde *m* coward
cobardía cowardice
cobija cover, blanket
cobrar to collect
cocina kitchen
cocinar to cook
cocinera cook
coche *m* car; coach
códice *m* codex, old manuscript
codo elbow
cofradía confraternity, brotherhood
coger to pick up, seize, grasp, take, catch onto
coincidir to coincide
colaboración collaboration
colaborar to collaborate
colcha bedspread, quilt
colección collection
colecta collection
colegio school (high school)
cólera anger, wrath
colgar to hang
colmar to heap, fill
colocar to put, place
colombiano,-a Columbian
Colón Columbus
colonia colony
colorado,-a red; **ponerse colorado,-a** to blush
coloso colossus
comandancia command post, frontier command
comandante *m* commander
combatir combat
combinación combination
combinar to combine
comedia play; **paso de comedia** short one-act play
comedor *m* dining room
comentar to comment
comentario commentary
comenzar to begin
comer to eat; **comerse** to eat up; **dar de comer** to give food to
comerciante *m* businessman, merchant

comercio business, commerce
comestibles *m pl* food, foodstuffs
cometer to commit
comida meal, food
comienzo beginning; **al comienzo** at (in) the beginning
comisaría commissary, police station
comisión commission
como how, as, like, about; **¿cómo?** what? how? why? what did you say?; **¿cómo no?** why not?; **¡cómo no!** of course, naturally
cómodo,-a comfortable
compañero,-a companion, mate, friend
comparación comparison
comparar to compare
compartir to share
compasión compassion
compatriota *m or f* compatriot
competencia competition
complacencia complacency
complacido,-a with pleasure, with satisfaction
complejidad complexity
complejo,-a complex; *n m* complex
completar to complete
componer to compose; **componerse** to consist
composición composition
compra purchase; **hacer compras** to go shopping
comprador *m* buyer
comprar to buy
comprender to understand
comprensión comprehension
comprobar to verify, confirm
compuesto,-a composed
común common
comunicación communication
comunicar to communicate
comunidad community
comunión communion
comunismo communism
con with, by; **con tal que** provided that; **con que** so, then, so then; **con todo** nevertheless
concebir to conceive
concentración concentration
concentrar to concentrate

conciencia conscience, consciousness
concierto concert
concluir to conclude, end, finish
concretar to manifest; to express concretely
concreto,-a concrete
concurrente *m* one in attendance, spectator
concurso contest
conde *m* count
condenado,-a condemned, damned
condenao (condenado) damned one
condición condition
conducir to lead
conducto: por conducto de through
conferencia conference
conferir to confer
confesar to confess
confesión confession
confianza confidence
confirmar to confirm
confiscado,-a confiscated
conformar to conform; **conformarse con** to resign oneself to
confraternidad confraternity, brotherhood
confrontación confrontation
confrontar to confront
confundir to confuse
confuso,-a confused
congregarse to gather
conjetura conjecture
conjunto whole, aggregate; collection; **de conjunto** whole, complete
conmemorar to commemorate
conocer to know; to meet; **dar a conocer** to make known
conocimiento knowledge
conque so; *n m* anything with which, the wherewithal
conquista conquest
conquistador *m* conqueror
conquistar to conquer
consciente conscious
consecuencia consequence
conseguir to obtain, attain, get
consejero adviser

consejo counsel, advice; council; **celebrar consejo** to hold a council
consentir to consent
conservar to conserve
considerar to consider
consistencia firmness, solidity, substance
consistir (en) to consist (of)
consolar to console
consolidar to consolidate
constar to be evident; **me consta** I recall, I know; **constar en** to be recorded in
constatar to verify, confirm
constitución constitution
constituir to constitute
construcción construction, building, edifice
constructivismo constructivism
construir to construct
consuelo consolation
consulta consultation, conference
consultar to consult, confer
consumo consumption
contabilidad bookkeeping, accounting
contaminación contamination
contar to tell; to count
contemplar to contemplate
contemporáneo,-a contemporary
contener to contain
contenido content
contento,-a happy, content
contestación answer
contestar to answer
contienda struggle, dispute
continente *m* continent
contingente *m* contingent, share
continuación continuation; **a continuación** below
continuar to continue
continuo,-a continuous
contorno outline
contra against
contradicción contradiction
contradictorio,-a contradictory
contrario,-a contrary, opposite; **al contrario** on the contrary; **por lo contrario** on the contrary
contrarreforma Counter-Reformation

contraseña countersign
contrastar to contrast
contribución contribution
contribuir to contribute
controlar to control
convencional conventional
convenir to agree; to be suitable;
  conviene que it is best, it is
  convenient
convento convent, monastery
converger to converge
conversación conversation
conversar to converse
convertir to convert; **convertirse**
  en to change into, become
convivencia co-existence
convivir to live together
conyugal conjugal
copa top of a tree
copiar to copy
copioso,-a copious
coraje *m* courage, bravery; anger; **le**
  dio coraje made him mad
corazón *m* heart
corbata necktie
corderita lamb
Corea Korea
coronación coronation
corporación corporation
corredizo,-a slippery; **tierra**
  corrediza quicksand
corredor *m* corridor
corregir to correct
correo post office
correr to run; to spread
correspondencia correspondence
corresponder to belong, match
corresponsal *m* correspondent
corretear to rove, ramble, race
  around
corrida (de toros) bullfight
corrido type of popular song
corriente current, ordinary; *n*
  f current, air; **más de lo**
  corriente more than usual
corromper to corrupt
corrupción corruption
cortar to cut, to cut off; **cortar por**
  lo sano *fig* to take quick action
corte *f* court; *n m* cutting
cortejo cortege, procession

cortesano,-a courtier
cortina curtain
cosa thing
cosecha harvest
cosmología cosmology
cosmopolita *adj* cosmopolitan
cosquilleante tickling; upsetting
cosquilleo tickling sensation
costado side
costar to cost
costilla rib
costrado,-a streaked, caked
costumbre *f* custom; **de**
  costumbre usual, usually
cotidiano,-a daily
cráneo skull, cranium
creación creation
creador *m* creator
crear to create
crecer to grow; **va como palo de**
  ocote, crece y crece keeps right
  on growing like a pine tree
crecido,-a large
creciente *f* flood, swell of waters
credencial *f* credential
creencia belief
creer to believe; **ya lo creo** I
  should say so
crespo,-a curly
Creta Crete
creyente *m or f* believer; **creyente**
  a puño cerrado a firm believer
criada maid
criado servant
criar to raise, bring up
criatura creature, child, created one
Crihmah (Crismas) Christmas
crimen *m* crime
criollo,-a native, creole
cristal *m* crystal, glass
cristalería glassware
cristianismo Christianity
cristiano,-a Christian
Cristo Christ
crítica criticism
criticar to criticize
crítico critic
crónica chronicle
cronista *m or f* chronicler
cronología chronology
cronológico,-a chronological

croquis *m* sketch
crucificar to crucify
crueldad cruelty
crujir to creak
cruz *f* cross
cruzada crusade
cruzar to cross; to intermingle
cuaderno composition book
cuadra block
cuadrado,-a square
cuadrilátero quadrilateral; ring (boxing)
cuadro painting, picture
cuajar *fig* to hide
cual which, such as, as, what; **lo cual** which; **cada cual** each one
cualidad quality
cualquier,-ra any, some one, whichsoever, whosoever; **un cualquiera** a nobody
cuando when; **cuando menos** at least; **de vez en cuando** from time to time
cuanto,-a how much, how long; **unas cuantas** a few; **cuantos** all those who
cuarto,-a fourth; *n m* room, a fourth
cuatrocientos,-as four hundred
cubano,-a Cuban
cúbico,-a cubic
cubierta deck
cubismo cubism
cubista cubist
cubo bucket
cubrir to cover
cuchara spoon
cuchilla mountain, mountain ridge
cuchillo knife
cuello neck; collar
cuenta account; **hagan de cuenta** just imagine; **darse cuenta de** to realize; **de su cuenta** on her own
cuentista *m or f* storyteller, short story writer
cuento story; **sacar a cuento** to drag in, mention
cuerno horn
cuerpo body; corps
cuesta slope; **a cuestas** on one's shoulders

cueva cave
cuidado care; **con cuidado** carefully; **tener cuidado** to be careful
cuidadoso,-a careful
cuidar (de) to take care (of)
cuita care, concern, trouble
cuitado poor wretch
culebra snake
culminación culmination
culpable guilty
cultivar to cultivate
cultivo culture; growing
culto,-a cultured; *n m* cult
cultura culture
cumpleaños *m* birthday
cumplir to keep (a promise), fulfill; to perform; **cumplir . . . años** to reach one's . . . birthday
cura *m* priest
curación cure
curandero medicine man
curar to cure
curato parish
curiosear to poke around, take a look at
curioso,-a curious
cursar to circulate; to study; to run
curso course
curtir to tan (hides)
curva curve
cuyo,-a whose

—— CH ——

chacra farm
chal *m* shawl
chapaleo splatter, splash
charco puddle, pool
charlar to chat
chico,-a small; **chica** girlfriend
chiflido shrill whistling sound
chileno,-a Chilean
chillar to screech
chino,-a Chinese
chis (¡ah chis!) sneezing sound
chisporrotear to sputter
chiste *m* joke
chochear to dote; to become senile
chocho,-a doddering
choque *m* collision, clash

chorrete *m* trickle, stream
chorro jet, stream, spurt

—— **D** ——

dádiva gift, contribution
danza dance
danzar to dance; to whirl
dañar to harm
dao (dado) given
dar to give; **que se dan en el campo** which are found in the country; **darse por** to consider oneself; **dar en** to strike; **dar con** to encounter, find; **dar vuelta** to turn around; **darse cuenta de** to realize; **darse una asomadita** to take a peep; **les dio por** they took a fancy to; **dar los primeros pasos** to take the first steps; **dar de comer** to give food to; **darse a conocer** to make oneself known
darwinismo Darwinism
dato datum
debajo beneath; **debajo de** beneath, under
deber to owe, ought, must; *n m* duty; **debido a que** due to the fact that
débil weak
debilidad weakness
debilitado,-a weakened
década decade
decadencia decadence
decaer to decay
decidir to decide
decir to say, tell; **querer decir** to mean; **es decir** that is to say
declarar to declare
decoración decoration
decorar to decorate
decrecer to diminish
dedicar to dedicate
dedo finger; **dedo gordo** thumb; **al dedillo** perfectly
defender to defend
defensa defense
definición definition
definido,-a definite
definir to define

defraudar to cheat, defraud; to disappoint
degollar to slit a throat
deificación deification
dejar to let, allow, permit; to leave; **dejar de** to stop, cease
delante (de) before, in front of
deleitar to delight
deleite *m* delight
demás other
demasiado,-a too, too much
Demócrata Democratic
demonio devil
demorar to delay, hold up; **demorarse** to dally
demostración demonstration
demostrativo,-a demonstrative
dentro (de) within, inside of
denuncia denunciation
dependencia outbuilding, quarters
depender (de) to depend (on)
deporte *m* sport
depositar to deposit
derecha right
derecho right; law
derivado,-a derived
derramamiento shedding
derramar to shed; to scatter
derrumbar to tumble down, fall down, knock down
desafiante defiant
desafiar to challenge
desafío challenge, duel
desagradable unpleasant
desagradar to displease
desaliento discouragement, dejection
desalojar to empty out, evacuate
desangrarse to bleed
desanimarse to get discouraged
desaparecer to disappear
desaprobar to disapprove
desarrollar to develop
desarrollo development
desasociado,-a disassociated
desastre *m* disaster
desastroso,-a disastrous
desayuno breakfast
desbandada disbandment, disorder, flight
desbaratar to destroy, break into pieces
desbordarse to overflow, flood

descalzo,-a barefoot
descanso rest
descargar to ease, lighten; to clear
descendencia descendants
descender to descend
descendiente *m or f* descendant
descolgar to take down
desconfiarse (de) to distrust
desconocer to be unacquainted with
desconocido,-a unfamiliar, unknown
descontrolado,-a uncontrolled
descortés rude, discourteous
describir to describe
descripción description
descubierto,-a discovered
descubrir to discover;
  descubrirse to take off one's hat
desde from, since
desear to desire, want
desechar to reject
desencadenar to break loose, break
  out
desencuentro lack of contact, lack of
  encounter
desengañado,-a disillusioned
deseo desire
deseoso,-a desirous
desesperación despair, desperation
desesperado,-a desperate
desesperanza despair, hopelessness
desfilar to parade, march
desflorado,-a tarnished, violated
desgarrado,-a rending
desgracia disgrace, disfavor,
  misfortune
desgraciado,-a unfortunate,
  unhappy
deshacer to undo, destroy;
  deshacerse to fall apart
deshilachado,-a ravelled, threadbare
deshojado,-a stripped of leaves
deshumanización dehumanization
deshumanizado,-a dehumanized
desierto desert
designar to designate
desigual *adj* irregular
desigualdad inequality
desilusión disillusion
desilusionar to disillusion
desinteresado,-a disinterested
deslizarse to slip, glide
deslumbrar to dazzle

desmayo fainting spell
desmejorar to decline, become
  worse; *fig* to get more and more
  edgy
desnudo,-a naked, nude
desolado,-a desolate
desorbitado,-a out of focus
desorientación disorientation,
  confusion
despacio slowly
despachar to dispatch, send, dismiss;
  to gulp down
despacho store; office
despavorido,-a terrified
despecho anger, despair, scorn
despedezar to cut or tear to pieces
despedida farewell
despedirse to say goodbye
despertar to awaken;
  despertarse to wake up
despliegue *m* deployment
desplomarse to collapse, topple over
despojado,-a despoiled, stripped
despreciado,-a scorned, despised
desprecio scorn, contempt
desprovisto,-a (de) lacking in
después after, afterwards; **después
  de** after
destacarse to stand out
destierro exile
destinado,-a destined
destino destiny
destreza skill
destrozar to destroy
destrucción destruction
destructivo,-a destructive
destructor,-ra destructive
destruir to destroy
desvanecerse to disappear
desvarío whim, caprice
detallado,-a detailed
detalle *m* detail
detallista addicted to details
detención detention, arrest
detener(se) to stop
detenido,-a arrested
determinado,-a determined, specific,
  a certain
detrás (de) behind
deudo relative
devoción devotion
devolver to return

devorador,-ra devourer
devorar to devour
DF (Distrito Federal) Federal District
día *m* day; **hoy en día** nowadays;
  hoy día nowadays; **al otro día,**
  al día siguiente on the next day;
  de día by day
diablo devil
diabólico,-a devilish
dialecto dialect
diálogo dialogue
diamante *m* diamond
diario,-a daily; *n m* newspaper; **de**
  a diario from everyday life
dibujar to sketch
dibujista *m or f* cartoonist
dibujo sketch
diciembre *m* December
dictador *m* dictator
dieh (diez) ten
diente *m* tooth; **entre dientes**
  muttering
diestra right hand
dieta diet
diez: de a diez ten-cent coin
diferencia difference
diferenciar to differentiate
diferente different
difícil difficult
dificultad difficulty
dificultar to make difficult
dignidad dignity
digno,-a worthy
dihparao (disparado) shot
diligencia diligence; business, errand
diluvio flood, deluge
diminutivo,-a diminutive
diminuto,-a tiny
dinámico,-a dynamic
dinamismo dynamism
dinero money
Dioh (Dios) God
dios god
diosa goddess
diplomacia diplomacy
dirección direction; address
directivo,-a governing
dirigir to direct, send; **dirigirse** to
  go; **dirigir la palabra** to speak, to
  address someone
discernir to discern
disciplina discipline; *pl* scourge

discurso speech
discutible disputable, questionable
discutir to discuss, to argue
diseño design
disfrazar to disguise
disimular to dissimulate
disminuir to reduce, lessen
disparar to shoot
disparate *m* nonsense, absurdity
disparo shot
dispensar to excuse
disperso,-a scattered
disponerse (a) to get ready to
disposición disposition
distancia distance
distinguir to distinguish
distintivo,-a distinctive
distinto,-a different
distorsionado,-a distorted
distraer to distract
distrito district
diverso,-a diverse, different
divertirse to enjoy oneself, have a
  good time
dividir to divide
divinidad divinity
divino,-a divine
divisar to perceive
divorciarse to get divorced
divulgar to divulge, make known
doble double; *n m* double
doctrina doctrine
dólar *m* dollar
doler to hurt
dolol (dolor) pain, ache
dolor *m* pain, ache; grief
dolora type of poem written by
  Campoamor
dolorosa Mater Dolorosa, Sorrowing
  Mary
domar to tame
domesticar to domesticate
domicilio domicile, residence
dominar to dominate
domingo Sunday
dominio domination
don title for a gentleman, used only
  with given or Christian name
donar to grant
donde where; **¿a dónde?** where?
  whereto?; **¿de dónde?** where
  from?; **¿en dónde?** where?

doña   title for a lady, used only with given or Christian name
dorado,-a   gilded, golden
dormido,-a   asleep
dormir   to sleep; **dormirse**   to fall asleep
dormitorio   bedroom
dorso   back
dos: los dos   both
drama *m*   drama
dramatizar   to dramatize
dramaturgo   dramatist
duda   doubt; **sin duda**   certainly, doubtless
dudar   to doubt
duelo   duel; sorrow
dueño   master, owner
dulce   sweet; *n m*   candy
duque   duke
durante   during
durar   to last
duro,-a   hard

—— **E** ——

eco   echo
economía   economy
económico,-a   economic
echao (echado)   thrown
echar   to throw, throw out, cast; **echar a**   to begin to; **echar a perder**   to ruin
edad *f*   age
edénico,-a   pertaining to Eden
edición   edition
edificio   building, structure
editorial   publishing; *n f*   publishing house
educación   education
educado,-a   educated
educador *m*   educator
educativo,-a   educational
efectivo   element, unit
efecto   effect
efectuarse   to take place
eficacia   efficacy, efficiency
egoísta *adj*   selfish
ehcupidera (escupidera)   spittoon
eje *m*   axis
ejecución   execution

ejemplar *m*   copy
ejemplificar   to exemplify
ejemplo   example
ejercer   to exercise
ejercicio   exercise
ejercitarse   to practice
ejército   army
elección   election
electricista   electrician
elegir   to choose
elevado,-a   high, lofty, grand
elevar   to raise
elocución   elocution
elogiar   to praise
elongación   elongation
elongar   to elongate
elusivo,-a   elusive
emaciado,-a   emaciated
embalgo (embargo): sin embalgo   nevertheless
embalsamado,-a   embalmed
embargo: sin embargo   nevertheless
embravecido,-a   enraged
embrutecer   to brutalize
embustero   cheat, trickster
emigrar   to emigrate
emoción   emotion
emocional   emotional
empapado,-a   soaked
empeñarse (en)   to persist (in)
emperador *m*   emperor
empezar   to begin
empleado   employee
emplear   to employ
empleo   job, work
empotrado,-a   mounted
emprender   to undertake, engage in
empresa   enterprise, undertaking
empujar   to push, shove
empuñar   to grip, clutch
enamorado,-a   lover, sweetheart; *adj*   in love; **estar enamorado,-a de**   to be in love with
enamorarse (de)   to fall in love (with)
encabezar   to head, lead
encajar   to fit, join
encaminarse   to move, head toward
encanto   charm, delight, glamour
encarcelamiento   imprisonment
encarcelar   to imprison
encarnado,-a   red

encender to light
encerrar to enclose
encerrarse to lock oneself up, close oneself up
encima above; **por encima de** above, over
encontrar to find; **encontrarse** to find oneself, be; to meet
encorvado,-a bent, crooked
encuentro encounter
encuerado,-a naked
endurecido,-a hard, obdurate
enemigo enemy
energía energy
enérgico,-a energetic
enero January
énfasis *m* emphasis
enfermedad sickness
enfermo,-a sick
enfrentar to confront
enfrente opposite, in front
enganchado,-a trapped
engañar to deceive
engaño deceit
engendrar to create, engender
engolfar to engulf; **engolfarse** to be absorbed, be engrossed, be involved with
enguantado,-a wearing gloves
enjabonar to soap
enjuto,-a lean
enmohecido,-a rusty
ennegrecer to blacken
ennoblecer to ennoble
enojar to anger; **enojarse** to become (get) angry
enojo anger, wrath
enorme enormous
enredarse to become tangled
enriquecerse to become rich
enroscarse to curl, twist
ensangrentado,-a bloody
ensangrentar to bloody
ensayar to try
ensayista *m or f* essayist
ensayo essay
enseñanza teaching
enseñar to teach
enseres *m pl* implements, household goods
ensordecer to deafen

entalladura sculpture, carving
entender to understand
entendimiento understanding; mind
enterado,-a informed
enterarse to find out
entero,-a entire
enterrar to bury
entierro burial
entonces then
entornar to half-close, set ajar
entrada entrance
entraña entrail
entrar to enter
entre among, between; **entre tanto** meanwhile
entrecejo space between the eyebrows; **se le plegó el entrecejo** he frowned
entrega delivery
entregar to deliver, hand over, surrender
entremés *m* one-act farce
entrenado,-a trained
entretenerse to entertain oneself
entreverado,-a intermingled; bogged down
entrevista interview
entrometido,-a meddlesome
entusiasmo enthusiasm
envanecerse to become vain
envejecer to grow old, make old
envés *m* back
enviar to send
envidiable enviable
envidiar to envy
envilecido,-a debased, degraded
envoltorio bundle
envolver to wrap
enzarzarse to squabble, wrangle
épica epic
épico,-a epic
epigrama *m* epigram
episodio episode
época epoch
equilibrio equilibrium
equipar to compare
equipo equipment
equivalente equivalent
equivocarse to make a mistake
ereh (eres) (you) are
erigir to erect, raise

erótico,-a erotic
esbelto,-a slender
escalofrío chill
escalonado,-a gradual
escándalo commotion, tumult
escapar to escape
escarapela cockade, badge
escarchado,-a frosted, freezing
escarlata scarlet
escarmentar to be taught by
   experience, learn a lesson
escarpado,-a steep
escaso,-a meager
escena scene
escenario setting, stage
escepticismo skepticism
esclarecido,-a illustrious
esclavitud slavery
esclavo slave
escoger to choose
escolar *adj* school;
   escolar *m* student
escombro rubbish
esconder to hide
escopeta shotgun
escribir to write
escrito,-a written
escritor *m* writer
escritura writing
escuchar to listen (to)
escuela school
escultor *m* sculptor
escultórico,-a sculptural
escultura sculpture
escultural sculptural
escupir to spit
esencia essence
esencial essential
esfuerzo effort
esmeralda emerald
esmerarse to take pains with
esmero careful attention; **con**
   esmero painstakingly
eso that; **por eso** therefore, for that
   reason, on that account; **eso que**
   in spite of the fact that
esoh (esos) those
Esopo Aesop
espacio space
espacioso,-a slow, deliberate
espada sword

espalda back, shoulders
espantar to frighten
espanto fright
España Spain
español,-la Spanish
españolismo love for Spanish things
esparcir to scatter
especial special
especialidad speciality
especializado,-a specialized
especie *f* species, kind
específico,-a specific
espectáculo spectacle
espectador *m* spectator
espejo mirror
esperanza hope
esperanzoso,-a desirous, hoping for
esperar to hope, expect, wait, await
espeso,-a dense, thick
espiar to spy
espina thorn
espiral spiral
espíritu *m* spirit
espiritual spiritual
espiritualidad spirituality
espléndido,-a splendid
esporádicamente sporadically
esposa wife
espuma foam
esqueleto skeleton
esquema scheme, plan
esquina corner
estabilidad stability
establecer to establish
estación season; station
estadía stay
estadista *m* statesman
estado state
estadounidense (estadunidense)
   adj and n (citizen) of the United
   States
estallar to break out
estampa print
estampilla (postage) stamp
estancia ranch
estanciero rancher
estantigua phantom, hobgoblin
estar to be; **estar para** to be about
   to; **estar por** to be for; to favor;
   estar de acuerdo to agree
estatua statue

este *m* east
estentóreo,-a stentorian
estético,-a aesthetic
estilo style; **por el estilo** that way
estimado,-a esteemed
estímulo stimulus
estoicismo stoicism
estopa tow, burlap
estornudar to sneeze
estornudo sneeze
estranjero (extranjero) foreigner
estrato stratum
estrecho,-a close
estregar to rub
estrella star
estrellar to smash
estremecer to make tremble
estructura structure
estructural structural
estruendo roar, din
estrujar to press, squeeze; to bruise;
to wring out
estudiantil *adj* student
estudiar to study
estudio study
estupefacto,-a stupefied
estupidez stupidity
estúpido,-a stupid
etapa stage
eterno,-a eternal
ética ethics
etimología etymology
etimológicamente etymologically
Europa Europe
europeo,-a European
evaluación evaluation
evangelio gospel
evidencia evidence
evitar to avoid
evocación evocation
evocar to evoke
evolución evolution
evolucionista evolutionary
exacto,-a exact
exaltar to exalt
examen *m* examination
examinar to examine
excelente excellent
excesivo,-a excessive
exceso excess
exclamar to exclaim

excluir to exclude
exclusivamente exclusively
excremento excrement
excursión excursion, trip
exigir to demand
exiguo,-a small, scanty
existencia existence
existencial existential
existencialista existentialist
existir to exist
éxito success
exorcizar to exorcise
expectativa expectation
experiencia experience
experimentación experimentation
experimentar to experience
explanada platform, esplanade
explicación explanation
explicar to explain
exploración exploration
explorar to explore
explotación exploitation
explotador *m* exploiter
exponente *m* exponent
exponerse to expose oneself
exposición exposition, show
expresar to express
expresión expression
expresionismo expressionism
expresionista expressionist
éxtasis *m* ecstasy
extender to extend
extenso,-a extensive
extinguido,-a extinguished
extraer to extract
extramuros *adv* outside (a town);
de extramuros from outside
extranjero,-a foreign;
extranjero *n* foreigner
extrañar to miss; **no es de
extrañar** it is not surprising
extrañeza surprise, wonderment
extraño,-a strange
extraordinario,-a extraordinary
extremo,-a extreme

—— **F** ——

fábrica factory; structure
fabricación making, fabrication;
make

fabricante *m* manufacturer, maker
fabricar to make, fabricate
fábula fable
facción surface; feature
fácil easy
facilidad facility, ease
facultad faculty
fachada façade
faena labor, task
faja band, sash, girdle
falsedad falseness
falso,-a false
falta lack; **hacer falta** to need
faltar to be lacking; **falta poco** it won't be long
fallar to fail
fama fame, reputation
familia family
familiarizarse to familiarize oneself
famoso,-a famous
fanatismo fanaticism
fantasía fantasy
fantasma *m* ghost
fantástico,-a fantastic
farol *m* lamp, street light, lantern
fascinante fascinating
fascinar to fascinate
fastidiar to annoy, bother
fatalismo fatalism
fatalista fatalist
fatiga fatigue, anxiety
favor *m* favor; **por favor** please; **a (en) favor de** in favor of
favorecer to favor
faz *f* face
fe *f* faith; **a la fe** by my faith
fealdad ugliness
fecundidad fertility
fecundo,-a fecund, fertile
fecha date
feliz happy
femenino,-a feminine
fenómeno phenomenon
feo,-a ugly
ferocidad ferocity
feroz ferocious
ferrocarril *m* railroad
ferrocarrilero railroad worker
fértil fertile
festín *m* feast, banquet
festivo,-a festive, gay

feto fetus
feudalismo feudalism
ficción fiction
fiel faithful
fierecilla shrew
fiesta party, celebration
figura figure
fijalse (fijarse) to notice
fijar to fix; **fijarse (en)** to notice; **fijarse** to stick
fila line
filo edge
filosofía philosophy
filosófico,-a philosophic
filósofo philosopher
fin *m* end; **al fin** at last; **por fin** finally; **a fin de que** so that, in order that; **a fines de** at the end of
final *m* end, ending
finca farm
fincar to pin; to wager
fingir to feign, pretend
fino,-a fine
firma signature
firmamento firmament
firme firm; **estar en lo firme** to be sure, be positive
físico,-a physical
flaco,-a thin, skinny, weak
flaqueza weakness
flecha arrow
flor *f* flower
florecer to flourish
florecimiento flowering
flotar to float
fogonazo powder flash
follaje *m* foliage
folleto pamphlet, booklet
fomentar to foment, encourage
fondo back, bottom, background, depths
fontana fountain
forastero stranger
forcejear to struggle
forma form, shape
formación formation
formar to form
formativo,-a formative
foro back (of a stage)
fortaleza fort

forzar to force
forzoso,-a necessary
fotografía photograph
fotografiado,-a photographed
fotográfico,-a photographic
fotógrafo photographer
fracasar to fail
fragante fragrant
frágil fragile
fragor *m* noise, clamor
francamente frankly
francés,-a French
Francia France
francotirador *m* sharp shooter
frase *f* sentence, phrase
fratricido,-a fratricidal
fray friar
frecuencia frequency; **con
frecuencia** frequently
frecuente frequent
frente *f* forehead; **frente** *adv* in
front, opposite; **frente a**
opposite, *fig* in the face of; **en
frente de** in front of
fresco,-a fresh, cool
frijol *m* bean
frío,-a cold; **hace frío** it is cold
fritura fritter
frondoso,-a leafy
frontera border
frotar to rub
fruición enjoyment, delight
frustración frustration
fruto,-a fruit; **fruto** is used in a
figurative sense only
fuego fire; **abrir fuego** to open fire
fuente *f* source, fountain
fuera out, outside
fuerte strong
fuerza force, strength; **a la
fuerza** by force; **a fuerza de** by
the strength of
fuga flight, escape; **punto de
fuga** vanishing point
Fulano So-and-so
fumar to smoke
función function, performance
funcional functional
funcionario functionary, official
funda holster
fundador *m* founder

fundar to found
fundir to fuse, unite
furia fury
furioso,-a furious
furtivamente slyly, furtively
fusilamiento shooting, execution
fusilar to shoot
fútbol *m* football

── G ──

gafas *f pl* glasses
galán *m* gallant, lover
galería gallery, corridor
galopar to gallop
galope *m* gallop
galpón *m* shed
gallardo,-a brave, gallant
gallina hen
gallo rooster
gama doe
gana desire; **dar la gana** to feel
like; **de buena gana** willingly; **de
mala gana** unwillingly; **tener
ganas** to feel like
ganado cattle, live stock
ganar to win, earn
garabato scribble
garabatoh (garabatos) scribbles
garganta throat
garra claw
garrote *m* garrote, club
garrucha pulley
gasfíter *m* gasfitter
gastado,-a worn, worn out
gastar to spend
gastarse to waste away; *fig* to grow
dim
gato,-a cat
gaucho man of the Argentine pampa
gaveta drawer
gemelo,-a twin
geneología geneology
generación generation
general general; **por lo
general** generally
generalizarse to become general
género genre; **género
humano** mankind
generoso,-a generous

genio genius
gente *f* people
genuino,-a genuine
geometría geometry
geométrico,-a geometric
germen *m* source
gesto facial expression; gesture
gigante *m* giant
gigantesco,-a gigantic
gigantón *m* big giant
gimnasio gymnasium
Ginebra Geneva
glifo glyph
globo globe; balloon
gloria glory
glorificar to glorify
glotón gluttonous
gobernación government
gobernar to govern
gobierno government
Gólgota Golgotha
golondrina swallow
goloso,-a having a sweet tooth
golpe *m* blow, stroke; **de
  golpe** suddenly; **daba
  golpecitos** he tapped
golpear to strike, hit
gordo,-a fat; **dedo gordo** thumb
gorrión *m* sparrow
gorro cap
gota drop
gotera leak
gozar (de) to enjoy
grabado engraving
gracias thanks
graduarse to graduate
granadero grenadier
grandeza greatness
grandiosamente magnificently,
  grandly
granizo hail, hailstorm
grano kernel
granuja *m* rogue
grasiento,-a greasy, oily
gratitud gratitude
gratuito,-a free
Grecia Greece
griego,-a Greek
gringo,-a Anglo-Saxon
gris gray
gritar to shout, cry out, scream

grito shout, scream; **a gritos**
  "buckets"
grosero,-a coarse, crude
grúa derrick
grueso,-a thick; *n m* thickness
grumo curd, cluster, blob
gruñir to grunt
grupo group
gruta cavern, grotto
guadaña scythe
guante *m* glove
guarda *m* guard
guardar to keep, reserve
guarida den, lair
guatemalteco,-a Guatemalan
guerra war
guerrero warrior
guerrillero,-a guerrilla
guiso stew
guitarra guitar
guitarreada guitar contest
gula gluttony
gustar to be pleasing; to like;
  gustarle a uno to like
gusto taste, pleasure

___ H ___

haber to have; **haber de** to have
  (to), must; **hay** there is, there are;
  hay que one must
habilidad skill, ability
habitación room, habitation
habitacional *m* housing
  development
habitante *m* inhabitant
habitar to inhabit, dwell
hablar to speak
hacendado landholder, rancher
hacer to do, make; **hacer falta** to
  be lacking, be missing; **hacer caso
  de** to pay attention to; **hacer una
  mala jugada** to play a dirty trick;
  hacer una reverencia to bow;
  hacer calceta to knit; **hacer de
  cuenta** to look; to pay attention;
  to pretend; **hace buen
  tiempo** the weather is good; **hace
  frío** it is cold
hacia toward, about

hacienda ranch, farm; herd
hada fairy
hallar to find
hallazgo discovery
hambre *f* hunger; **tener
hambre** to be hungry
hambriento,-a hungry
harmonizar to harmonize
harto,-a sufficient, full; *fig* tired, fed
up
hasta until, even
hastiado,-a cloyed, sated; *fig* tired
hazaña deed, feat
hebilla buckle
hecho done, made; *n* fact
hediondo,-a stinking
helado,-a frozen
helicóptero helicopter
hemisferio hemisphere
hender to go through
herencia inheritance; heritage
herida wound
herir to wound
hermana sister
hermandad brotherhood
hermano brother
hermético,-a hermetic
hermoso,-a beautiful
hermosura beauty
héroe *m* hero
herramienta tool
hierba weed
hierro iron
hija daughter
hijo son
hijoh (hijos) children
hilar to spin
hilera row, line
hilo thread
hincado,-a kneeling
hinchar to swell
hipo hiccough; sob
hipocresía hypocrisy
hispánico,-a Hispanic
hispano,-a Hispanic, Spanish
Hispanoamérica Spanish America
hispanoamericano,-a Spanish
American
histeria hysteria
historia history
historiador *m* historian

hogar *m* home
hoguera fire, bonfire
hoja leaf, blade; page
hojear to leaf through
hola hello, hi
hollar to trample
hombre *m* man; husband
hombro shoulder
homenaje *m* homage
Homero Homer
homogeneidad homogeneity
hondo,-a deep
honrado,-a honorable, of high rank
honrar to honor
hora hour; **a toda hora** at all
hours; **a altas horas de la
noche** late at night
horadar to bore, pry
horda horde
horizonte *m* horizon
hornilla oven
horóscopo horoscope
horrendo,-a horrendous, hideous
horripilante horrifying
horrorizado,-a horrified
hospicio hospice, hospital, asylum
hostil hostile
hoy today; **hoy día** nowadays
hoyo hole, excavation
huelga strike
huella track, trace
huerta vegetable garden
huertano gardener, orchardman
hueso bone
huésped *m or f* guest
huesudo,-a bony, big-boned
huevo egg
huir to flee, run away
humanidad humanity
humanista *m or f* humanist
humano,-a human; **ser
humano** human being
humedad humidity
humedecer to moisten, dampen;
humedecerse to become wet,
become moist
humilde humble
humillación humiliation
humorada humorous poem
(Campoamor)
humorístico,-a humorous

hundimiento sinking
huracán *m* hurricane
hurgar to stir, poke into, dig around into
hurtar to steal

— I —

Ícaro Icarus
idealista idealistic
identidad identity
identificación identification
identificar to identify
ideología ideology
idioma *m* language
iglesia church
ignorar not to know, to be ignorant of
igual equal; **por igual** equally
igualdad equality
ilimitado,-a unlimited
ilusión illusion, *fig* hope
ilustrar to illustrate
ilustrativo,-a illustrative
imagen *f* image
imaginación imagination
imaginar to imagine
imaginario,-a imaginary
imborrable indelible
imitar to imitate
impaciente impatient
impedir to prevent, hinder
imperar to prevail
imperio empire
impermeable *m* raincoat
ímpetu *m* impetus
impetuoso,-a impetuous
imponente imposing
imponer to impose
importancia importance
importar to be important, matter
importe *m* cost, price
imposición imposition
impreciso,-a imprecise
impresión impression
impresionante impressive
impresionar to impress
impresionista impressionist
impreso print
improvisador *m* improvisor

improviso,-a unexpected; **de improviso** unexpectedly
inactividad inactivity
inanimado,-a inanimate
incaico,-a Incan
incertidumbre *f* uncertainty
incierto,-a uncertain
incitar to incite
inclinar to incline; **inclinarse** to stoop, bend over, bow
incluir to include
inclusive including
incoherencia incoherence
incoherente incoherent
incomodar to disturb, trouble, inconvenience
incómodo,-a uncomfortable
incomprensible incomprehensible
incomprensión incomprehension, lack of comprehension
inconcluso,-a unfinished
incongruencia incongruence
incontenible unrestrainable
incorporación incorporation
incorporar to incorporate; **incorporarse** to sit up, get up; to join
increíble incredible
inculpar to blame, accuse
indagar to investigate
indecenciah (indecencias) indecencies
independencia independence
independiente independent
indicar to indicate
indicio indication
indiferencia indifference
indiferente indifferent
indígena indigenous, native (Indian)
indignación indignation
indignado,-a angry, indignant
indignidad indignity
indio,-a Indian
indiscriminadamente indiscriminately
individualidad individuality
individualizar to individualize
individuo individual
indócil unruly
indomable indomitable
indudablemente undoubtedly

inequívoco,-a unequivocal, unmistakable
inerte inert
inesperado,-a unexpected
inexorablemente inexorably
infancia infancy
infatigable untiring
inferior inferior, lower
infierno hell
infinito,-a infinite; *n m* infinite
inflar to inflate
influencia influence
influenciar to influence
influir to influence
influyente influential
información information
informar to inform
informe *m* report
ingeniería engineering
ingeniero engineer
ingenio (mechanical) apparatus
ingeniosidad ingenuity
ingenuidad candor
ingerencia meddling, interference
Inglaterra England
inglés,-a English; *n m* English (language)
ingratitud ingratitude
ingrato,-a ingrate, ungrateful
iniciar to begin, initiate
ininterrumpidamente uninterruptedly
injusticia injustice
inmediatamente immediately
inmensidad immensity
inmenso,-a immense
inmigración immigration
inmigrante *m or f* immigrant
inmigrar to immigrate
inmortalidad immortality
inmortalizar to immortalize
inmovilidad immobility
inmueble *m* immovable (real) property
innecesario unnecessary
innovación innovation
innovador *m* innovator
inocencia innocence
inocente innocent
inolvidable unforgettable
inquieto,-a restless, uneasy

inquilino tenant
Inquisición Inquisition
inscribir to enroll, register
inseguridad insecurity
insensibilidad hard-heartedness, insensitivity
inservible useless
insistir to insist
insolencia insolence
inspiración inspiration
inspirar to inspire
instalar to install
instantáneamente instantaneously
instante *m* instant; **al instante** instantly
institución institution
instrucción instruction
instruir to instruct
integración integration
integrar to integrate
intelectual intellectual
inteligencia intelligence
inteligente intelligent
intención intention; **con intención** slyly
intensidad intensity
intento attempt
intercalado,-a inserted, interpolated
intercambiar to exchange
interceptar to intercept
interés *m* interest
interesante interesting
interesar to interest; **interesarse por** to be interested in
interferencia interference
internacional international
internarse to go far in
interno,-a interior, internal
interpretación interpretation
interpretar to interpret
interrogar to question
interrumpido,-a interrupted
intervención intervention, operation
intervenir to intervene, take control of
intimidad intimacy
intimidar to intimidate
íntimo,-a intimate
intolerancia intolerance
intrahistoria intrahistory
intransigente intransigent

introducción introduction
intuición intuition
inundación flood
inútil useless
invadir to invade
invasor *m* invader
inventar to invent
inventario inventory
investigación investigation
investigar to investigate
invierno winter
invitar to invite
invocador,-ra invoker
invocar to invoke
IPN (Instituto Politécnico Nacional) National Polytechnical Institute
ir to go; **irse** to go away
iracundo,-a angry
iráh (irás) (you) will go
irlandés,-a Irish, Irishman
ironía irony
irónico,-a ironical
irracional irrational
irradiar to radiate
irreverencia irreverence
isla island
isleta small island
Italia Italy
italiano,-a Italian
izquierdo,-a left; **a la izquierda** on the left

jinete *m* horseman
jornalero day laborer
joven young
joya jewel
joyero jeweler
júbilo joy
juego game, gambling game; **juego de manos** slight of hand
jueves *m* Thursday
juez *m* judge
jugador *m* player; gambler
jugar to play; to gamble
juguete *m* toy
jugueteh (juguetes) toys
juicio judgment
julio July
jungla jungle
junio June
juntar to join, connect, unite; **juntarse** to join; to copulate; to assemble
junto,-a united, joined, together; **junto a** beside; **junto con** together with; **junto** *adv* near
juntura joining
jurar to swear
jurisprudencia jurisprudence, law
justicia justice
justificar to justify
justo,-a exact, very
juvenil juvenile
juventud youth

___ J ___

jabalí *m* wild boar
jabón *m* soap, lather
jadear to pant
jadeo panting
jamás never, ever
jarabe *m* popular dance
jardín *m* garden
jarra jar; **en jarras** akimbo
jarro jug; **a boca de jarro** point-blank; **olía a jarro nuevo** smelled like a new clay jug
jefe *m* chief, boss
jeroglífico hieroglyph
jilguero linnet, goldfinch
jilotear to form ears (corn)

___ K ___

kepis *m* kepi, a military cap

___ L ___

labio lip
labrador *m* farmer, peasant
labrar to carve; to make; to cut; to work (stone)
lado side; **por otro lado** on the other hand; **por todos lados** on all sides
ladrar to bark
ladrillo brick
ladrón *m* thief
lagaña bleariness
lagartijo lizard

lago lake
lágrima tear
laguna lagoon
lamentación lamentation
lamentar to lament
lámpara lamp, light
langosta locust
lanzar to emit, throw, hurl; to vomit
lápida tablet
lápiz *m* pencil
lapso lapse
largar to leave; **largarse** to go away
largo,-a long; **largamente** for a long time; **a lo largo de** through, throughout, along
lastimarse to wound oneself, hurt oneself
latido beating, throb
latino,-a Latin
latinoamericano,-a Latin American
latir to beat
lavar to wash; **lavarse** to wash, wash up
leal loyal
lector *m* reader
lectura reading
lecho bed
leer to read
legua league
lejano,-a distant
lejos far; **a lo lejos** in the distance
lengua tongue
lenguaje *m* language
lente *f* lense; magnifying glass
lento,-a slow
leña firewood
león *m* lion
lesionar to wound, injure
letra letter; **al pie de la letra** literally
letrero sign
levantalte (levantarte) to get you up
levantar to lift, raise; **levantarse** to get up
leve *adj* light
ley *f* law
leyenda legend
liberación liberation
liberar to free, liberate

libertad liberty
librar to free
libre free
librepensador *m* freethinker
libro book
licenciado lawyer
líder *m* leader
liebre *f* hare (rabbit)
liga league
ligero,-a slight, light
limitación limitation
limitar to limit
limonero lemon tree
limpiar to clean; **limpiar de hierba** to weed
limpio,-a clean
linchamiento lynching
lindar (con) to border (on)
línea line
liquen *m* lichen
líquido,-a liquid
lírico,-a lyric
lisonjear to flatter
lista list
listo,-a ready
literario,-a literary
literatura literature
liviano,-a light
lívido,-a livid
lóbrego,-a gloomy
loco,-a crazy
lodo mud
lógico,-a logical
lograr to succeed (in), achieve
loh (los) the; them
longevidad longevity
losa grave, gravestone
lucero bright star
lucha struggle
luchar to struggle
luego then, afterwards, next, later; **tan luego que** as soon as; **luego de** after
lugar *m* place; **tener lugar** to take place
lujo luxury; **de lujo** deluxe
lujoso,-a luxurious
lujurioso,-a lustful
lumbre *f* fire, light
luminoso,-a luminous
luna moon

luto mourning; **de luto** in mourning
luz *f* light; **salir a luz** to come out, appear, be published; **luz de bengala** flare

___ **LL** ___

llaga wound
llama flame
llamar to call; **llamarse** to be called, be named
llano,-a level, flat
llano plain
llanto weeping
llanura plain
llave *f* key; **cerrar con llave** to lock
llegada arrival
llegar to arrive; **llegar a saber** to find out; **llegar a (conocer)** to come to (know)
llenar to fill
lleno,-a (de) filled (with), full
llevar to carry, take; to wear; to lead; to lift; **llevarse** to carry away
llorar to cry, weep
lloroso,-a tearful
llover to rain
lluvia rain

___ **M** ___

machismo "maleness"
madera wood
madre *f* mother
madrugada dawn
madurar to ripen
maestro,-a master; *n* master, teacher
magia magic
mágico,-a magic
magnavoz *m* loudspeaker
magnífico,-a magnificent
mago magician, wizard; **los Reyes Magos** the Magi
magullar to mangle
mah (más) more
maíz *m* corn
maizal *m* cornfield

majestad majesty
majestuosidad majesty
majestuoso,-a majestic
mal *adv* badly, wrongly; *n m* evil, harm, wrong; **menos mal** just as well; **de mal en peor** from bad to worse
maldecir to curse
maldito,-a cursed
maleza underbrush
malhumorado,-a ill-humored
maliciosamente maliciously
malo bad, evil
malón *m* sudden attack by Indians
maltrecho,-a badly off, battered
malvado,-a wicked
malvivir to live badly
mamarracho grotesque figure
mampostería masonry
maná *m* manna
mancebo youth, young man
mancillado,-a soiled
mancha spot, stain
manchado,-a spotted
manchar to stain
mandar to send; to command
mando command
manejar to drive, handle
manera manner, way
manerista *adj* Mannerist
manguera hose
manifestación manifestation, demonstration
manifestante *m* demonstrator
manifestar to manifest
manifiesto manifest
manigua jungle
mano *f* hand
manojo handful, bunch
manso,-a gentle
manta sign
mantener to maintain, hold
manuscrito manuscript
manzana Adam's apple; apple
mañana tomorrow; morning; **por la mañana** in the morning; **el día de mañana** tomorrow; **todas las mañanas** every morning
maquinalmente mechanically

mar *m or f* sea
maravilla wonder, marvel
maravilloso,-a marvellous, wonderful
marcado,-a marked
marcar to strike; to show (time); to mark
marcial martial
marco framework
marcha march
marchito,-a withered
marea tide
margen *m* margin
mariachi *m Mex.* street singer
marido husband
marino,-a marine
mariposa butterfly
maroma cable
marrullero trickster, wheedler
martes *m* Tuesday
martillazo blow with a hammer
martillo hammer
mártir *m* martyr
marzo March
mas but, yet
más more, most; **más bien** rather; **más tarde** later; **más allá** beyond; **más vale que** it is better that; **más que nada** more than anything; **nada más** only, just that
masa dough, mass
masacre *f* massacre
máscara mask
mata plant
matadero slaughterhouse
matanza slaughter, massacre
matar to kill
matemáticas mathematics
matemático mathematician
materia matter; **en materia de** as regards, in the matter of; **rendir una materia** to take a course
maternidad maternity
materno,-a maternal
matiz *m* shade
matorral *m* thicket
matraca wooden rattle
matrimonio matrimony
máximo,-a maximum

maya *adj* Mayan
mayo May
mayor greater, larger; older, adult
mayoría majority
mayormente especially, any, very many
mazazo blow with a club
mazorca ear (of corn)
mecanismo mechanism
mechón *m* lock (of hair)
mediante by means of, through
medicina medicine
médico doctor
medida measure; **a medida que** as, according as
medio,-a mid, middle, mean; thirty (time-telling); **a medias** obscurely; **por medio de** through; **en medio de** in the middle of, amid; **de en medio** middle
mediocridad mediocrity
mediodía *m* noon
medir to measure
meditar to meditate
mediterráneo,-a Mediterranean
mejicano,-a Mexican
mejilla cheek
mejor better, best; **a lo mejor** perhaps, maybe
mejoramiento improvement
mejorar to improve
melancolía melancholy
melancólico,-a melancholy *adj*
melena loose hair
memoria memory; **saber de memoria** to know by heart; **hacer memoria** to search one's memory
mencionar to mention
mendigo beggar
menester *m* duty, task
menina young lady in waiting
menor least, less, youngest; minor
menos less, least; **cuando menos** at least; **menos mal** it's a good thing; **por lo menos** at least
menospreciar to scorn, despise
mensaje *m* message
mente *f* mind

mentir to lie
menudo,-a small
mercader *m* merchant
mercado market
merecer to deserve
mero,-a mere
mes *m* month
mesa table, desk; **poner la mesa** to set the table
Mesías *m* Messiah
mestizo,-a half-breed, mixed blood
meta goal
metafísico,-a metaphysical;
  n f metaphysics
metáfora metaphor
metafórico,-a metaphoric
meter to put in, introduce
meticulosamente meticulously
metódico,-a methodical
método method
metrópoli *f* metropolis
metropolitano,-a metropolitan
mexicano,-a Mexican
mezcla mixture; mortar
mezclar to mix
mezquita mosque
microcósmico,-a microcosmic
miedo fear; **tener miedo** to be afraid; **dar miedo** to create fear
miel *f* honey
miembro member
mientras while
miércoles *m* Wednesday
miga crumb
mihmo (mismo) same
mil thousand
milagro miracle
milímetro millimeter
militar *adj* military
milpa *Mex* cultivated land, system of cultivation
milla mile
millón *m* million
millonario millionaire
mimar to spoil, indulge
mina mine
minero miner
minoría minority
minotauro minotaur

minuciosamente precisely, thoroughly
mirada glance, look
mirar to look, look at
mirón *m* spectator, by-stander
misa mass
miseria misery, poverty
misión mission
mismo,-a same, very; self (**ella misma** she herself); **ahora mismo** right now
misterio mystery
misterioso,-a mysterious
misticismo mysticism
místico mystic(al)
mitad *f* half; **en mitad de** in the middle of
mítico,-a mythical
mitin *m* rally
mito myth
mitología mythology
mocedad youth
moche Peruvian Indian group
modelar to model
modelo model
modernismo modernism
modificación modification
modificar to modify
modo way, means, manner; **de modo que** so that; **de todos modos** at any rate
mofar to mock, jeer; **mofarse de** to make fun of, jeer at
mohoso,-a rusty
mojar to wet; **mojarse** to get wet
molestar to bother; **no se molestan** don't take the trouble
monarca *m* monarch
moneda coin
mono monkey
monólogo monologue
monstruo monster
monstruoso,-a monstrous
montanero,-a mountain *adj*
montaña mountain
monte *m* mountain
montón *m* pile
morada dwelling
morado,-a purple

moraleja moral
mordaz biting, sarcastic
morder to bite; **morderse** to bit (one's tongue, etc.)
moreno,-a brown, dark
morir to die; **morirse** to die
moro Moor
mortaja shroud
mortificación mortification, humiliation
mortificar to mortify; **mortificarse** to get upset
mosaico mosaic
mostrar to show
motivar to motivate
motivo motive, motif
mover to move; **moverse** to move (oneself)
movible movable
móvil changeable
movilidad mobility
movimiento movement
mozo young man
muceta hood
muchacha girl
muchacho boy
muchachoh (muchachos) children
mucho,-a much, a great deal; long (time); *pl* many; *adv* much, very much, a great deal
mudanza move
mudarse to move
mudo,-a mute, silent
mueble *m* piece of furniture
muelto (muerto) dead
muerte *f* death
muerto,-a dead
muestra sample, model, copy, trace
mugriento,-a filthy
mujer *f* woman; wife
multiplicar to multiply
multitud multitude
mundano,-a worldly
mundial *adj* world, world-wide
mundo world; **correr mucho mundo** to travel a lot
muñecoh (muñecos) *fig* figures
muralismo muralism
muralista muralist
muralla wall

murciélago bat
murmurar to murmur
muro wall
músculo muscle
musculoso,-a muscular
museo museum
musgo moss
música music
músico,-a musician
musulmán Moor, Musselman
mutilación mutilation
mutilante mutilating
mutilar to mutilate
muy very

N

nacer to be born
nación nation
nacional national
nacionalismo nationalism
nada *adj* nothing; *adv* nothing, not at all
nadar to swim
nadie no one, nobody, none
nalgada spanking
naranjo orange tree
nariz *f* nose
narración narration
narrador *m* narrator
narrar to narrate
narrativo,-a narrative; *n* *f* narrative
natal *adj* natal, of birth
natural *n* native
naturaleza nature
navaja razor, blade
Navidad Christmas
navideño,-a pertaining to Christmas
nazareno Nazarene
necesario,-a necessary
necesidad necessity
necesitar to need
necio,-a fool
negar to refuse, deny
negocio business
negro,-a black, dark
negrura blackness
neneh (nenes) children

neoclásico,-a neoclassic
neoprimitivo,-a neo-primitive
neoyorquino,-a *adj* New York
nervio nerve
nervioso,-a nervous
netamente purely
nicho niche
nido nest
nieve *f* snow
nihilismo nihilism
ninfa nymph
ninguno none, not any, not one
niña girl
niñera nurse maid
niñez *f* childhood
niño boy
nítido,-a clear, bright
Niu New
nivel *m* level
noche *f* night; **de noche** or **por la noche** at night; **esta noche** tonight
Nochebuena Christmas Eve
nomás just; **nomás por nomás** just like that
nombre *m* name
noreste *m* northeast
Normandía Normandy
norte *m* north
norteamericano,-a North American
nota note
notar to note
noticia news
novedad novelty, newness
novela novel
novelista *m or f* novelist
novelizar to novelize, make a novel of
novia bride
noviazgo engagement
noviembre *m* November
novio boyfriend, suitor, bridegroom
nube *f* cloud
nublazón *m* storm cloud
nuca nape (of neck)
nudo knot
nuevo,-a new; **de nuevo** again, once more
número number
numeroso,-a numerous

nunca never
nutrir to nourish, feed

—— O ——

obedecer to obey
obediente obedient
objetivo,-a objective; *n m* objective
objeto object
oblicuo,-a oblique
obligar to oblige
óbolo obolus; *fig* money, support, contribution
obra work, act; **obra maestra** masterpiece
obrar to work
obrero,-a working; *n m or f* worker
obsceno,-a obscene
observación observation
observar to observe
obsesionado,-a obsessed
obsesionarse (por) to be obsessed (by)
obstante: no obstante nevertheless
obtener to obtain
obvio,-a obvious
ocasión occasion
occidental western
océano ocean
ocote okote pine
octubre *m* October
ocultadora concealer
ocultar to hide
ocupación occupation
ocupado,-a busy, occupied
ocupar to occupy
ocurrencia occurrence; witticism; new idea
ocurrir to occur
odiar to hate
odio hatred
odisea odyssey
oeste *m* west
ofendido,-a offended
oficial official; *n m* official
oficina office
oficio trade, job occupation
ofrecer to offer
ofrenda offering

oír to hear
ojalá I wish; **ojalá y** I wish
ojear to glimpse
ojo *eye*
ola wave
oler to smell
olímpico,-a Olympic
olor odor, smell
oloroso,-a fragrant, smelling like
olvidar to forget
olvido forgetfulness, oblivion
ombligo navel
omitir to omit
opaco,-a opaque
operación operation, transaction, deal
opinar to be of the opinion
oportunidad opportunity
oposición opposition
opresión oppression
optar to choose, opt
opuesto,-a opposed
orador *m* orator
oratorio,-a oratorical
orden *f* command; religious order; *m* order
ordenar to order, command
ordinario,-a ordinary
oreja ear
orfanato orphanage
orfebre *m* goldsmith, silversmith
organización organization
organizar to organize
órgano organ
orgullo pride
orgulloso,-a proud
oriental eastern, oriental
oriente *m* east
origen *m* origin
originalidad originality
originar to originate
orilla bank (of a river)
orinar to urinate
oriundo,-a native, coming from
ornamentación ornamentation
oro gold
ortodoxo,-a orthodox
osado,-a bold
oscilar to oscillate
oscurecer to grow dark
oscuridad darkness

oscuro,-a dark
otoño autumn
otro,-a other, another; **otra vez** again; **por otra parte** on the other hand; **al otro día** the next day; **el uno al otro** each other; **unos a otros** each other
Otry Autry
ovación ovation

____ **P** ____

paciente patient
padre *m* father *pl* parents
padrenuestro Lord's Prayer
pagano,-a pagan
pagar to pay (for)
página page
pago pay
país *m* country, region
paisaje *m* landscape
paisajista *adj* landscape
paja straw
pájaro bird
pala stick, paddle
palabra word
palacio palace
pálido,-a pale
palique *m* chitchat, small talk
palma palm
palmera palm (tree)
palo wood, stick
paloma dove
Palón Hopalong
palpar to touch
pampa plain
pan *m* bread
pantalón trousers, pants
panteón pantheon
pañuelo handkerchief
Papa *m* Pope
papá *m* father, papa
papel *m* paper
par *m* pair; **a par del alma** deeply
para for, in order to; toward; so that, to the end that; **de un lado para otro** from one side to the other; **para siempre** forever
parábola parable
paracaidista *m* paratrooper

parado,-a standing
paradoja paradox
paradójicamente paradoxically
paraguas *m* umbrella
paraíso paradise
paralelo,-a parallel
paralizar to paralyze
parar to stop
parca fate
parecer to seem, look; **parecerse
a** to resemble; **al parecer**
apparently; *n m* opinion; **cambiar
de parecer** to change one's mind
parecido resemblance
pared *f* wall
pareja pair, couple
pariente *m or f* relative
parir to give birth
parisiense *adj* Parisian
paro work stoppage
parque *m* park
párrafo paragraph
parroquiano,-a parishioner
parsimoniosamente economically
parte *f* part; **en gran parte** mostly;
de parte de on the part of; **por
otra parte** on the other hand; **por
parte alguna** anywhere; **en (a)
todas partes** everywhere
participación participation
participante *m or f* participant
participar to participate
particular particular, private
partidario partisan
partido party; district; township;
game (match)
partir to leave; to cut; **a partir
de** starting from
pasado past
pasaje *m* passage
pasar to pass; to spend; to happen;
pasa que it happens that; ¿qué
pasa? what's the matter?; **se la
pasa** spends his time; **pasar por
alto** to overlook; **pasar
hambre** to suffer hunger
pasear(se) to stroll, walk, ride
paseo walk, promenade
pasión passion
pasmado, -a stunned, astounded;
chilled; stale

paso curtain raiser; sketch; step,
footstep; **de paso** in passing, on
the way; **dar los primeros
pasos** to take the first steps
pasta cake paste
pastilla pill
pasto grass
pastor *m* shepherd
pastoril pastoral
pastura pasture
pata foot (of an animal)
patata potato
patear to stamp
paternidad paternity
patilla side whiskers
patria fatherland
patriota *m* patriot
patrocinado,-a sponsored
patrón *m* patron, landlord, boss
patullado,-a trampled;
patullada tramping feet
pausa pause
pavo turkey
payaso clown
paz *f* peace
pecado sin
pecador,-ra sinful; *n m or f* sinner
pecho breast, chest
pedazo piece; **hacer pedazos** to
tear to pieces
pedir to ask for
pedrería precious stones
pegar to glue; to beat; **pegar el
brinco** to leap
peinarse to comb one's hair
pelandrín (pelantrín) *m* farmer
pelear(se) to fight
película picture, movie, film
peligroso,-a dangerous
pelo hair
pelota ball
peludo,-a shaggy
peluquería barber shop
pena pain; **no valer la pena** not to
be worthwhile
pender to hang
pendiente hanging, pending;
absorbed
penetración penetration
penetrante penetrating
penetrar to penetrate

penitencial penitential
penitente m penitent
penoso,-a painful
pensador m thinker
pensamiento thought
pensar to think; to intend; **pensar en** to think about
pensativo,-a pensive
peña rock, mountain
peón m day laborer
peor worse, worst; **de mal en peor** from bad to worse
pepita nugget; pip, distemper in fowls
pequeño,-a small, little, of tender age
percepción perception
percibir to perceive
perder to lose; **echar a perder** to spoil, ruin
perdición perdition, ruin
pérdida loss
perdiz f partridge
perdonar to pardon
perdurable lasting, everlasting
perdurar to last long, remain
peregrinación pilgrimage; wandering
peregrino,-a strange, odd
perezoso,-a lazy, idle
perfección perfection
perfeccionar to perfect
periódico newspaper
periodismo journalism
periodista m journalist
período period
perjuicio injury, damage
perla pearl
permanecer to stay, remain
permiso permission
permitir to permit
pero but, except, yet
perpetuo,-a perpetual
perplejo,-a perplexed
perro,-a dog
perseguir to pursue; to persecute
personaje m personage, character
personalidad personality
personificación personification
perspectiva perspective
pertenecer to belong
pertenencia belonging
pesado,-a heavy

pesadumbre f grief, affliction
pesar m sorrow, grief; **a pesar de** in spite of
pescado fish
pescador m fisherman
pescar to catch (fish), to fish
peseta peseta (monetary unit of Spain)
pesimismo pessimism
peso monetary unit
pesoh (pesos) pesos
pétalo petal
pez m fish
piadoso,-a pious; merciful
picar to burn (sun); to sting
picaresco,-a rogue adj
pícaro rogue
pictórico,-a pictorial
pie m foot; **ponerse de pie** to stand up; **al pie de la letra** literally
piedra stone; **piedra de moler** grinding stone
piel f skin, hide
piensah (piensas) (you) intend
pierna leg
pieza room; piece
pileta swimming pool
pillo rascal, rogue, "bad guy"
pincel m brush
pino pine tree
pintal (pintar) to paint
pintar to paint
pintor m painter
pintoresco,-a picturesque
pintura painting
pinzas f pl pincers
piña pineapple
piramidal pyramidal
pirámide f pyramid
pirata m pirate
piruja prostitute
piso floor
pisoteado,-a trampled
pistola pistol
pizarra slate, blackboard
placer m pleasure
plagiar to plagiarize
plancha sheet, plate
planeamiento planning
planetario planetarium

plano,-a level, smooth; *n m* level, plane
plantado,-a planted
plata silver
plateresco,-a plateresque
platero silversmith
plática chat, talk, discussion
plato dish
platónico,-a Platonic
playa beach
plegar to crease, fold
plegaria prayer, supplication
pleno,-a full
pliego sheet
pliegue fold, crease
pluma feather
población population
poblador *m* populator, settler
poblar to populate
pobre poor
pobreza poverty
poco,-a little, few, small; **por poco** almost; **al poco rato** in a short while; **poco a poco** little by little; **falta poco** it won't be long
poder to be able, can; **puede que** it is possible that; *n m* power
poderoso,-a powerful
podrido,-a rotten
poema *m* poem
poesía poetry, poem
poeta *m* poet
poético,-a poetic; *n f* poetics
poetisa poetess
policía *f* police; *m* policeman
policíaco,-a police *adj*
policial referring to detective stories
politécnico,-a polytechnic
político,-a political; *n f* politics; *n m* politician
politizar to politicize
polvo dust; snuff
pompa pomp
poner to put; **ponerse** to put on; to become; **ponerse de pie** to stand up; **ponerse de rodillas** to kneel; **poner la mesa** to set the table
popularidad popularity
populoso,-a populous
por by, for, through, toward; **por medio de** through; **¿por qué?** why?; **por la tarde** in the afternoon; **por poco** almost; **por eso** therefore; **por favor** please; **por aquí** around here; **estar por** to be in favor of; **por ventura** by chance; **por fin** finally; **por lo menos** at least; **por las dudas** just in case; **por encima de** above; **por lo general** generally; **por el estilo** like that, of that sort; **por todos lados** from all sides; **por otra parte** on the other hand; **por parte de** on the part of; **por lo tanto** therefore; **por parte alguna** anywhere; **por lo contrario** on the contrary
porcentaje *m* percentage
poro pore
porque because
porquería filth
porqueríah (porquerías) filth
portada portal
portar to carry; **portarse** to behave
porteño,-a *adj* of Buenos Aires
portón *m* inner front door
portugués,-sa Portuguese
pos: en pos de after, in pursuit of
posdata *f* postscript
poseer to possess
posesión possession
posguerra *adj* post-war
posibilidad possibility
posible possible
posición position
pósito public granary
posterior later, lower
postular to postulate
póstumamente posthumously
pozo well
práctica practice
practicar to practice, perform
práctico,-a practical
prado meadow; lawn
precio price
precioso,-a precious
precisamente precisely
precisar to need; to determine
precolombino,-a pre-Columbian
predecesor predecessor

predicar to preach
predilección predilection
predilecto,-a favorite
predominar to predominate
prefacio preface
preferir to prefer
pregunta question
preguntar to ask (a question)
prehispánico,-a pre-Hispanic
prehistórico,-a prehistoric
prehtá (prestada) borrowed
premio prize
premonición premonition
prensa press
preocupación preoccupation,
  concern
preocupado,-a preoccupied, worried
preocupar to worry; **preocuparse
  (por)** to worry (about)
preparar to prepare
preparatorio,-a preparatory
presencia presence
presenciado,-a witnessed
presentación presentation,
  introduction
presentar to present, introduce
preservar to preserve
presidencial presidential
preso prisoner
prestar to lend; **prestar
  atención** to pay attention
prestigio prestige
prestigioso,-a renowned
presumir to presume
pretextar to give as a pretext
previo,-a previous
primario,-a primary
primavera spring
primero,-a first; **el primero
  inferior** first grade;
  primero *adv* first
primitivo,-a primitive
primo cousin; *adj* excellent
primogénito first-born
príncipe *m* prince
principiar to begin
principio principle; beginning; **al
  principio** at first; **a principios
  de** at the beginning of
prisa haste; **a toda prisa** quickly,
  hastily

prisión prison
prisionero prisoner
probar to try, try out; to taste, sample
problema *m* problem
procedencia origin
proceder to proceed
procesión procession
proceso process
proclamar to proclaim
procreación procreation
procurador *m* attorney
producción production
producir to produce
producto product
profecía prophecy
profesional professional
profeta *m* prophet
profundidad depth, profundity
profundizar to deepen, go deep into
profundo,-a profound, deep
profuso,-a profuse
programado,-a programmed
progreso progress
prohibir to prohibit
prolijidad prolixity; **con
  prolijidad** very carefully
prólogo prologue
prolongar to prolong
promesa promise
Prometeo Prometheus
prometer to promise
prominente prominent
promoción promotion; tendency
promover to promote
pronto quickly; **de
  pronto** suddenly
propiciar to propitiate; to promote
propicio,-a favorable
propiedad property
propio,-a own, of one's own
proponer to propose
proporción proportion
propósito purpose
prosa prose
proseguir to continue
prosista *m or f* prose writer
prosperidad prosperity
próspero,-a prosperous
prostitución prostitution
prostituir to prostitute
prostituta prostitute

protagonista *m* protagonist
protección protection
proteger to protect
proteína protein
protestante *m* Protestant
prototipo prototype
provecho profit; **buen**
   provechito may it benefit you,
   prosit
provenir to arise (from), come from,
   originate
provincia province
provinciano,-a provincial
provocador *m* provoker
provocar to provoke
próximo,-a next to, near;
   próximo,-a about to
proyección projection
proyectar to plan ·
proyectil *m* projectile
proyecto project
proyector *m* projector
prueba proof
psicología psychology
psicológico,-a psychological
púa barb; **alambrado (alambre) de
   púa** barbed wire
publicación publication
publicar to publish
público,-a public; *n m* audience,
   public
pudrir to rot
pueblero city man
pueblo town, people; working class
puente *m or f* bridge
puerta door, gate
puerto port
puertorriqueño,-a Puerto Rican
pues well, then
puesta setting
puesto position, post, place; **puesto
   que** since
pugnar to struggle, fight
pulcritud neatness, tidiness
pulcro,-a neat, graceful
pulir to smooth, polish
pulmón *m* lung
pulsar to finger
punta tip
puntiagudo,-a sharp-pointed

puntillista pointillist
punto point; **a punto de** on the
   point of; **al punto** immediately, at
   once; **punto de fuga** vanishing
   point
puñadito small handful
puñal *m* dagger
puñetazo blow with fist, punch
puño fist
pupila pupil
purificado,-a purified
purificador,-ra purifying
puro,-a pure

—— Q ——

que that, which, who, whom, than,
   when; **qué** what, what a, which,
   how; **¿qué tal?** how goes it?;
   ¿qué hay? ¿qué pasa? what's the
   matter?; **¿por qué?** why?
quebrado,-a chipped
quebrar to break
quedal (quedar) to be left
quedar to remain, have left;
   quedarse to stay, remain;
   quedarle bien to come out well
quedo,-a soft, quiet
quehacer *m* duty, work
queja complaint, moan
quejarse to complain
quejumbroso,-a grumbling
quemar to burn
quemazón *f* fire
querella fight, quarrel
querer to wish, want; **querer
   decir** to mean
quien who, whom, whoever, which,
   whichever
quiereh (quieres) do you want
quieto,-a quiet, silent, undisturbed
quietud quietness, tranquility
química chemistry
quinta villa manor house
quinto,-a fifth
quirúrgico,-a surgical
quitar to take away; **quitarse** to
   take off, remove
quizás perhaps

___ R ___

rabia anger, fury
ráfaga gust, burst
raíz ƒ root; **con todo y**
  raíces roots and all
rama branch
ramaje *m* mass of branches
ramo bouquet; (palm) branch;
  domingo de ramos Palm Sunday
rampa ramp
rango rank
rapé snuff
rápido,-a fast, rapid
raquítico,-a feeble
raro,-a rare, strange
rascacielos *m* skyscraper
rasgo characteristic
raspado,-a scratched up
rastro track, vestige
rastrojo stubble
rato short time, while; **al poco**
  rato in a short while; **cada**
  rato every so often; **de rato en**
  rato from time to time
ratón mouse
rayo flash of lightning, ray
raza race
razón reason; **tener razón** to be
  right
reacción reaction
reaccionar to react
real real, royal, main
realidad reality
realización accomplishment
realizar to accomplish
realzar to elevate, heighten
reanudar to resume
rebanada slice
rebaño flock
rebelar to rebel
rebelde *m* rebel
rebelión rebellion
rebosante overflowing, dripping
rebozo shawl
receloso,-a distrustful
recibir to receive
recién *adv* recently
reciente *adj* recent
recipiente *m* recipient

reclinar to recline
recobrar to recover
recodo turn, angle
recoger to gather, pick up, collect
reconciliar to reconcile
reconocer to recognize
reconocible recognizable
reconocimiento recognition
reconquistar to reconquer
recordar to remember; to remind; to
  awaken
recorrer to peruse
recorrido route
recostado,-a leaning, reclining
recrudecer to increase; to fall hard
rectificar to rectify, adjust
rectoría rectory, rector's office
recuerdo memory
recurso recourse
rechazar to reject
redactar to edit
redactor *m* editor
redención redemption
redimir to redeem
redondo,-a round; **en**
  redondo round
reducir to reduce
reemplazar to replace
referencia reference
referente *adj* referring
referirse (a) to refer (to)
refinado,-a refined
reflejar to reflect
reflejo reflection
reflexionar to think, reflect
reforma reform;
  Reforma Reformation
reformador *adj* reform(ing)
refrán *m* proverb, saying
refugiarse to take refuge
refugio refuge
refunfuñar to growl, grumble
regalar to give a present
regalo gift
regar to water
regazo lap
regionalista *m or ƒ* regionalist
regir to control
registrar to register
registro search

regla rule; **por regla** square, straight
regresar to return
regulación rule (traffic)
regularidad regularity
rehusar to refuse
reinar to reign, rule
reino kingdom
reír to laugh; **reírse** to laugh
reiterar to reiterate
reja grating, railing
rejuvenecer to grow young
relación relation, narrative
relacionar to relate
relámpago lightning
relatar to relate
relativamente relatively
relato narrative, account, story
releer to read again
relieve m relief
religioso,-a religious
reloj m watch
rellenar to fill
rematado,-a ending
remedio remedy
remendado,-a patched, mended
remirar to look at again
remolino whirlwind; cowlick
remover to remove
renacentista adj Renaissance
renacer m rebirth
renacimiento renaissance
rencilla grudge
rendija crack
rendir to take (a course); to render
renunciar to renounce, refuse
reñir to quarrel
repartidor m distributor, sorter
repartir to distribute
repasar to stroke
repeler to repel
repente: de repente suddenly
repentino,-a sudden
repercusión repercussion
repetición repetition
repetir to repeat
replicar to answer, reply
reponer to reply
reportaje m report, reporting
reportar to report

reportero reporter
representación representation
representar to represent
represión repression
represivo,-a repressive
reproche m reproach
reproducción reproduction
reproducir to reproduce
repugnante repugnant
reputación reputation
resguardarse (de) to protect oneself (from)
residir to reside
resignarse to resign oneself
resistencia resistence
resistirse to resist
resolución resolution
resolver to resolve
respectivamente respectively
respetar to respect
respeto respect
respetuoso,-a respectful
respirar to breathe
resplandor m light
responder to answer
responsable responsible
resquebrajado,-a cracked
restaurán m restaurant
restaurar to restore
restitución restitution
resto rest; **restos** remains
resuelto,-a resolved, determined
resultado result
resultar to result, turn out; **resultar en** to lead to
resumen m summary; **en resumen** in brief, in short
resumir to sum up, summarize
resurrección resurrection
retirar to retire; to take back, move
retobado,-a surly, wild
retocar to retouch
retorcerse to convulse, writhe, squirm
retorcido,-a twisted
retórico,-a rhetorical
retornar to return
retorno return
retratar to depict, portray
retratista m or f portrait painter

retrato   portrait
retribución   retribution
reunión   meeting
reunir   to gather, collect;
  reunirse   to meet
revelar   to reveal
reverencia   bow
revés *m*   reverse; **al revés**   in
  reverse
revista   magazine
revolcarse   to wallow
revolución   revolution
revolucionario,-a   revolutionary
revolver   to stir
revuelto,-a   stirred up
rey *m*   king; **reyes**   Magi
reyeh (reyes)   Magi
rezar   to pray
rezongar   to grumble, mutter
rezongón,-na   grumbler, mutterer;
  sassy
ribeteado,-a   lined
rico,-a   rich
ridículo,-a   ridiculous
riel *m*   rail
riesgo   risk
riguroso,-a   strict, tough
rima   rhyme
rimador *m*   rhymer
rimar   to rhyme
rincón *m*   corner
río   river
riqueza   wealth
risa   laughter
risco   cliff
rítmico,-a   rhythmic
ritmo   rhythm
rito   rite
ritualista   ritualistic
robado,-a   stolen
roca   rock
rodar   to roll
rodear   to surround
rodilla   knee; **ponerse de**
  rodillas   to kneel
rogar   to beg
rojizo,-a   reddish
rojo,-a   red
rollizo,-a   plump, sturdy
Roma   Rome

romano,-a   Roman
romper   to break, burst; **romper a**
  to burst out
ronco,-a   hoarse
ronda   circle
rondar   to patrol; to walk at night
ropa   clothing
ropero   closet
rosa   rose
rosal *m*   rose bush
rosario   rosary
rostro   face
roto,-a   broken
rotular   to label; to address
rótulo   sign
rozar   to border on
rubio,-a   blonde
rudimentario,-a   rudimentary
rudo,-a   rough, unpolished
rueda   circle
rugoso,-a   wrinkled
ruidazal *m*   clamor
ruido   noise
ruina   ruin
rumbo   direction

── S ──

sábado   Saturday
sábana   sheet
saber   to know, know how; **a**
  saber   to wit, namely
sabio   wise man
sabor *m*   taste, flavor
sabroso,-a   savory, tasty
sacar   to take out, pull out; **sacar a**
  cuento   to drag in, mention
sacerdocio   priesthood
sacerdote *m*   priest
sacerdotisa   priestess
sacrificar   to sacrifice
sacrificio   sacrifice
sacudida   shaking, jerk
sacudir   to beat, dust off;
  sacudirse   to shake oneself
sagrado,-a   sacred
sainete *m*   one-act farce
sala   room, living room
salado,-a   salty

saldo balance sheet
salida exit; **a la salida** on leaving
salina salt pit
salir to leave, go out; to turn out
salpicar to splash
saltar to jump, leap
salto leap
salud *f* health
saludar to greet
saludo (de despedida) wave (of goodbye)
salvación salvation
salvaje savage
salvar to save; to overcome
salvo,-a safe; **salvo** *(conjunction)* except; *prep* without
San (abbreviation of **santo**) saint
sandalia sandal
sangrar to bleed
sangre *f* blood
sangriento,-a bloody
sanguinario,-a cruel, bloodthirsty
sanguíneo,-a red, blood-colored
sanguinoso,-a bloody, cruel
sano,-a healthy; **cortar por lo sano** to get on safe ground
santa saint
santero saintmaker
santo saint; saint's day
saña wrath
sañudo,-a wrathful, angry
sarape *m* serape, shawl
sardina sardine
sastrería tailor's shop, men's fashions
sátira satire
satisfacción satisfaction
satisfacer to satisfy
satisfecho,-a satisfied
Saturno Saturn
secar to dry
sección section
seco,-a dry
secretaría office (of the secretary)
secretario secretary
secreto,-a secret; *n m* secret
secundario,-a secondary
sed *f* thirst; **tener sed** to be thirsty
seda silk
sedentario,-a sedentary

seguida succession; **en seguida** at once
seguido,-a in a row; *adv* often
seguil (seguir) to keep on, continue
seguir to keep on, continue; to follow; to remain
según according to
segundo,-a second; *n m* second
seguridad security
seguro,-a sure, certain
selección selection
seleccionar to select
selva jungle
sello (postage) stamp
semana week; **fin de semana** weekend
sembrar to sow
semejante similar, such
semejanza similarity
semidiós demigod
semilla seed
senado senate
sencillez *f* simplicity
sencillo,-a simple
sendero path
seno breast
sensación sensation
sentado,-a seated, sitting
sentar to seat; to establish; **sentarse** to sit down
sentencia sentence
sentenciado,-a sentenced
sentido sense; **en todos sentidos** in all directions
sentimiento sentiment, feeling
sentir to feel; to regret; **sentirse** to feel
señor sir, Mr., lord
señora lady, Mrs., mistress
separar to separate
sepulcro grave
sepultar to bury
ser to be; *n m* being; **ser humano** human being
sereno,-a serene
seriamente seriously
serie *f* series
serpiente *f* serpent
servicio service
servidor *m* servant

servir to serve; **no sirve** it is no good; **servir de** to act as
seso brain
setentón,-na seventy or so
setiembre *m* September
sevillano,-a Sevillan
sicología (psicología) psychology
siembra sowing, sowed field
siempre always; **para siempre** forever
sierra mountain range
siesta afternoon nap
sigla abbreviation by initials
siglo century
significación significance
significado meaning
significar to mean
significativo,-a significant
signo sign
siguiente *adj* following
silencio silence
silencioso,-a silent
silla chair
simbólico,-a symbolic
simbolismo symbolism
simbolizar to symbolize
símbolo symbol
simbología symbology
simpatía sympathy
simultáneo,-a simultaneous
sin without; **sin embargo** nevertheless
sinagoga synagogue
sindical *adj* syndical, union
sindicato labor union
singularmente singularly
sino but, but rather, except, solely, only; **no sólo . . . sino también** not only . . . but also
sinónimo synonym
síntesis *f* synthesis
sintetizar to synthesize
siquiera at least, though; **ni siquiera** not even
sirviente *m* servant
sistema *m* system
sistemático,-a systematic
sitio place
situación situation
situar to locate, situate, place

snobismo snobism
soberanía sovereignty
soberano,-a sovereign; *n m* sovereign
soberbio,-a superb, grand
sobrar to be excessive; to have more than enough
sobre on, upon, over, above, about; *n m* envelope
sobremesa after-dinner conversation
sobresalir to excel
sobresaltar to frighten, startle
sobrevivencia survival
sobrevivir to survive
sobriedad sobriety
sobrina niece
sobrino nephew
sobrio,-a sober
sociedad society
sociología sociology
socorro succor, aid
sol *m* sun; **hacer sol** to be sunny; **puesta del sol** sunset
solar *m* house; drying area
soldado soldier
soleado,-a sunny
soledad solitude, loneliness
soler to be in the habit of, be accustomed to
solicitado,-a solicited
solidaridad solidarity
solidarizarse to make common cause, maintain solidarity
solidez *f* solidity, strength
solitario,-a solitary
solo,-a alone, unaccompanied, single
sólo only; **no sólo . . . sino también** not only . . . but also
soltar to release, drop
solución solution
solucionar to solve
sollozo sob
sombrero hat
sombrilla parasol
sombrío,-a gloomy
sometido,-a subjected
son *m* sound
sonar to sound, ring; **sonarse** to blow one's nose; **¿le suena?** does it sound familiar?

sonido sound
sonreír to smile
sonriente *adj* smiling
sonrisa smile
soñar (con) to dream (about)
soñoliento,-a sleepy
sopa soup
soplar to blow
sorbo "drag"
sordo,-a deaf
sorprender to surprise
sorpresa surprise
sortilegio sorcery
sospechar to suspect
sostener to maintain, hold up, support
sótano basement, cellar
suave gentle, soft
subconsciencia subconscious
subido,-a raised, located, or placed high
subir to raise; to get on; to go up, climb; to rise
subjetivo,-a subjective
substancia substance
suburbio suburb
subvencionado,-a subsidized
subversivo,-a subversive
sucedel (suceder) to happen
suceder to happen
sucesivo,-a successive; **en lo sucesivo** hereafter, in the future
suceso event
suciedadeh (suciedades) *f pl* filthy things
sucintamente succinctly
sucio,-a dirty
sudar to sweat
sudario shroud
sudor *m* sweat
suegro father-in-law
sueldo salary
suelo ground, soil
sueño dream, sleep
suerte *f* luck, fate; **de tal suerte que** in such a way that; **caber en suerte** to fall to the lot of
suficiente sufficient
sufrimiento suffering
sufrir to suffer; to bear up under

sugerir to suggest
suicidarse to commit suicide
sujetar to subject
sumisión submission
sumiso,-a submissive
sumo,-a great, high, supreme; **a lo sumo** at most
suntuoso,-a sumptuous
superar to rise above, overcome; to exceed
superficie *f* surface
superintendente *m* superintendent
superior *adj* superior, upper, higher
superstición superstition
supersticioso,-a superstitious
suponer to suppose
suprimir to suppress
sur *m* south
suramericano,-a South American
surco furrow
sureste *m* southeast
surgir to arise, come forth, emerge, appear
suroeste southwest
surrealismo surrealism
surrealista *m* surrealist
suspirar to sigh
suspiro sigh
sustancia substance
sustentar to sustain, defend, support
sustituir to substitute (for)

—— **T** ——

tablero table
tableteo rattling
tablón *m* slab, plank
taburete *m* stool
tal such, such a; **tal vez** perhaps
talón heel
tallador *m* carver, sculptor
talladura carving
tallar to carve
taller *m* workshop
tamaño size
tamarindo tamarind
tambor *m* drum
tambora bass drum
tampoco neither

tan as, so; **tan luego que** as soon as

tanque *m* tank

tanto,-a so great, as much, so much; **por lo tanto** therefore; **son las tantas** it is late; **tantito así** this close; **tanto . . . como** both . . . and; *adv* so much, as much

tapa lid, cover

tarde *f* afternoon; **por la tarde** in the afternoon; **más tarde** later; **de tarde en tarde** seldom, occasionally; *adv* late, too late

tardío,-a late, tardy

tarea task

taza cup

teatral theatrical

teatro theater

técnica technique

técnico,-a technical; *n m* technician

tecnológico,-a technological

techo roof, ceiling

techumbre *f* ceiling

tejabán *m* roof; rustic shed

tejido weaving

tela piece of cloth

telaraña cobweb

teléfono telephone

telescopio telescope

telón *m* curtain, backdrop

teltulia (tertulia) social gathering

tema *m* theme

temática thematics, choice of themes

temblar to tremble

tembloroso,-a, trembling

temer to fear

temeroso,-a fearful

temor *m* fear

templado,-a moderate, pleasant; smooth; **mal templado** in a bad mood

templar to tune

temple *m* temper

templo temple

temporada spell, period of time

temporal *m* storm

temprano early

tendencia tendency

tender to tend; to stretch out

tenebroso,-a dark, gloomy

tener to have; **tener que** to have to; **tener ganas de** to feel like; **tener hambre** to be hungry; **tener que ver con** to have to do with; **tener dolor de cabeza** to have a headache; **tener . . . años de edad** to be . . . years old; **tener en poco** to have a low regard for, despise; **tener lugar** to take place; **tener presente** to visualize; **tener razón** to be right; **tener muchos años** to be very old; **tener miedo** to be afraid; **tener sed** to be thirsty; **¿qué tienes?** what's wrong?; **tener cuidado** to be careful

tenería tannery

tentativa attempt

teología theology

teólogo theologian

teoría theory

tercero,-a third

terminar to end, finish

término term

terrenal *adj* earthly

terreno terrain, field of action; plot, piece of land

territorio territory

tertulia social gathering for conversation

tesis *f* dissertation

tesoro treasure

testigo witness

testimonio testimony

textura texture

tía aunt

tibio,-a tepid, lukewarm

tiempo time; **de hacía tiempo** of long ago; **en mucho (poco) tiempo** in a long (short) while; **al mismo tiempo** at the same time

tienda store, shop

tieneh (tienes) (you) have

tierno,-a tender

tierra land, earth

tigre *m* tiger

timbre *m* stamp; bell

tinaja large earthen jar

tinta ink

tío uncle
típico,-a typical
tipificar to typify
tipo type
tipografía typography
tiranía tyranny
tirar to shoot; to pull; **tirar a** to tend toward; **tirarse** to throw oneself
tiro shot; **a tiros** by shooting
tiroteo skirmish, volley of shots
titiritero puppeteer
titular *m* headline
titularse to be entitled
título title
tiza chalk
tiznado,-a sooty
toa (toda) all
tocar to play (an instrument); to touch; **tocarle a uno** to be one's turn
todavía still, yet; **todavía no** not yet
todo,-a all, each, everything; **de todo** something of everything; **del todo** completely; **con todo y raíces** roots and all; **todo el mundo** everyone; **todos los años** every year; **de todos modos** at any rate; **todos los días** every day
tolteca *adj* Toltec
tomar to take; to drink; **¡toma!** go on, now
tomo volume
tonelada ton
tono tone, quality
tontera foolish thing
tontería foolishness, nonsense
tórax thorax
torcer to bend, twist; **torcer el gesto** to make a face
torcido,-a bent
torero bullfighter
tormenta storm
torno: en torno a around
torre *f* tower
torrente *m* torrent
tortuga turtle
tosco,-a coarse, rough

totalidad totality
trabajador *m* worker
trabajar to work
trabajo work; **con muchos trabajos** with great effort
tradición tradition
tradicionalista traditionalist
traducción translation
traducir to translate
traductor *m* translator
traer to bring
tragedia tragedy
traición treason
traicionar to betray
traicionero,-a treacherous
traidor traitor
trama plot
trampa trap
tranquilidad tranquility
transeúnte *m* passer-by
transformar to transform
transición transition
transitar to travel, walk
transportar to transport
transporte *m* transportation, transport
tranvía *m* streetcar
trapo rag
tras after, behind
trascender to transcend
trascordado,-a forgetful, mistaken
trasformar to transform
trasladarse to move, adjourn; to go to
trasmitir to transmit
traspasar to go beyond; to cross
tratado treaty
tratar to treat, discuss; **tratar de** to deal with; to try to; **tratarse de** to be a matter of
través: a través de through
trazo outline
tremendista tremendist: referring to description intended to shock
tremendo,-a tremendous
tren *m* train
trepar to climb, mount, to clamber
triángulo triangle
tribu *f* tribe
tribulación tribulation

trilogía trilogy
trinchera trench
triste sad
tristeza sadness, sad thing
triunfar to triumph
triunfo triumph
trizado,-a broken
trocito (dim. **trozo**) small piece, bit
trompeta trumpet
tronco trunk
trono throne
tropa troop
tropero trooper, cattle driver
trozo excerpt, fragment, piece
trueno thunder
truncado,-a truncated
tuboh (tubos) pipes
tuh (tus) your
tumba tomb
tunante *m* rascal
turbar to disturb, upset

—— U ——

ubicación location, placement
uhté (usted) you
último,-a last; **por último** finally
ultraísmo Ultraism (art movement)
ultratumba beyond the grave
umbral *m* threshold
UNAM (Universidad Nacional Autónoma de México) the Autonomous National University of Mexico
único,-a only, unique
unidad unity, unit
unificar to unify
unir to unite
universidad university
universitario,-a university; *n m or f* university student
unoh (unos) some
unos,-as some; **unos cuantos, unos pocos** a few; **unos a otros** each other
urbanidad urbanity, sophistication
urbe *f* metropolis
urgido,-a pressed, motivated
usar to use

uso use
útil useful
utilitario,-a utilitarian
utilizar to utilize

—— V ——

vaca cow
vacaciones *f pl* vacation
vaciar to pour out, empty; to hollow
vacío,-a empty; *n m* void
vago,-a vague; *n m* loafer, tramp
vagoh (vagos) loafers
vaho vapor, steam
vaina pod
valenciano,-a Valencian
valer to be worth; **más valía** it would have been better; **no valer la pena** not to be worthwhile
validez *f* validity
válido,-a valid
valiente valiant, brave
valija suitcase
valor *m* value; valor, bravery
valle *m* valley
vanidad vanity
vaquilla heifer
variación variation
variar to vary
variedad variety
vasallo vassal
vecindad vecinity; quality of being a neighbor
vecino,-a neighboring; *n* resident
vega flat lowland
vegetación vegetation
vehículo vehicle
veintena score (twenty)
vejez *f* old age
vela candle
velado,-a veiled
velar to watch over, keep vigil
velgüenza (vergüenza) shame
velocidad velocity
vena vein
venado deer
venalidad venality, mercenariness
vencer to conquer
vendedor *m* salesman

vender to sell
Venecia Venice
veneno poison
veneración veneration
venerar to venerate
vengador *m* avenger
vengar to avenge
venir to come
venta sale
ventaja advantage
ventana window
ventilación ventilation
ventura luck; **por ventura** by
    chance
ver to see; **tener que ver con** to
    have to do with
veranear to spend the summer
verano summer
veras *f pl* truth; **de veras** in
    earnest
verdad truth
verdadero,-a real, true
verde green
verdoso,-a greenish
verdugo executioner
verdulero greengrocer
verdura vegetable
verdusco,-a dark greenish
vereda path, sidewalk
veremoh (veremos) we'll see
verso verse, line (of poetry)
verter to reveal; to spill
vestido dress
vestir to dress
veterinaria veterinary science
vez *f* time; **una vez** once; **dos
    veces** twice; **a la vez** at the
    same time; **tal vez** perhaps; **otra
    vez** again; **a su vez** in its turn;
    en vez de instead of; **de vez en
    cuando** from time to time; **a
    veces** at times
vía road, route
viajar to travel; **se dejan viajar** let
    themselves be travelled to
viaje *m* trip; **de viaje** on a trip
viajero traveler
víbora viper
vibrar to vibrate
vicioso,-a vicious

victoria victory
vida life; **¡por vida!** by Jove!;
    ganarse la vida to earn one's
    living
vidriera store window
vidrio glass
viejo,-a old
viento wind; **mirando a los cuatro
    vientos** *fig* looking off into space
vientre *m* abdomen, belly
viga beam
vigoroso,-a vigorous
vincular to join, connect; **vincularse
    (a)** to be connected to, be
    joined to
vínculo tie, bond
vino wine
viña vineyard
violación rape
violencia violence
virgen virgin
virtud virtue
visaje *m* grimace, "face"
visigodo Visigoth
visita visit, visitor
visitante *m* visitor
visitar to visit
vista view, sight, vision
vitalidad vitality
víveres *m pl* provisions, foodstuffs
vívido,-a vivid, lively
vivienda dwelling, house
vivir to live; **modo de vivir** way of
    living
vivo,-a alive, bright (colors), lively
vocabulario vocabulary
vocacional vocational (school)
vociferar to shout
volante *m* leaflet
volar to fly
volcán volcano
voltereta tumble
volumen *m* volume
voluntad will, good will; **de
    voluntad** voluntarily
voluntario,-a voluntary
volver to return; **volver a . . .** to
    . . . again; **volver la mirada** to
    turn one's glance; **volverse** to turn
    around

voz *f* voice; **en voz baja** in a whisper, in a low voice; **en voz alta** aloud; **correr la voz** to be said, be rumored
vudú *m* voodoo
vuelta turn; **dar vuelta** to turn
vulpeja bitch fox

___ Y ___

yema tip (of a finger)
yerba weed
yerno son-in-law
yerto,-a stiff, rigid

yip *m* jeep
Yol York

___ Z ___

zamarrear to shake
zanahoria carrot
zapatero shoemaker
zapato shoe
zarandear to move
zarzuela musical comedy
zas sound which indicates a quick motion, "whish"
zona zone
zorro fox
zumbar to buzz

Illustration Credits